Guido Brunner, Zeitdokumente einer Fake-Pandemie

Band 3: Zähe Aufarbeitung

Guido Brunner

Zeitdokumente einer Fake-Pandemie (Corona)

Band 3: Zähe Aufarbeitung

Akteneinsichten Polizei und Nachrichtendienste
Symposien, Politik, Pandemievertrag und IGV der WHO
und das Wegschauen der Leitmedien und der Gesellschaft

Band 1:   Justizversagen

Band 2:   Medien spalten - Widerstand vereint

Band 3:   Zähe Aufarbeitung, Quellen

Band 4:   Informationsquellen (PDF)

Bibliografische Information der Deutschen Nationalbibliothek: Die Deutsche Nationalbibliothek verzeichnet diese Publikation in der Deutschen Nationalbibliografie; detaillierte bibliografische Daten sind im Internet über dnb.dnb.de abrufbar.

Titelbild: Postkarte Nationalratskandidatur Oktober 2023

Kontakt: guido.brunner@bluewin.ch, Telegram: @guidoBr
Erdnetz: www.fakepandemie.ch

Verlag: BoD • Books on Demand GmbH, In de Tarpen 42, 22848 Norderstedt
Druck: Libri Plureos GmbH, Friedensallee 273, 22763 Hamburg
ISBN: 978-3-7597-4916-1

Inhaltsverzeichnis

Vorwort..11

Über den Autor 13

Formatierungshinweise Zitate..14

1. Revision der Internationalen Gesundheitsvorschriften lässt aufhorchen **15**

a. Erster Entwurf der WHO will Grundrechte massiv einschränken 15

b. Der Schweizer Rechtsanwalt Philipp Kruse rüttelt auf........................19

c. Der Deutsche Fachverband MWGFD warnt ebenfalls eindringlich 21

d. Weltgesundheitsgipfel der Pharmalobby in Berlin............................26

e. Die NZZ schreibt kritisch zur Einschränkung der Grundrechte.........32

f. Annahme der Internationalen Gesundheitsvorschriften 46

2. Philipp Kruse legt nach mit der Strafanzeige 2.0 gegen Swissmedic und Impfärzte **68**

a. Medienmitteilung vom 28. März 2024...68

b. Strafanzeige mit Gesuchstellern, Beschuldigten und Anträgen...........71

c. Zusammenfassung der Anzeige (Executive Summary) 76

3. Mainstream-Medien und Gerichte auf der falschen Spur ..111

a. TX-Group hält am Narrativ der schweren Epidemie fest....................111

b. Anleitung zur Erlangung eines Genesen-Zertifikats strafbar............116

c. Hetzjagd gegen integre Klinikleitung in Braunwald..........................129

d. SRF kann Long-Covid und Post-Vac nicht wirklich unterscheiden ..135

d. ZDFheute Nachrichten berichtete zu Post-Vac.................................139

e. Was berichtete SRF bislang über Impfschäden? 140

f. Skandalöses Verhalten von Richterin am Arbeitsgericht in Zürich ..143

g. Die WOZ will öffentliche Gerichtsberatung 150

4. Massnahmenkritischer "Extremismus" 154

a. Der Bund will mehr Überwachungskompetenzen 154

b. Neue Gefahrenkategorie beim Nachrichtendienst des Bundes Jahresbericht 2022 157

c. Nachrichtendienst gibt 2023 Entwarnung... 160

d. Auskunftsgesuch von persönlichen Daten 162

e. Nachrichtendienst betrachtet mich nicht als Gefährder 164

5. Bundespolizei verweigert Auskunft über eigene Daten 169

a. Auskunftsbegehren an fedpol................................169

b. Auskunftsgesuch legal unvollständig beantwortet! 169

c. Antrag auf Prüfung Einträge fedpol bezüglich Bundesdelikte und Geldwäscherei 175

d. Der Datenschutzstelle sind die Hände legal gebunden... 177

e. Ergebnisse der Untersuchung eidg. Datenschutzbeauftragter 181

6. Berner Polizei gibt Auskunft über Journaleinträge 183

a. Kantonspolizei Bern legt Journaleinträge offen 183

b. Die Staatsanwaltschaft hat Akten bereits vernichtet............191

c. Zwei Veranstaltungen anlässlich Zertifikatspflicht 2021 wurden beobachtet...193

d. Zwei weitere Wegweisungen ohne Anzeige...................196

7. Nationalratswahlen 2023 ohne Sitzgewinn der Bürgerrechtsbewegungen 198

a. Elemente aus meiner Wahlkampagne.......................198

b. Meine Positionen und mein Menschenbild 198

c. Visionen gegen totalitäre Tendenzen 200

d. Dafür will Aufrecht Bern in den Nationalrat 201

e. Weiter Vorstellung auf der persönlichen Website 202

f. Analyse persönliche Anschreiben in sozialen Medien 205

g. Ergebnisse der Nationalratswahlen im Kanton Bern 206

8. Aufarbeitungsanläufe und Grundrechtsinitiative 213

a. Petition Frühling2020 an Bundesversammlung 213

b. Offener Brief der Bürgerrechtsbewegungen 216

c. Aufarbeitungsinitiative als Lichtschimmer 222

d. Souveränitätsinitative «Für den wirksamen Schutz der verfassungs-mässigen Rechte» 232

e. Strafanzeige gegen korrupte Kommissionspräsidentin der EU 236

9. Aufarbeitungskongresse, RKI-Protokolle 240

a. RKI-Protokolle belegen politischen Beschluss der Pandemiehochstufung in Deutschland 240

b. Archiv geschwärzte RKI-Protokolle 250

c. Protokolle Taskforce Bundesamt für Gesundheitswesen (BAG).......253

d. Symposium "Corona - Fakes und Fakten" in Bern 253

e. Alt-Bundesrat Ueli Maurer ruft auf zum Brückenschlag...............256

f. NZZ: DER ANDERE BLICK (RKI-Protokolle, WHO-Pandemiepakt) 264

g. WHO-Symposium in Zürich (Public Eye on Science) 269

h. RKI-Protokolle entschwärzt 270

10. Politiker und Medien sträuben sich gegen Aufarbeitung .281

a. Geschäftsprüfungskommission des Nationalrates hinterfragt Pandemie nicht 281

b. Legislative und Exekutive will keine Aufarbeitung 285

c. Nichtbehandlung Petition Frühling 2020 in den eidgenössischen Räten 286

d. Keine Aufarbeitung im Bundestag (Deutschland) 288

7

e. Nationalrat lehnt vertiefte Ursachenforschung der Übersterblichkeit ab 294

Anhang 297

1. Neue Medien 297
a. etabliert ab 2020 und später 297
b. Mobile Livestreamer an Kundgebungen seit 2020 298
c. Online-Medienportale vor 2020 299
d. Kritisch berichtende Mediziner 300
e. Soziale Medien - Plattformen weltweit....................302
f. Soziale Medien - Nutzung in der Schweiz..................303

2. Persönlichkeiten 304
a. Band 1: Justizversagen 304
b. Band 2: Medien spalten, Widerstand vereint..............305
c. Persönlich bekannte Mitspieler aus Bürgerrechtsbewegungen 307
d. Medial bekannte Persönlichkeiten 308

3. Kurzchronik der "Pandemie" 309
a. Corona-Chronologie I: 2020.............................309
b. Corona-Chronologie II: 2021 309
c. Corona-Chronologie III: 2022...........................310

2. Liste von Organisationen der Freiheit 311
a. Deutschschweizerische Ausstrahlung.....................311
b. Regionale Ausstrahlung.................................312
c. Unbekannte Ausstrahlung................................313
d. Weltweite und deutschsprachige Ausstrahlung............313

3. Liste Bücher 314

a. Aufarbeitung Corona-Zeit 314

b. Corona-Krise...315

c. Finanzkapitalismus, Plutokratie....................................316

d. Geldsysteme, Bargeld...317

e. Kindsmissbrauch...318

f. Korruption, Geheimdienste (-bünde) 318

g. Kriege: Vorlauf und Manipulation 319

h. Medienmanipulation und Meinungsfreiheit..................319

i. Neue Medizin, Gesundheitsvorsorge..............................321

j. (Sozial-) Psychologie...321

k. Pharma, Impfung und Virustheorie 322

l. Staatsphilosophie und Demokratie.................................323

m. Transhumanismus...324

n. Überwachung, Künstliche Intelligenz.............................325

o. Verschwörungspraxis, Imperialismus 325

p. Nächste Terrorattacke..326

4. Liste Filme...327

a. Aufarbeitung Corona-Zeit 327

b. Corona-Krise...329

c. Finanzkapitalismus...331

d. Kindsmissbrauch 332

e. Korruption, Geheimdienste (-bünde), Rechtswillkür....................332

f. Kriege: offen und verdeckt 334

g. Medienmanipulation und Meinungsfreiheit 334

h. Pharma, Impfung und Virustheorie...............................335

i. (Sozial-) Psychologie...337

j. Staatsphilosophie, Demokratie 338

k. Überwachung, Kritik der künstlichen Intelligenz 338

l. Verschwörungspraxis, Imperialismus 339

m. Nächste Terrorattacke...340

5. Dokumentationsstellen **341**

a. Studienbibliothek zur COVID-19-Pandemie (A).....................341

b. Corona Ausschuss Berlin: Archiv (D).....................................341

c. Ärzte für Aufklärung: Masken (D)..341

d. MWGFD: WHO Abkommen 2024 (D) 342

e. Kontrafunk: "Ich habe mitgemacht", Cham (CH) 342

f. Coronainfo Schweiz (CH)..343

g. RKI-Protokolle (D) 343

f. Entscheide des Bundesrates (CH) 345

In den drei Kalenderjahren 2020 bis 2022 vermochte der gezielte Einsatz von Propaganda einen Grossteil der Erdbevölkerung in Angst und Schrecken zu versetzen. Dieses Buch zeigt die Bemühungen der Krisen-Aufarbeitung nach der Aufhebung der besondreen Lage nach Epidemiengesetz. Die normale Lage beginnt in der Schweiz ab dem 1. April 2022, als die Maskenpflicht auch im öV fällt. Nur noch in Spitälern werden vereinzelt Masken getragen,

Für Deutschland und Österreich ist dies erst im Jahre 2023 der Fall. In Deutschland wie auch in Österreich wurde die Impfpflicht noch heftig diskutiert.

Die Leitmedien wenden sich ab Ende Februar 2022 dem Ukraine-Krieg zu. Die Diffamierung Russland hielt die Bürgerrechtsorganisationen noch ein Jahr auf Trab, da die einseitige Berichterstattung die Spaltung der Gesellschaft nicht abklingen liess. Schliesslich verschwand die Coronakrise mehr und mehr aus dem alltäglichen Bewusstsein der Menschen. Weiter verengte der Klimaschwindel und der Genderwahnsinn die Debattenräume.

Nicht beendet ist die Krise für Menschen, die in Strafrechtsverfahren verwickelt worden sind. In der Schweiz wie auch in Deutschland wurden z.B. praktizierenden Ärzten die Berufsbewilligung entzogen. Wer nicht dem neuen Narrativ folgte, wurde aus dem gerätehörigen Medizinalbetrieb ausgestossen.

Die Schäden aus der "Impfung" beobachte ich nur aus der Ferne. Meine drei Töchter schienen die Gen-Injektionen gut überstanden zu haben. Keine von den dreien sprach von einer langmonatiger Müdigkeit, welche die Grundlage der Diagnose "Long-Covid" bildet, oder auch "Post-Vac". Die Unterscheidung dieser weit gefassten Krankheitsbilder war und ist eine grosse Herausforderung für unsere Gesellschaft.

Die meisten Fremdartikel in diesem Buch sind im März/April 2024 veröffentlicht worden. Die RKI-Protokolle, eine erneute Strafanzeige aus der Feder von Philipp Kruse und zwei Aufarbeitungskongresse sind die Auslöser von Rückblicken auf diese Zeit.

Trotz der klaren Beweise, dass die Corona-Krise politisch hochgepuscht wurde (RKI-Protokolle) bleibt es im medialen Blätterwald still. Einzig die Neue Zürcher Zeitung ergibt sich als klare Gegnerin der Revision der internationalen Gesundheitsvorschriften zu erkennen. Die vergangene Corona-Krise wird aber auch vom liberalen Wirtschaftsblatt nicht grundsätzlich in Frage gestellt.

Mein aktuellstes Kapitel *uncut.news.ch*[1] zeigt den Stand des Wissens bezüglich der mutmasslich illegalen Abstimmung zu den internationalen Gesundheitsvorschriften anfangs Juni 2024. Ein weiterer Skandal, der noch aufgearbeitet werden muss.

Aus aktuellem Anlass habe ich ebenfalls die Publikationen von Milan Krizanek über einen mutmasslichen Rechtsmissbrauch einer Richterin am Bezirksgericht in Zürich (S. Nabholz) in einem Kapitel verwendet. Heimlich erstellte Tonaufnahmen dokumentieren die Haltung der Richterin und ihrer zwei Gerichtskolleginnen wieder.

Mit diesem Buch verabschiede ich mich als Aktivist der massnahmenkritischen Szene. Um meine Gesundheit zu schützen und um der Gesellschaft auch konstruktiv mehr zu bieten, habe ich eine Ausbildung in Esalen-Massage begonnen. Damit tausche ich meinen Büroarbeitsplatz (Bildschirmverdummung) endgültig ein gegen Aktivitäten in der neu entstehenden Welt.

Kiental, Juli 2024

---

[1] https://uncutnews.ch/gravierende-aenderungen-der-internationalen-gesundheitsvor-schriften-angenommen-wir-das-volk-haben-eine-vernichtende-niederlage-erlitten/

Über den Autor

Guido Brunner (*1969) ist Gründungsmitglied der Freunde der Verfassung, der grössten Bürgerrechtsorganisation während der Corona-Krise. Diese Organisation stemmte massgeblich die zwei Referenden gegen das Covid-19-Gesetz im Jahre 2021 und unterstützte drei weitere Referenden (PMT, Mediengesetz, Transplantationsgesetz).

Schon seit mehreren Jahrzehnten beschäftigt er sich mit der Frage, wer die Herrschaft in unserer Gesellschaft ausübt. Seiner Meinung nach sind es zunehmend Grosskonzerne, früher besonders im Bereich der Banken und Rohstoffkonzerne, heute ebenfalls im Bereich von Big-Tech und Big-IT, welche unser Leben mit ihren Produkten (Kriegswaffen, Smartphone, etc.) stark beeinflussen.

Dass dies geschieht, ist unübersehbar. Welche Schattenmächte dahinterstecken ist für den nicht besonders Interessierten schwer zu entwirren. In jedem Fall wird eine Reform unserer Institutionen unabdingbar. Dies ginge sehr einfach mit der Begrenzung von Konzernen über die zwei Messgrössen: Anzahl der Beschäftigen und der konsolidierten Bilanzsumme sowohl über die Muttergesellschaft wie auch alle Tochtergesellschaften hinweg.

Formatierungshinweise Zitate

Kursiv gesetzte Texte sind grundsätzlich zitierte Texte. Diese stammen hauptsächlich aus den alten und neuen Medien und aus der Korrespondenz mit der Bundespolizei, des Nachrichtendienstes der Kantonspolizei und des Öffentlichkeitbeauftragten des Bundes.

Wo möglich, wurden Titelsetzungen mittels fetter Auszeichnung hervorgehoben. Wichtige Textstellen in zitierten Texten sind ebenfalls vom Autoren mittels fetter Schrift hervorgehoben worden. Aufzählungsstriche sind grundsätzlich durch Punkte ersetzt worden. Links in zitierten Texten waren im Regelfall bereits in der elektronischen Urquelle vorhanden.

1. Revision der Internationalen Gesundheitsvorschriften lässt aufhorchen

a. Erster Entwurf der WHO will Grundrechte massiv einschränken

Im Frühling 2022 ist die Corona-Krise offiziell vorbei. Doch schon bald werden die Bürgerrechtsorganisationen durch die Weltgesundheitsorganisation (WHO) aufgeschreckt: Diese will die Gesundheitsvorschriften an die neuen "Erkenntnisse" der Corona-Krise anpassen. Als erster Exponent rüttelt der Rechtsanwalt Philipp Kruse uns auf.

Dr. Peter F. Mayer fasste bereits auf der Plattform tkp.at am 28. April 2022 die wesentlichen Punkte zusammen:

Es laufen derzeit einige Prozesse um der WHO Schritt für Schritt die Kompetenzen einer Weltregierung mit weitreichenden Vollmachten einzuräumen. Es handelt sich dabei einerseits um den Pandemievertrag und andererseits um die Änderung der Internationalen Gesundheitsvorschriften, über die im Mai auf der Weltgesundheitsversammlung abgestimmt werden soll. Wie der Pandemievertrag[2] ist dies ein weiterer Versuch, größere Befugnisse zu erlangen und die souveränen Gesetze der einzelnen Nationen außer Kraft zu setzen. Es könnte sogar sein, dass die Ausweitung der Internationalen Gesundheitsvorschriften noch bedeutsamer ist als der Pandemievertrag. Wenn er angenommen wird, bedeutet er den Verlust unserer Souveränität ab diesem November. James Roguski hat auf seinem Substack ausführlich darüber geschrieben.

---

[2] https://tkp.at/2022/04/21/der-pandemievertrag-macht-die-who-zur-weltregierung/

Die Schlüsselpunkte sind:

- *Die Internationalen Gesundheitsvorschriften (IGV) sind rechtsverbindlich und haben Vorrang vor der Verfassung der Mitgliedsländer. Alle Nationen der Welt haben den bestehenden Internationalen Gesundheitsvorschriften bereits zugestimmt.*

- *Die Vereinigten Staaten haben Änderungen zu den rechtsverbindlichen Internationalen Gesundheitsvorschriften vorgeschlagen[3], über die auf der nächsten Weltgesundheitsversammlung vom 22. Mai 2022 bis 28. Mai 2022 abgestimmt werden soll.*

- *Diese vorgeschlagenen Änderungen werden zusätzliche Souveränität, Kontrolle und rechtliche Befugnisse an die Weltgesundheitsorganisation abtreten.*

- *Diese Änderungen bedürfen NICHT der Zustimmung der gesetzgebenden Körperschaften der Mitgliedsländer. Wenn sie (wie von den Vereinigten Staaten vorgelegt) von einer einfachen Mehrheit der 194 Mitgliedsländer der Weltgesundheitsversammlung angenommen werden, würden diese Änderungen nur sechs Monate später (November 2022) als internationales Recht in Kraft treten.) Die Einzelheiten dazu sind nicht ganz klar.*

- *Es ist nicht bekannt, ob über die Änderungen einzeln oder als Gesamtpaket abgestimmt werden wird.*

- *Die Änderungen geben dem Generaldirektor der WHO die Befugnis, einseitig einen internationalen Gesundheitsnotstand (Public Health Emergency of International Concern, PHEIC) auszurufen, selbst wenn das Land, in dem die Krankheit ausgebrochen ist, dagegen Einspruch erhebt.*

- *Die von den Vereinigten Staaten vorgeschlagenen Änderungen würden dem Generaldirektor der WHO auch die rechtliche Befugnis verleihen, einseitig eine „Zwischenwarnung für*

---

[3] https://apps.who.int/gb/ebwha/pdf_files/WHA75/A75_18-en.pdf

die öffentliche Gesundheit (IPHA)" auszusprechen. Das Kriterium für eine IPHA-Warnung ist lediglich, dass „der Generaldirektor festgestellt hat, dass eine erhöhte internationale Aufmerksamkeit und eine mögliche internationale Reaktion im Bereich der öffentlichen Gesundheit erforderlich sind".

- *Die Änderungen geben den „Regionaldirektoren" innerhalb der WHO auch die rechtliche Befugnis, einen „Public Health Emergency of Regional Concern" (PHERC) auszurufen.*

Es scheint eine konzertierte Aktion der WHO und ihrer Kontrolleure zu geben, um unsere Souveränität und unsere demokratischen Rechte von allen Seiten anzugreifen. Es ist wichtig, dass wir deutlich machen, dass wir die WHO nicht als Autorität über uns anerkennen und dass wir diesen Machtmissbrauch nicht dulden werden. Wir sind souverän und werden uns nicht an die Zusagen korrupter Beamter halten, die vorgeben, in unserem Namen zu handeln, wenn sie die grundlegenden Rechte der Weltbevölkerung abtreten. Sie handeln nicht in unserem Namen und wir lassen uns nicht binden.

Dr. Tess Lawrie vom World Council for Health hat eine Stellungnahme von Professor Robert Clancy, Australiens führenden klinischen Immunologen zum Pandemievertrag veröffentlicht:

„Der Vorschlag, die Kontrolle über Pandemien auf zentraler WHO-Ebene zu übernehmen, ist unhaltbar und bedroht eine globale Gesellschaft.

Ich habe die Antwort des World Council for Health[4] und die hervorragend zusammengefasste Stellungnahme von Dr. Tess Lawrie erhalten. Diese Bedenken spiegeln die allgemeine Meinung der meisten australischen Ärzte wider. Sicherlich diejenigen, die die Kontrolle der Covid-Pandemie genau verfolgt haben und von bürokratischen Entscheidungsträgern weitgehend entmündigt wurden, die wenig bis gar nichts von der Krankheit und den kri-

---

[4] https://tkp.at/2022/04/20/statements-des-world-council-for-health-zu-den-beratungen-ueber-den-pandemievertrag-der-who/

tischen Aspekten verstehen, die die klinischen Ergebnisse be-einflussen. Das Unverständnis für die Einschränkungen der sys-temischen Impfung bei Atemwegsinfektionen und die Gefahren der akkumulierten Suppression, die auf sinnlose Auffrischungs-programme folgt, sowie das Versäumnis, die umfangreichen Datenbanken über unerwünschte Ereignisse bei genetischen Impfstoffen abzufragen, sind nur zwei der schwerwiegenden Fehler, die von der WHO begangen wurden.

Meine Befürchtungen hinsichtlich der Übernahme der Pande-miebekämpfung durch die WHO beginnen mit den von Tess La-wrie genannten Problemen. Es ist töricht anzunehmen, dass eine „Einheitsreaktion" auf eine Pandemie in verschiedenen geografischen Zonen, die durch sehr unterschiedliche Parame-ter gekennzeichnet sind, durch einen zentralen bürokratischen Prozess abgedeckt werden könnte – die Notwendigkeit einer lokalen Entscheidungsfindung ist von größter Bedeutung. Die Herrschaft der Wissenschaft und die Herrschaft des Arzt-Patien-ten-Verhältnisses müssen jede Reaktion auf eine Pandemie be-stimmen, und die aktuellen Erfahrungen, bei denen die Herr-schaft des Narrativs – unterstützt von der WHO – die Krank-heitsresultate so verzerrt hat, müssen sehr deutlich machen, wie töricht es ist, Inkompetenz und Korruption mit noch größe-ren Befugnissen zu belohnen.

Ich schreibe dies als der erfahrenste klinische Immunologe in Australien und als führender Forscher auf dem Gebiet der Atemwegsimmunologie mit Schwerpunkt auf der „Wirt-Parasit-Beziehung".

Professor Robert Clancy AM FRS(N) MB BS BSc(Med) PhD DSc FRACP FRCP(A) FRCP(C)"

Durch die Pandemie und die vielen gesundheitsschädlichen Maßnahmen inklusive der Impfkampagne, die von der WHO vorgeschrieben und den nationalen Behörden umgesetzt wur-den, ist starke internationale Aufmerksamkeit für diese Fragen

entstanden. *Der Widerstand wächst weltweit weiter und es haben sich eine Reihe von internationalen Organisationen gebildet, die gegen diese Weltherrschaftspläne der WHO und ihrer Hintermänner in der Digital- und Pharmaindustrie und den US-Oligarchen samt ihren Foundations kämpfen.*
Es ist wichtig und dringend, dass wir diesen Plänen auch auf nationaler Ebene Widerstand entgegen setzen um zu verhindern, dass unsere Vertreter all diesen Plänen bedenkenlos zustimmen.

b. Der Schweizer Rechtsanwalt Philipp Kruse rüttelt auf

Als erster mir bekannter Exponent in der Schweiz fasst der Rechtsanwalt Philipp Kruse den Stand der Verhandlungen zusammen. Auf seinem Telegram-Kanal publiziert Kruse am 31. März 2023 unter *https://t.me/philippkruse/9234*:

Die WHO gibt sich keine Mühe mehr, ihre wahren Ziele (die Ziele ihrer Geld- und Auftraggeber) zu verbergen.

Die Änderungsvorschläge zu den Internationalen Gesundheitsvorschriften (=> IGV-Anpassungen[5]) und der Entwurf zum New Pandemic Treaty (=> „Zero Draft"[6]) liegen uns seit ein paar Monaten vor.

Nur wer diese zwei neuen „rechtlichen Instrumente" der WHO kritisch analysiert (vor dem Hintergrund der letzten 3 Jahre!), wird begreifen, worauf die innert Rekordzeit aus dem Boden gestampften Entwürfe hinauslaufen sollen:

- *Wirksamen Schutz Ihrer Menschenrechte und Menschenwürde in Zeiten angeblicher Pandemien? Können Sie vergessen.*

---

[5] https://apps.who.int/gb/wgihr/pdf_files/wgihr1/WGIHR_Compilation-en.pdf

[6] https://apps.who.int/gb/inb/pdf_files/inb4/A_INB4_3-en.pdf

- *Propaganda, Panikmache und Zensur als Bestandteil der modernen Informationsgesellschaft („Infodemic Management"): die Manipulation der Massen wird zum offiziellen WHO-Programm erhoben.*
- *Unverfälschte demokratische Willensbildung, demokratische Mitbestimmung und offene Debatten in der Gesellschaft? Können Sie vergessen.*
- *Wenigstens etwas korrektere Informationen über alle Nebenwirkungen als Voraussetzung für eine wirksame (informierte und freie) Impfentscheidung? Können Sie auch vergessen: Beim Impfen hört Ihre Freiheit auf.*
- *Experimentelle, risikoreiche Impfstoffe als obligatorische Bedingung für Reisen, für Zutritt zum gesellschaftlichen und wirtschaftlichen Leben (inkl. elektronischer Impfpass): gewöhnen Sie sich dran!*
- *Epidemiologische Gefahrenanalyse ausschliesslich mittels untauglicher und beliebig manipulierbarer (PCR-)Testmethoden zur permanenten Pandemie-Illusion zwecks Etablierung autoritärer Strukturen und Legitimation nutzloser und schädlicher Zwangsmassnahmen weltweit in allen Staaten gleichzeitig: der neue Standard.*
- *Abwälzung aller gesundheitlichen und ökonomischen Schäden der Zwangsmassnahmen auf die Bürger und auf das Gemeinwesen - bei gleichzeitiger Immunität aller ökonomischen Profiteure der Angst: das ist das neue ökonomische Modell für globale Pandemie-Prävention.*
- *Die wirklich gefährlichen Labor-Aktivitäten („Gain of Function") staatlicher und nicht-staatlicher Akteure werden von der WHO und allen Staaten weiterhin toleriert.*
- *All dies wird von den offiziellen Medien und der Politik mit Hilfe von globalen Marketingbüros schöngeredet. Auch mit altbewährter „Nicht-Berichterstattung" und viel journalistischer Trägheit wird die Masse naiv gehalten.*

Und so glauben die meisten Mitmenschen tatsächlich, Covid-19 sei Geschichte und vorbei.

- *Liebe Mitmenschen in der Schweiz und anderswo: Unsere „westlichen Demokratien" - allen voran jene der Schweiz - sind ein hart erkämpftes Vermächtnis unserer Vorfahren. Sie sind höchst vergänglich und fragil.*
- *All unsere so selbstverständlichen Grund- und Volksrechte, unser „freies Leben", Rechtsstaatlichkeit, Rechts- und Sozialfrieden - und letztlich unsere Gesundheit und Wohlstand - werden bald Geschichte sein, wenn wir diese Errungenschaften nicht aktiv und entschlossen verteidigen.*

Einen Tag zuvor publizierte das freie Medienportal www.uncut-news.ch *einen Hinweis*[7] zu einem Vortrag von Philipp Kruse, gehalten am 25. März 2024 unter dem Titel *WHO-Machtausbau, 1) International Health Regulation, 2) New Pandemic Treaty*[8].

Philipp Kruse tourt in ganz Europa und taucht auf vielen wichtigen Plätzen auf, wo das Wissen um die vergangene Pandemie wie auch die Vorhaben der WHO bekannt gemacht werden.

c. Der Deutsche Fachverband MWGFD warnt ebenfalls eindringlich

Vier Tage nach einem Pressesymposium des Fachverbandes MWGFD (Gesellschaft der Mediziner und Wissenschaftler für Gesundheit, Freiheit und Demokratie e.V.) publiziert dieser die aktuellen Verhandlungsdokumente (nicht mehr abrufbar) zum Pandemievertrag, das *Referenzdokument mit den Technischen Emp-*

---

[7] https://uncutnews.ch/der-who-machtausbau-in-der-schweiz-vortrag-von-rechtsanwalt-philipp-kruse-den-jeder-sehen-sollte/

[8] https://www.youtube.com/watch?v=RLTD5dzM94o

fehlungen[9] (maschinelle Übersetzung in Deutsch mittels google-Translator) und eine *Zusammenstellung der Änderungen der Internationalen Gesundheitsvorschriften*[10] (ebenfalls eine maschinelle Übersetzung). Im weiteren will ein *offener Brief vom 11. Mai 2023 an die Bundestagsabgeordneten*[11] verhindern, dass der Deutsche Bundestag blindlings die Vertragsverhandlungen der Bundesregierung überlässt. Ohne Erfolg... *hier*[12] die Übersicht über das namentliche Abstimmungsergebnis zum Antrag der Fraktionen SPD, BÜNDNIS 90/DIE GRÜNEN und FDP *20/6712 vom 9.5.2023.*

WHO cares? Weltdiktatur droht – wen interessierts?
Vom MWGFD-Presseteam: Autorin Claudia Jaworski; erschienen am 12. Mai 2023

So lautete der Titel des Pressesymposiums des MWGFD e.V., das am 08. Mai 2023 stattfand. In Anbetracht der Dimension dessen, was die WHO derzeit an unheilvollen Regularien in Stellung bringt, fällt die Antwort darauf, „wen es kümmert", eher dürftig aus. Wie soll einen auch etwas kümmern, wenn entweder absolute Unkenntnis über die Pläne der WHO vorherrscht oder jene Pläne nur als harmlose Empfehlungen abgetan werden?
Während die Google-Suchmaschine zu „WHO" nur entwarnende Schlagzeilen über die Aufhebung des Gesundheitsnotstandes ausspuckt, versucht der MWGFD, wie auch andere oppositionelle Organisationen, im Wettlauf gegen die Zeit das eigentliche Vorhaben der WHO für die Öffentlichkeit zu entblößen, denn

---

[9] https://www.mwgfd.org/wp-content/uploads/2023/05/A_WGIHR2_Reference_documenten_Uebersetzung.pdf

[10] https://www.mwgfd.org/wp-content/uploads/2023/05/WGIHR_Compilation-en_Uebersetzung.pdf

[11] https://www.mwgfd.org/wp-content/uploads/2023/05/Offener-Brief_WHO.pdf

[12] https://www.bundestag.de/parlament/plenum/abstimmung/abstimmung?id=851

nur in wenigen Tagen findet die Abstimmung zu den Zero-Entwürfen der beiden wesentlichen Verträge in der WHO-Zentrale in Genf statt (21.-28.05.2023). Und was die Öffentlich-Rechtlichen soeben noch als Verschwörungstheorie zu beschwichtigen suchten, bot sich auch selbst für uns als Überraschung dar, als das Ärzteblatt vorgestern, am 10. Mai. 2023, verkündete, dass die Ampelfraktionen heute Mittag dem Bundestag einen Antrag für die Erweiterung der Finanzierung und Machtbefugnisse der WHO zur Abstimmung vorlegen werden. Und während ein Gros der Bürger energisch gegen die Plenarsaal-Türen hämmern, soll in bereits geprobter Geste der Ignoranz gegenüber uns Bürgern einem Antrag stattgegeben werden, der jedes vorhandene Überbleibsel an Demokratie restlos Geschichte werden lässt. So soll heute entschieden werden, ob Deutschland als inzwischen zweitgrößter Geldgeber weiter munter in den Abbau der eigenen Souveränität investieren darf.

Aus schierem Entsetzen darüber, was die Ampel-Fraktion hier von sich gibt, wandte sich der Ltd. Ministerialrat a.D. Uwe Kranz heute mit einem offenen Brief an alle Parlamentarier des Deutschen Bundestags.

(Siehe Offener Brief[13])

Wo zu erwarten wäre, dass dem von ungebremster Hybris geprägten Vorhaben der WHO ein Riegel vorgeschoben wird, hilft „unsere" Regierung diesem sogar noch auf die Sprünge. Die Ignoranz, die sich während der Covid-Krise gezeigt hat, setzt sich im Hinblick auf die neuen WHO-Verträge im Parlament und auf der Regierungsbank fort.

Dem MWGFD ist dieses Risiko bewusst und das konsequente Schweigen im Mainstream gab den Anlass, die Öffentlichkeit darüber mit einem Pressesymposium zu informieren. Doch wie

---

[13] https://www.mwgfd.org/wp-content/uploads/2023/05/Offener-Brief_WHO.pdf

nicht anders zu erwarten, war von den Öffentlich-Rechtlichen auch dieses Mal keine Spur zu sehen. Die Gelegenheit, sich jenseits des Meinungskorridors zu informieren, blieb erneut ungenutzt. Und so erfüllen Pressekonferenzen dieser Tage offenbar die Funktion, sich vor Ort die Frage zu stellen, wie man die Presse überhaupt zur Pressekonferenz bekommt. Nachträgliches Nachhaken ergab, dass die Öffentlichen Rechtlichen über die Pläne der WHO entweder nicht im Bilde sind oder erst gar kein Interesse an diesem Thema haben.

Zurecht fragten sich Journalisten der neuen alternativen Medien, wo die große Aufregung bleibt. „Damit die Bürger sich aufregen, müssen die Bürger erst wissen, über was sie sich aufregen sollen", bemerkt die Journalistin Stef Manzini, von der Stattzeitung. Wir danken Auf1, der Stattzeitung und den anderen alternativen Medien, dass sie in Zeiten der Diskursverweigerung die Versäumnisse der Öffentlich-Rechtlichen zu kompensieren suchen. Jimmy Gerum, der mit seiner Bürgerinitiative „Leuchtturm ARD ORF SRG" seit Beginn der Corona-Krise die Öffentlich-Rechtlichen an ihren Informationsauftrag erinnert, mahnte an, dass die geballte und dramatische Aufklärung eigentlich auf allen Startseiten der Leitmedien erscheinen müsste. Auch dieses Mal gab es eine fachkundige Fragerunde: „Es verlangt einen herausfordernden juristischen Akt", so Rechtsanwalt Edgar Siemund von den Anwälten für Aufklärung," „weil Richter und Staatsanwälte im Angesicht dieser Entwicklung völlig ahnungslos sind. Daher gelte es, flächendeckend Sensibilität bei Staatsanwälten und Richtern zu wecken, ganz gleich ob es Maske, Impfung oder WHO ist, sodass sie überhaupt erkennen können, wann es einen Hochverrat gibt oder warum es einen gibt. Erst dann gibt es überhaupt die Möglichkeit, dass der ein oder andere tätig wird." Hierzu ergänzte Rechtsanwalt Philipp Kruse, dass auch die Akademia, also die Rechtswissenschaftler, die sich mit Staats- und Verfassungsrecht beschäftigen, mit ins

Boot zu holen seien, da diese in der Lage seien, die Materie zu verstehen und aufgrund ihrer Position die notwendige Breitenwirkung entfalten könnten.

Dass dieses gemeingefährliche Vorhaben der WHO von den Öffentlich Rechtlichen wie ein übliches Tagesgeschäft behandelt wird und kaum jemandem kritisch aufstößt, liegt an folgendem festgefahrenen Modus Operandi: Wenn ein Fehler richtig gut funktioniert hat, sollte man ihn auch wiederholen, so oft wie möglich, dann fällt es einem kaum mehr auf. Aus Fehlern wie den unnötigen Gesundheitsmaßnahmen bei der Vogel- und Schweinegrippe wird nichts gelernt. Die WHO-Erweiterung wäre längst vom Tisch bzw. wäre nicht mal auf den Tisch gekommen, wären die Verantwortlichen des Pandemie-Missmanagements zur Rechenschaft gezogen worden. Wie Rechtsanwalt Philipp Kruse nüchtern konstatierte, gab es bis heute in unseren Ländern keine wirksame richterliche oder parlamentarische Überprüfung des Pandemiemanagements unserer Regierungen, sodass der Ausnahmezustand sich unversehens dauerhaft einnisten konnte.

Unter der Moderation von Dr. Ronald Weikl referierten Prof. Dr. Sucharit Bhakdi[14], Dr. med. Wolfgang Wodarg[15], Ltd. Ministerialrat a.D. Uwe Kranz[16], Prof. Dr. Dr. Christian Schubert[17], Mag.

---

[14] https://rumble.com/v2mwaf0-anmoderation-und-vortrag-von-prof.-dr.-sucharit-bhakdi-pressesymposium.html

[15] https://rumble.com/v2n46cw-dr.-med.-wodarg-pressesymposium-8.-mai-2023-who-cares-weltdiktatur-droht.html

[16] https://rumble.com/v2n3wsq-uwe-kranz-pressesymposium-8.-mai-2023-who-cares-weltdiktatur-droht.html

[17] https://rumble.com/v2n4ffk-prof.-ddr.-christian-schubert-pressesymposium-8.-mai-2023-who-cares-weltdik.html

Dr. iur. Silvia Behrendt[18], Rechtsanwalt Philipp Kruse[19] und Prof. Dr. Werner Bergholz[20].
[... Information auf Rumble allgemein]

d. Weltgesundheitsgipfel der Pharmalobby in Berlin

Weltgesundheitsgipfel 2023 – Lobbyisten-Treffen zur Neuausrichtung der WHO[21]
18 Okt. 2023 15:22 Uhr, Von Felicitas Rabe

In Berlin trafen sich die Lobbyisten von Pharmakonzernen und Stiftungen drei Tage zum sogenannten "Weltgesundheitsgipfel 2023". Dabei berieten sie über die "Neuausrichtung" der Weltgesundheitsorganisation als globales Machtgremium. Um unnötige Konkurrenz zu vermeiden, wollen sich die Pharma-Konzerne bei der Verteilung der Finanzen abstimmen.

In diesen Tagen traf sich in Berlin vom 15. bis zum 17. Oktober beim dreitätigen Weltgesundheitsgipfel 2023 die Crème de la Crème der weltweiten Gesundheitsindustrie-Vertreter zum Thema "Ein entscheidendes Jahr für globale Gesundheitsmaßnahmen". Obwohl den internationalen Lobbyisten laut dem Veranstaltungsmotto "Globale Gesundheit und Wohlbefinden für alle" und damit angeblich unser aller Wohl am Herzen liegen, wird die hochkarätig besuchte Konferenz erstaunlich sparsam

---

[18] https://rumble.com/v2n4us0-mag.-dr.-iur.-silvia-behrendt-pressesymposium-8.-mai-2023-who-cares-weltdik.html

[19] https://rumble.com/v2n4pvu-rechtsanwalt-philipp-kruse-pressesymposium-8.-mai-2023-who-cares-weltdiktat.html

[20] https://rumble.com/v2n426s-prof.-dr.-bergholz-pressesymposium-8.-mai-2023-who-cares-weltdiktatur-droht.html

[21] *https://de.rt.com/meinung/184056-weltgesundheitsgipfel-in-berlin-pandemie-lobbyistenkluengel*

medial präsentiert. Scheinbar will man Gutes tun, aber dafür lieber im Verborgenen wirken.

Referenten von Google, Youtube und Financial Times zur Medienstrategie bei der globalen Machtübernahme der Weltgesundheitsorganisation.
Dabei ist die mediale Strategie bei der "entscheidenden Neu-ausrichtung der Weltgesundheitsorganisation" sogar eines der zentralen Konferenzthemen. In der Referentenliste findet man neben den Chefs von medizinischen Fachzeitungen wie The Lancet auch Vertreter von Google und Youtube, die ihre neuen medialen Gesundheitsstrategien "zu unser aller Wohlbefinden" auf dem Weltgesundheitskongress präsentieren (und später vermarkten) dürfen.
Die Firma Google wird auf der Konferenz von dem deutschen Leiter der Google-Gesundheitsabteilung Götz Gottschalk und den US-amerikanischen Google-Gesundheitschefs Dr. Garth Graham und Dr. Ivor Horn vertreten. Seitens des medizinischen Fachblatts The Lancet und der Wirtschaftszeitung Financial Ti-mes sind laut Teilnehmerliste die Geschäftsführer Dr. Jessamy Bagenal und der Korrespondent Joe Miller für unser aller Wohl zuständig.

Konzern-Lobbyisten verhandeln über neue Kooperatio-nen bei der WHO
Im Vorfeld wurde der Präsident des Weltgesundheitsgipfels Axel R. Pries gefragt, wie der Gesundheitsgipfel zur Lösung diverser Problemen beginnend beim "Klimawandel" bis hin zur "Demo-kratiebedrohung" beitrage. Wie aus seiner Antwort hervorgeht, ist die Weltgesundheitsorganisation offenbar gerade dabei, sich alle globalen politischen und wirtschaftlichen Themen unter ihre Zuständigkeit zu manövrieren und dafür eine neue Agenda an-

zupassen. Die neue Agenda soll schließlich von neu eingerichteten Kooperationspartnern umgesetzt werden.

Wortwörtlich erklärte Pries: "Der Weltgesundheitsgipfel bringt Interessenvertreter und Entscheidungsträger aus allen relevanten Bereichen der Politik, der Wissenschaft, dem Privatsektor und der Zivilgesellschaft in einer freundlichen Atmosphäre zusammen. Dies regt die Suche nach neuen Ansätzen für die anstehenden Herausforderungen an und schafft neue Allianzen für deren Umsetzung." Der Mediziner, der bis Ende 2022 als Dekan die Berliner Charité leitete, arbeitete zuvor von 1984 bis 2014 als Berater für Projekte der US-amerikanischen Gesundheitsbehörde NIH (National Institute of Health). Dafür war er jedes Jahr für einen Monat an der Universität Arizona in Tucson zu Gast.

In seinen Begrüßungsworten machte der deutsche Bundeskanzler dann klar, was man auf diesem Gipfel erarbeiten wollte: Pandemievorsorge, internationale Koordination, schlanke Prozesse, Zugang zu Daten, Zugang zu Impfstoffen – alle diese Themen erforderten eine engere internationale Zusammenarbeit. Deshalb begrüße Scholz sehr die Arbeit "mit unseren internationalen Partnern an einem Pandemieabkommen im Rahmen der WHO".

Dass dies de facto ab kommendem Mai die Weichenstellung für eine Globalherrschaft der Weltgesundheitsorganisation bedeutet, machte Scholz dabei lieber nicht unmissverständlich klar. Die geplante Globalherrschaft der WHO offensiv zu vertreten, scheint den Lobbyisten trotz aller noblen Absichten irgendwie unangenehm zu sein. Dafür schlug Scholz selbst als Nichtmediziner aber schon in seiner Willkommensrede neue Anwendungsgebiete für die seit der Coronapandemie zugelassene gentechnische Anwendung der mRNA-Technologie vor:

"Die mRNA-Technologie kann beispielsweise auch unsere Bemühungen zur Bekämpfung anderer Krankheiten wie Malaria

oder verschiedener Krebsarten beschleunigen", behauptet Scholz zu wissen.

Bevölkerungswachstum als drängendes, von der WHO zu lösendes Problem

Auch der französische Präsident erläuterte in seiner Begrüßung, warum angeblich keine Regierung die kommenden gesundheitlichen Bedrohungen alleine bewältigen könne. Dabei stellte er neben den anderen Themen insbesondere auch noch das Bevölkerungswachstum als drängendes Problem dar, das man gemeinsam unter der Führung der Weltgesundheitsorganisation lösen könne und müsse: "Wenn wir die gesundheitlichen Herausforderungen wirksam angehen wollen, müssen wir unsere Zusammenarbeit bei anderen drängenden globalen Problemen wie Klimawandel, Konflikten, Bevölkerungswachstum und Urbanisierung verstärken."

Laut dem Willkommensgruß durch den Generaldirektor der Weltgesundheitsorganisation (WHO) Tedros Adhanom Ghebreyesus sei in einer Zeit der stagnierenden Wirtschaft "jetzt ... genau der richtige Zeitpunkt, um strategische Investitionen in die Gesundheit zu tätigen – Investitionen in das Humankapital – ... Dafür brauche man "die Zusammenarbeit mehrerer Interessengruppen, wie sie auf dem Weltgesundheitsgipfel gefördert werden". Mittels des internationalen WHO-Pandemievertrags würde man auch dafür sorgen, dass keine Konkurrenzen entstehen.

Laut Ankündigung der Organisatoren gehören in diesem Jahr zu den zentralen Themen des Gipfels unter anderem die drei Themenfelder:

- *Lehren aus COVID-19 für künftige Pandemieprävention, -vorsorge und -reaktion*
- *Nutzung der Macht der digitalen Technologien für die globale Gesundheit*
- *Geberkonferenz der Globalen Finanzierungsfazilität (GFF)*

Neue Arten der Finanzierung: Nicht nur politisch, auch technisch und finanziell will "man" bei künftigen Pandemien besser vorbereitet sein

Zum Thema "Lehren aus COVID-19 für künftige Pandemieprävention, -vorsorge und -reaktion" steht in der Programmbeschreibung[22]: COVID-19 habe auf drastische Weise die tödlichen und kostspieligen Auswirkungen von Pandemien aufgezeigt. Für zukünftige Pandemien wolle man "politisch, technisch und finanziell besser auf die existenzielle Bedrohung durch künftige Pandemien vorbereitet sein". Bei dem geplanten WHO-Pandemieabkommen ginge es daher schwerpunktmäßig um "Gerechtigkeit und Zugang".

"Die Verhandlungen über ein Pandemie-Abkommen – mit Schwerpunkt auf Gerechtigkeit und Zugang – sowie die Überarbeitung der Internationalen Gesundheitsvorschriften werden entscheidende Schritte in diesem Prozess sein. Erhebliche Investitionen und neue Arten der Finanzierung sind erforderlich", lautet die Beschreibung des Programmpunkts "Künftige Pandemieprävention".

Da es grundsätzlich darum gehe, zukünftig "existenzielle Risiken zu bekämpfen, muss die Agenda für die Pandemievorsorge über den Gesundheitssektor hinausgehen". Aktuell gehe es um breite Beteiligung der Interessengruppen und eine Absicherung der Finanzierung dieser Vorsorge-Agenda.

Redner auf dem Gesundheitsgipfel – vor allem aus der Pharmaindustrie und einschlägigen Stiftungen

Tatsächlich spiegelt die umfangreiche Rednerliste die breite Beteiligung der Interessengruppen, die sich bei der strategischen Neuausrichtung der Weltgesundheitsorganisation "um unser aller Wohl sorgen und bemühen". So sind neben führenden Ver-

---

[22] https://www2.worldhealthsummit.org/fileadmin/user_upload/4_Documents/4.15_2023/ World_Health_Summit_2023_Program_Book.pdf

tretern der großen Pharmaindustrien, wie beispielsweise Glaxo-SmithKline (GSK), Pfizer, BioNTech, Bayer AG, Wellcome-Stiftung oder Boehringer Ingelheim, auch die Vertreter wichtiger philanthropischer Stiftungen und Gesundheitsorganisationen bei der Sorge um unsere Gesundheit quasi selbstlos engagiert.

Wie zum Beispiel der Repräsentant vom Roten Kreuz für Kolumbien und Venezuela, Javier Francisco González Bello, sowie natürlich jeweils gleich mehrere Vertreter der Gavi-Impfallianz, der Johns Hopkins Bloomberg School of Public Health, der Bill & Melinda Gates Foundation und der Rockefeller Foundation, um nur ein paar der angeblich allesamt "selbstlosen Gesundheitsaktivisten" zu nennen. Wobei das Rote Kreuz während der Pandemiezeit in auffälliger Weise kaum irgendwo öffentlich in Erscheinung getreten war.

Und neben dem unvermeidlichen Prof. Dr. Christian Drosten von der Berliner Charité darf natürlich auch der deutsche Gesundheitskomiker Eckart von Hirschhausen nicht fehlen. Der Fernsehdoktor ist scheinbar in derartig vielen Themen und Spezialgebieten bewandert und um unser Wohl besorgt, dass einem schon schwindlig wird von so großem Einsatz.

Am Abschlusstag der Konferenz war Hirschhausen neben anderen einer der Referenten in der Veranstaltung "Der Weg zur COP 28: Maßnahmen für Klimawandel und Gesundheit." Dort sprach der als Gründer der Organisation "Healthy Planet" (Gesunder Planet) vorgestellte Fernsehdoktor unter anderem gemeinsam mit dem stellvertretendem Präsidenten der Rockefeller Stiftung Dr. Naveen Rao und der belgischen Ministerin für Klima und Green Deal Zakia Khattabi. Der Workshop-Beschreibung kann man entnehmen, dass "beispielsweise die wirtschaftlichen Argumente für Klimamaßnahmen deutlich machten", wie groß der Nutzen für die Gesundheit sei.

Dass die Vertreter von superreichen Aktionären der Pharmaindustrie und der Stiftungen von Milliardären sich traditionell an-

geblich um die Verbesserung des Wohlergehens und der Gesundheit der Weltbevölkerung bemühen, dafür gibt es ja weltweit inzwischen ausreichend Belege und Erfahrungen, insbesondere in den Ländern des globalen Südens. Insofern dürfen wir Menschen doch sicher großes Vertrauen haben, dass wir zukünftig noch schneller mit "passender Gentechnik" behandelt werden. Und sicher wird auch eine noch bessere KI-Technik zur Verfügung stehen, um uns alle zu kontrollieren oder vor Ansteckung zu schützen, genau wie beim letzten Mal. Und wie beim letzten Mal werden alle diese Maßnahmen nur Gutes bewirken – insbesondere, wo doch wieder dieselben Organisationen und bekannten Persönlichkeiten beteiligt und um unser Wohl besorgt sind.

e. Die NZZ schreibt kritisch zur Einschränkung der Grundrechte

Die nächste Pandemie ist unausweichlich. Ein weltweiter Pandemievertrag soll künftig das Schlimmste verhindern. Wie viele Freiheiten wollen wir dafür aufgeben?[23]

Die Coronavirus-Pandemie hat viel Leid und enorme Kosten verursacht. Beim nächsten Mal soll die Welt besser vorbereitet sein, meint die WHO. Doch ihr Massnahmenkatalog ist viel zu umfangreich und in mancherlei Hinsicht kontraproduktiv.

*Stephanie Lahrtz, Dominik Feldges, Katharina Fontana
23.12.2023*

Es gab zahlreiche Warnungen vor einer globalen Pandemie und noch mehr Pandemiepläne. Trotzdem reagierten nahezu alle

---

[23] https://www.nzz.ch/wissenschaft/die-naechste-pandemie-ist-unausweichlich-ein-weltweiter-pandemievertrag-soll-kuenftig-das-schlimmste-verhindern-wie-viele-freiheiten-wollen-wir-dafuer-aufgeben-ld.1770313

Regierungen Anfang 2020 zunächst hilf- und planlos und zudem unkoordiniert.

Eine weitere Pandemie mit einem anderen neuartigen Erreger ist jederzeit möglich. Daher initiierte der Präsident des Europäischen Rates, Charles Michel, bereits im November 2020 einen weltweiten Pandemievertrag. Die Idee dahinter: Es sollte Regeln geben für eine bessere Wachsamkeit und Vorbereitung der Länder auf eine Pandemie. Und es sollte Anleitungen für ein koordiniertes Vorgehen im Falle einer Pandemie geben.
Die Idee nahm 2021 – mitten in der Coronavirus-Pandemie – Fahrt auf. Sowohl der Rat der Europäischen Union als auch die Staatschefs der grössten Industriestaaten (G-7) und später die Mitgliedsländer der Weltgesundheitsorganisation (WHO) sprachen sich für einen internationalen Pandemievertrag unter der Kontrolle der WHO aus. Noch ist unklar, inwieweit das geplante Abkommen den WHO-Mitgliedstaaten konkrete Pflichten auferlegen wird, die sie umsetzen müssen. Zu Beginn wurde der Pakt explizit als rechtlich verbindlich («legally binding») bezeichnet. Inzwischen heisst es, dass eventuell nur einzelne Punkte verpflichtend seien und andere nicht.
Klar ist jedenfalls, dass jedes völkerrechtliche Abkommen, das abgeschlossen wird, Wirkungen hat und die Staaten, die es unterzeichnen, bindet. Das gilt auch für blosse Leitlinien oder Absichtserklärungen, sogenanntes «Soft Law», das entgegen seiner harmlosen Bezeichnung als ein sehr wirksames Druckmittel eingesetzt werden kann – vor allem gegenüber den kleinen Staaten.

Mittlerweile, nach der bereits siebten Verhandlungsrunde, liegt ein weiterer Textentwurf vor. Über den finalen Text soll im Mai 2024 anlässlich der 77. Weltgesundheitsversammlung der WHO in Genf abgestimmt werden. Anschliessend ist es an den Ver-

tragsstaaten, das Abkommen gemäss den nationalen Regeln zu ratifizieren. Parallel zu den Arbeiten am Pandemiepakt läuft die Revision der Internationalen Gesundheitsvorschriften, eines seit den siebziger Jahren bestehenden Regelwerks der WHO. Auch dabei wird über ganz wesentliche Änderungen der Zusammenarbeit bei Pandemien diskutiert. Die Revision soll gleichzeitig mit dem Pandemiepakt verabschiedet werden. Auffällig ist das hohe Tempo: Die Verhandlungen werden im Eilverfahren geführt, damit man im kommenden Mai anlässlich der Weltgesundheitsversammlung parat ist. Einen zwingenden Grund, warum man bereits 2024 zum Abschluss kommen muss, gibt es allerdings nicht.

Doch was beinhaltet der WHO-Pandemiepakt, und hilft er wirklich, besser auf eine Pandemie vorbereitet zu sein und effizienter darauf reagieren zu können? Die Fülle von Massnahmen, die im Vertragsentwurf vorgeschlagen werden, lässt sich grob in vier Themenblöcke unterteilen: den Umgang mit Pathogenen, die Entwicklung und Herstellung von Gütern zur Bewältigung der Pandemie wie Impfstoffe und Medikamente, deren Beschaffung und Verteilung sowie schliesslich die Information der Öffentlichkeit.

Inhaltsverzeichnis

1. Umgang mit Pathogenen
2. Entwicklung und Produktion von Pandemiegütern
3. Beschaffung und Verteilung von Pandemiegütern
4. Information der Öffentlichkeit

Die einzelnen Massnahmen lassen sich nach den drei Kriterien sinnvoll, überflüssig und inakzeptabel bewerten:
sinnvoll für Massnahmen, die es verdienen, umgesetzt zu werden
überflüssig für Massnahmen, die es nicht braucht

inakzeptabel für Massnahmen, die vor allem aus ordnungspolitischer und freiheitlich-demokratischer Sicht verhindert werden müssen

1. Umgang mit Pathogenen

Auf eine Pandemie vorbereitet sein heisst, dass ein Land ein Früherkennungssystem für «komische, neue» Erreger und Erkrankungen besitzt – und dabei sowohl Menschen als auch Tiere im Auge behält. An einem umfassenden Monitoringsystem zur Erkennung ungewöhnlicher Erkrankungen hapert es in vielen Ländern, auch in Europa. Es ist sinnvoll, solche Systeme wie im Pandemievertrag gefordert zu etablieren beziehungsweise zu verbessern und dabei nach gleichen Standards zu arbeiten.

Sinnvoll, aber im Grunde banal ist die Forderung, ein stabiles Gesundheitssystem mit ausreichend geschultem Personal zu besitzen, und zwar bevor ein Pandemiechaos ausbricht. Auch daran hapert es in vielen Ländern, in der Regel aus Geldmangel. Der Vertrag fordert nun reichere Länder auf, ärmere beim Aufbau von medizinischen Einrichtungen sowie solchen für die Forschung, aber auch bei der Ausbildung zu unterstützen. Das ist zwar sicher moralisch gut, und es geschieht ja auch bereits. Es ist jedoch nur begrenzt realistisch, mehr zu fordern. Insgesamt ist der Vertrag mit sehr vielen und vor allem happigen Finanzierungsforderungen an die reicheren Länder gespickt.
Um einen Erreger einzudämmen, müssen schnell und unbürokratisch wissenschaftliche Erkenntnisse präsentiert und diskutiert werden – zu Beginn ebenso wie während der Pandemie. Zudem muss auch Probenmaterial, seien es Blut- oder Speichelproben von Patienten oder Material von Tieren aus früheren Sammelkampagnen, schnell und einfach zwischen Labors weltweit verschickt werden. Das alles wird auch im neuen Pandemievertrag gefordert. Das ist sinnvoll.

Inakzeptabel ist es hingegen, dass die Erkenntnisse nur in Datenbanken gesammelt werden dürfen, die von der WHO vorab zertifiziert wurden. Das ist unnötige und auch stark einschränkende Bürokratie.

Denn: Der Austausch sowohl von Daten als auch Proben hat während der Coronavirus-Pandemie gut funktioniert: Via Twitter (jetzt X) und öffentlich zugängliche Plattformen für wissenschaftliche Publikationen gab es von Anfang an einen sehr schnellen, manchmal sogar tagesaktuellen Austausch brandneuer Erkenntnisse zu Sars-CoV-2 und seinen Eigenschaften. Das hat die Wissenschaftergemeinde allein etabliert. Dafür ist kein neuer Vertrag nötig.

Allerdings hat sich auch gezeigt, dass China nach einigen Monaten die Freigabe von wissenschaftlichen Daten restriktiv gehandhabt hat. Doch dass ein Vertrag, den undemokratische Länder voraussichtlich gar nicht unterschreiben werden, solche Eingriffe und Maulkörbe verhindern kann, ist unrealistisch.

Umgang mit Pathogenen

Massnahme	Bewertung
Monitoringsystem für ungewöhnliche Erkrankungen	sinnvoll
Datensammlung nur in WHO-zertifizierten Systemen	inakzeptabel

Quelle: Vorschlag für WHO-Pandemievertrag vom 30.10.2023, df

2. Entwicklung und Produktion von Pandemiegütern

Eine an sich gute und auch nachvollziehbare, allerdings unrealistische Forderung ist jene nach einer global gleichen Vertei-

lung von Impfstoffen und Medikamenten. Das war in der Coro-na-Pandemie nicht der Fall. Und es ist nicht zu erwarten, dass reichere Länder bei der nächsten Pandemie darauf verzichten, zuerst ihre eigene Bevölkerung dank ihren Finanzmitteln aus-reichend zu versorgen.

Wichtig ist die Forderung im Pandemievertrag, dass klinische Studien für Impfstoffe und Medikamente in möglichst vielen und unterschiedlichen Ländern durchgeführt werden sollen. Allerdings benötigt man dafür keinen Vertrag, denn das taten die Hersteller ohnehin während der Corona-Pandemie. Denn nur dann bekommen sie überall Zulassungen.

Entwicklung von Impfstoffen funktionierte rasend schnell

Zwischen dem Zeitpunkt, als die Welt im Februar 2020 realisierte, dass sie sich in einer Pandemie befand, und dem Vorhandensein des ersten Impfstoffs verstrich nicht einmal ein Jahr. Die US-Gesundheitsbehörde FDA erteilte dem Vakzin der beiden Anbieter Pfizer und Biontech am 11. Dezember 2020 eine Notfallzulassung. Kurz darauf erhielt auch das Konkurrenz-produkt von Moderna grünes Licht in Amerika. Provisorische Zulassungen für diese beiden mRNA-Vakzine folgten wenig später in der EU, in der Schweiz und rund um den Globus.

Weil die Nachfrage riesig war, liess die breite Versorgung mit den Vakzinen aber noch eine Weile auf sich warten. Das lag daran, dass die Kapazitäten für die Produktion von Milliarden von Impfdosen erst aufgebaut werden mussten. Zudem war die mRNA-Technologie im industriellen Massstab zuvor noch nicht verwendet worden.

Doch die Pharmabranche schaffte es mithilfe einer eigenen Par-force-Leistung sowie millionenschwerer Zuwendungen von Regierungen, so schnell voranzukommen, dass bereits ab Juni 2021 grosse Mengen an Dosen geliefert werden konnten. Ein halbes Jahr später, Mitte Dezember 2021, konnte der globale Branchenverband International Federation of Pharmaceutical Manufacturers & Associations (IFPMA) befriedigt feststellen, dass die gesamte Produktion für 2021 über 11 Milliarden Dosen erreichen werde. Dank diesem historisch einmalig grossen Volumen sei die Hälfte der Menschheit innerhalb eines Jahres seit der Vergabe der ersten Zulassungen geimpft worden.

Zugleich zeigte sich schon damals, dass die westlichen Industrieländer bis Ende März 2022 auf 1,4 Milliarden überschüssigen Dosen sitzen würden – nach Abzug von Auffrischimpfungen, die im Winter 2021/22 erstmals verabreicht wurden. Mit anderen Worten: Die Impfstoffproduktion kam derart schnell in die Gänge, dass sich nur ein Jahr nach ihrem Beginn schon die ersten Überkapazitäten abzeichneten.

Pharmabranche benötigt keine Industriepolitik
Trotz dieser eindrücklichen Leistung, die nicht nur das Verdienst weniger Impfstoffhersteller, sondern geschätzt über 300 freiwilliger Kooperationen zwischen Pharmafirmen, Auftragsfertigern und weiteren Zulieferern war, glaubt die WHO offenbar, dass innerhalb der Pharmabranche nicht genügend Kräfte schlummern. Nationale Regierungen müssten für künftige Pandemien ausfindig machen, wo es Produktionskapazitäten gebe und wie diese verstärkt werden könnten, heisst es im geplanten Pandemievertrag.

Das Augenmerk der WHO gilt dabei wie bei den meisten Aspekten dieses Kontrakts Entwicklungsländern. Diese müssten befä-

higt werden, selbst Impfstoffe, Medikamente und weitere Produkte, die der Bekämpfung einer Pandemie dienen, zu produzieren.

Von Firmen wird verlangt, dass sie sich an diesem Technologietransfer ohne Gegenforderungen beteiligen. So sollen sie nicht nur auf Lizenzgebühren verzichten, die ihnen normalerweise bei der Verwendung ihrer Technologien durch Drittfirmen zustünden. Auch auf Patente, die sonst in fast allen Branchen und den meisten Wirtschaftsräumen als höchst schützenswert gelten, sollen sie sich, zumindest temporär, nicht mehr berufen können. Wenn dadurch Engpässe bei der Produktion von Pandemiehilfsgütern beseitigt werden könnten, sei deren Aussetzung angezeigt, findet die WHO.

Den Anspruch auf Lizenzzahlungen sowie den Patentschutz in Pandemiezeiten ausser Kraft zu setzen, stellt einen schwerwiegenden Eingriff dar. Auch vor dem Hintergrund, dass solch eine temporäre Aussetzung von Patenten in speziellen Notlagen – ebenso wie die Erteilung von Zwangslizenzen – in Patentgesetzen diverser Länder, wie etwa der Schweiz und Deutschlands, bereits vorgesehen ist.

Verzicht auf Patentschutz birgt hohe Risiken

Von dem Instrument sollte jedenfalls nur in sehr seltenen Fällen Gebrauch gemacht werden, denn es setzt völlig falsche Anreize: Welcher Impfstoffproduzent oder welcher Hersteller von Tests wird sich in der nächsten Pandemie noch engagieren wollen, wenn er seine Leistungen gratis anderen zur Verfügung stellen soll?

Auch weckt das Aussetzen des Patentschutzes falsche Erwartungen. Die Produktion von Impfstoffen lässt sich nämlich nicht *ohne weiteres nachahmen. Sie ist ein hochkomplexer Prozess, der langjährige Erfahrung, ein vertieftes Qualitätsverständnis und spezialisierte Anlagen erfordert. Besonders anspruchsvoll ist es, Impfstoffe nicht bloss in Kleinmengen in einem Labor, sondern nach industriellen Massstäben herzustellen.*

Viele der – ausnahmslos freiwilligen – Kooperationen, welche die enorme Ausweitung der Impfstoffproduktion während der Covid-19-Pandemie möglich machten, erfolgten zwischen westlichen Pharmakonzernen und Firmen in Schwellenländern. So liess der britische Medikamentenhersteller AstraZeneca grosse Teile seines kostengünstigen Impfstoffs durch das Serum Institute of India in Pune herstellen. Der amerikanische Konkurrent Johnson & Johnson kollaborierte in der Vakzinproduktion mit dem südafrikanischen Generikahersteller Aspen. Vertreter auf beiden Seiten dieser Kooperationen betonen, ohne einen engen Wissensaustausch hätte es nicht funktioniert.

Wünschenswertes Warnsystem

Wo die WHO eine Rolle bei der Produktion von Pandemiehilfsgütern spielen kann, ist bei Qualitätskontrollen. Allerdings sollte diese auf nichtpharmazeutische Erzeugnisse beschränkt bleiben. Die Überwachung der Herstellung von Impfstoffen und Medikamenten ist Sache von nationalen oder EU-Arzneimittelbehörden, die darin ebenso wie beim Monitoring von Forschungs- und Entwicklungsaktivitäten viel mehr Erfahrung besitzen als die Weltgesundheitsorganisation.

Es wäre eine weitere unnötige Aufblähung der Bürokratie, dies zusätzlich der WHO zu überlassen. Zudem hat die WHO dafür kein geeignetes Personal. Sinnvoll erscheint hingegen der Aufbau eines globalen Warnsystems für mangelhafte Güter. Während der Covid-19-Pandemie sorgten immer wieder schludrig hergestellte Masken oder falsch konzipierte Schutzkleider für Schlagzeilen.

Dezidiert abzulehnen ist die Forderung im neusten Entwurf des Pandemievertrags, gemäss der Herstellerländer der WHO Zugriff auf mindestens 20 Prozent der auf ihrem Territorium produzierten Pandemiehilfsgüter zu gewähren haben. Wobei die eine Hälfte der Organisation als Spende und die andere «zu erschwinglichen Preisen» zur Verfügung zu stellen sei. Diese Mengenangabe ist, wie Vertreter der Pharmabranche zu Recht bemängeln, willkürlich gewählt.

Entwicklung und Produktion von Pandemiegütern

Massnahme	Bewertung
Klinische Studien in möglichst vielen Ländern durchführen	überflüssig
Staatliche Hilfe beim Aufbau von Fertigungskapazitäten	überflüssig
Technologietransfer unter Verzicht auf Lizenzgebühren und Patentschutz	inakzeptabel
Warnsystem für mangelhaft produzierte Pandemiegüter	sinnvoll
Mitwirkung der WHO bei der Qualitätskontrolle pharmazeutischer Produkte	inakzeptabel
Pflichtanteile bei produzierten Gütern zugunsten von Entwicklungsländern	inakzeptabel

Quelle: Vorschlag für WHO-Pandemievertrag vom 30.10.2023, df.

3. Beschaffung und Verteilung von Pandemiegütern

Zielführender wäre der Ansatz, es den einzelnen Ländern zu überlassen, ob sie sich dazu verpflichten wollen, einen gewissen Prozentsatz der von ihnen selbst bestellten Impfstoffe und Medikamente künftig ärmeren Ländern zu spenden. Solche Überlegungen würden in manchen Industriestaaten auch bereits an-

gestellt, ist aus dem Umkreis von Verhandlungsdelegationen zu hören.

Was die Distribution von Pandemiehilfsgütern vor allem in Entwicklungsländern betrifft, schiessen etliche Forderungen der WHO ebenfalls über das Ziel hinaus. Generell sollte die WHO bei der Verteilung keine aktive Rolle spielen. Andere Organisationen wie das Kinderhilfswerk der Uno, Unicef und die Genfer Impfallianz Gavi sind dafür dank ihrer langjährigen Erfahrung vor allem mit Impfaktionen für Babys und Kleinkinder besser qualifiziert.

Kontraproduktiv ist es, von Ländern zu verlangen, dass sie die Konditionen und insbesondere die Preise bei der Beschaffung von Impfstoffen oder Medikamenten offenlegen sollen. Passiert dies, drohen die Preise unweigerlich zu steigen. Aus genau diesem Grund verzichtet Gavi, deren Kernaktivität die Beschaffung und Verteilung möglichst preisgünstiger Impfstoffe für Entwicklungsländer ist, generell darauf, Preise öffentlich zu machen. Die Impfallianz unterliess dies auch im Rahmen der Covax-Initiative, bei der Vakzine gegen Sars-CoV-2 zugunsten von ärmeren Ländern eingekauft wurden.

Unterstützung verdient die Forderung, laut der Beschränkungen beim Export von Pandemiehilfsgütern unter allen Umständen vermieden werden sollten. Das Bestreben Grossbritanniens und der USA, innerhalb ihrer Landesgrenzen produzierte Impfstoffe für sich zu behalten, oder die monatelange Schliessung der Aussengrenzen Indiens sorgten 2021 zu Recht für Empörung.

Die Restriktionen Indiens hatten zur Folge, dass während über einem halben Jahr viele Entwicklungsländer via Covax kaum noch Impfstoffe erhielten. AstraZeneca hatte mit dem Serum Institute nämlich vereinbart, dass dieses in seiner riesigen Fabrik in Pune das Vakzin je zur Hälfte für den indischen Markt und für Covax produziere.

Mit Vorsicht zu geniessen ist der von der WHO geforderte Aufbau von Pflichtlagern. Wie die meisten Länder während der Coronavirus-Pandemie schmerzlich erfahren mussten, ist die Haltbarkeit von Impfstoffen meist auf wenige Monate beschränkt. Staaten wie die Schweiz und Deutschland mussten denn auch wiederholt grosse Lagerbestände vernichten, weil die Vakzine nicht mehr gültig waren.

Erschwerend kam hinzu, dass die Impfbereitschaft mit zunehmender Dauer der Pandemie nachliess. Weniger problematisch ist die Lagerhaltung von Schutzbekleidung, Spritzen oder Ampullen aus Spezialglas. Solche Hilfsgüter waren in den vergangenen Jahren wegen der grossen Nachfrage ebenfalls zeitweise knapp. Allerdings haben auch solche Produkte oft ein Ablaufdatum, und der Kreis der Hersteller ist nicht bei allen Erzeugnissen gleich begrenzt. Massengüter wie Masken, Handschuhe oder Desinfektionsmittel sollten sich bei Bedarf auch künftig rasch in grossen Mengen auf dem Weltmarkt beschaffen lassen.

Beschaffung und Verteilung von Pandemiegütern

Massnahme	Bewertung
Mitwirkung durch WHO	überflüssig
Offenlegung von Preisen bei Beschaffung	inakzeptabel
Verzicht auf Exportkontrollen durch Herstellerländer	sinnvoll
Pflichtlager für lang haltbare Pandemiegüter	sinnvoll

Quelle: Vorschlag für WHO-Pandemievertrag vom 30.10.2023, df.

4. Information der Öffentlichkeit

Ebenfalls Gegenstand des Abkommens ist ein Artikel, bei dem es um die Kontrolle und Einschränkung der Meinungsäusserungsfreiheit geht. So sind die Staaten gehalten, «falsche, irreführende Fehl- oder Falschinformationen zu bekämpfen», dies in internationaler Zusammenarbeit. Zudem soll die politische Kommunikation so gesteuert werden, dass das Vertrauen in die Wissenschaft, in die Gesundheitsbehörden und in die angeordneten Massnahmen gestärkt wird. Über einen ähnlichen Antrag, der zudem die Medien ins Visier nimmt, wird auch bei der Revision der Internationalen Gesundheitsvorschriften verhandelt.

Derartige Vorschriften sind abzulehnen. Sie zeugen von einem obrigkeitlichen Staatsverständnis und wären ein Einfallstor für Zensur und Behördenpropaganda. Zudem sollte man nicht vergessen, dass während der Corona-Krise auch die Behörden Falschinformationen verbreitet haben. («Mit dem Zertifikat kann man zeigen, dass man nicht ansteckend ist», sagte etwa der Schweizer Gesundheitsminister.)

Im dritten und letzten Teil des Pandemiepakts werden die institutionellen Punkte behandelt. Als oberstes Organ ist eine Vertragsstaatenkonferenz vorgesehen. Sie könnte weitere Gremien – wie zum Beispiel eine wissenschaftliche Expertengruppe – einsetzen. Jedes Land müsste der Konferenz regelmässig Bericht erstatten, mit welchen Massnahmen es das Abkommen innerstaatlich umsetzt und inwieweit es den Empfehlungen der Konferenz Rechnung trägt. Eigentliche Sanktionen bei Nichtbefolgen sind nicht vorgesehen. Dieser Mechanismus ist bei internationalen Abkommen in dieser oder ähnlicher Weise üblich. Es liegt auf der Hand, dass die Bürokratie damit zunehmen wird, bei der WHO wie auch bei den Mitgliedsländern.

Information der Öffentlichkeit

Massnahme	Bewertung
Kontrolle und Einschränkung der Meinungsäusserungsfreiheit	inakzeptabel
Regelmässige Updates zur Umsetzung des Pandemievertrags durch Staaten	überflüssig

Quelle: Vorschlag für WHO-Pandemievertrag vom 30.10.2023, df.

Ein wichtiger Punkt betrifft die Änderungen. Das Abkommen kann von einer qualifizierten Mehrheit der Staaten geändert werden. Es ist also dynamisch und kann sich fortentwickeln – auch in eine Richtung, die man beim Abschluss noch nicht erahnte.

Lösungsorientierte Ansätze fehlen

Fazit: Mit dem geplanten Pandemievertrag droht ein Bürokratiemonster zu entstehen. Auch wenn manches gut gemeint ist, wurden viel zu viele Bestimmungen hineingepackt. Mangelware sind lösungsorientierte Ansätze. Dabei zeigte sich während der Coronavirus-Pandemie, wie vieles dank etablierten zwischenstaatlichen und privatwirtschaftlichen Netzwerken trotz Notlage erstaunlich effizient funktionierte. Das beste Beispiel dafür ist die milliardenfache Bereitstellung von Dosen neu entwickelter Impfstoffe innerhalb von nur einem guten Jahr nach dem Beginn der Pandemie.

Von einer «WHO-Diktatur» zu sprechen, wie dies die Kritiker tun, ist zugleich wohl übertrieben. Dennoch, auch das ist festzuhalten, enthält der Vertragsentwurf Bestimmungen, die weit über den Informationsaustausch und andere sinnvolle Kooperationen in Krisenzeiten hinausgehen. Diese Massnahmen atmen teilweise einen autoritären Geist.

f. Annahme der Internationalen Gesundheitsvorschriften

Quelle: *https://uncutnews.ch/gravierende-aenderungen-der-internationalen-gesundheitsvorschriften-angenommen-wir-das-volk-haben-eine-vernichtende-niederlage-erlitten/* (Abruf vom 4.6.2024)

Gravierende Änderungen der Internationalen Gesundheitsvorschriften angenommen, "Wir, das Volk, haben eine vernichtende Niederlage erlitten"

Juni 3, 2024

Leo Hohmann schreibt[24]:
In typischer Manier haben die Globalisten uns glauben gemacht, wir hätten einen "Sieg" errungen, und dann, gerade als die Konservativen feierten, haben sie uns eine Dosis Realität über den Kopf geschüttet.
Die 77. Weltgesundheitsversammlung hat ein umfassendes Paket von Änderungen der Internationalen Gesundheitsvorschriften verabschiedet.

James Roguski, der führende Experte bei den WHO-Verhandlungen über diese Änderungen, sagte: "Wir, die Menschen, haben eine überwältigende Niederlage erlitten. Der Kampf geht weiter.
Roguski weiter:
Leider ist dies ein großer Verlust für 'Wir, die Menschen' und ein großer Sieg für die bösen Kräfte, die das Pharmakia-System unterstützen.

---

[24] https://leohohmann.substack.com/p/from-james-roguski-amendments-to

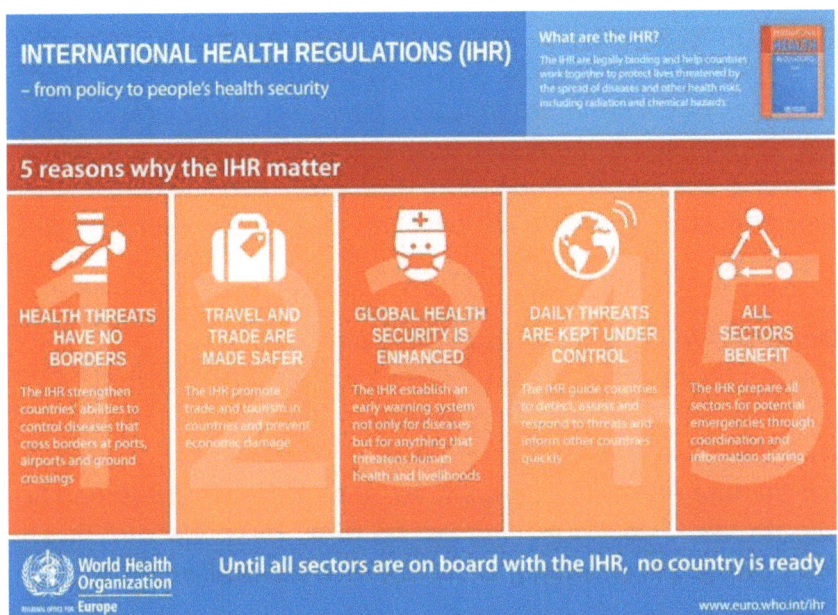

Die kürzlich verabschiedeten Änderungen werden eine enorme globale Entwicklung des pharmazeutischen Krankenhaus-Not-fall-Industrie-Komplexes erleichtern, der darauf abzielt, permanente 'pandemische Notfälle' auszulösen, die durch 'relevante Gesundheitsprodukte' verschlimmert werden.

Die ehemalige Kongressabgeordnete Michele Bachmann, die den Verhandlungsprozess bei der Weltgesundheitsversammlung der WHO ebenfalls aufmerksam verfolgt hat, äußerte sich heute Morgen in einer E-Mail-Warnung wie folgt:

Die (geänderten) Regeln wurden am letzten Tag der Versammlung (am, 1. Juni) in Genf (Schweiz) angenommen.

Ein Treffen zur Verabschiedung des globalen Pandemievertrags ist für Juli 2024 geplant.

Die Organisation hat ihre internen Regeln gebrochen und hinter verschlossenen Türen dieses Monster geschaffen.

Null Transparenz.

Unter dem Strich wird die WHO von einem globalen Beratungs-gremium zu einem internationalen Vollstrecker ihrer Mandate. Sie hat sich selbst die Macht über eine globale digitale ID gegeben und die Macht, Impfstoffe vorzuschreiben und diese Vorschriften durchzusetzen, insbesondere im internationalen Reiseverkehr.

Der globale Überwachungsstaat beginnt.

Die Länder haben 10 Monate Zeit, um Einspruch zu erheben – aber nur, wenn die Regeln eingehalten werden.

Wir sind im globalen Staat. Er ist da.

*Ich stimme Michele Bachmann zu. Dies ist ein historischer Erfolg für die Globalisten, und **es scheint, dass sie auf ihrem Weg zur Weltregierung nicht mehr aufzuhalten sind.***

Aber wir dürfen uns niemals erlauben, uns ihnen und ihrem luziferischen Kontrollnetz zu unterwerfen. Sie mögen Autorität über unser Leben, unsere Worte, unsere Taten und sogar unsere Gedanken beanspruchen, aber in dem Maße, in dem wir dazu in der Lage sind, werden wir uns als Gläubige niemals dieser Autorität beugen, denn sie ist unrechtmäßig und dämonisch.

Was meine ich mit "soweit wir dazu in der Lage sind"? Nun, wenn alle Nationen der Welt sich zusammentun, um es unmöglich zu machen, international zu reisen, ohne eine Art digitalen Ausweis zu besitzen, dann müssen wir die Entscheidung treffen, auf internationale Reisen zu verzichten. Natürlich ist es das ultimative Ziel, auch Inlandsreisen einzuschränken, im Einklang mit ihrer bösen Klima-Agenda, aber das wird schwieriger durchzusetzen sein, zumindest in einem großen Land wie Amerika.

***Fassen wir Mut und bleiben wir optimistisch.** Morgen geht die Sonne auf. Gott hat alles unter Kontrolle. Es wird schwieriger für uns werden, aber wir werden weitermachen mit seiner*

Gnade und seiner liebenden Hand, die uns mit Weisheit und Einsicht führt. **Das Schlimmste ist jetzt, den Kopf in den Sand zu stecken und in Verleugnung zu leben.** Das System des Tieres ist auf dem Vormarsch und erobert neuen Boden, und wenn ihr es leugnet, werdet ihr nicht den Willen haben, zu widerstehen, und ihr werdet dem Tier zum Opfer fallen. Gott wird die Schafe von den Böcken scheiden. Die Schafe werden ihm folgen. Die Böcke werden immer mit dem Strom des Weltsystems schwimmen.

*

Aktionsbündnis freie Schweiz (ABF) schreibt dazu:
Die finalen Änderungen der angenommenen IGV sind gravierend!
Das Team von ABF Schweiz, hat die definitive Fassung der IGV kritisch analysiert. Entgegen vieler kursierender Berichte, kommt ABF Schweiz zum Schluss, dass die Änderungen gravierend sind.
Wussten Sie, dass das "vorerst" gescheiterte WHO-Pandemiabkommen zum Teil in den Artikel 13 ff. der IGV integriert wurde? [Das] Rechtsgutachten über den WHO-Pandemievertrag und die Internationalen Gesundheitsvorschriften [sind] *hier*[25] zu finden. Die finalen Änderungen der angenommenen IGV sind gravierend: *Hier* zu finden.[26]

Zusammenfassung Rechtsgutachten über den WHO-Pandemievertrag und die Internationalen Gesundheitsvorschriften

Verfasser: lic. iur. Andrea Staubli, Rechtsanwältin,
Datum: 21. Mai 2024
Copyright: ABF Schweiz

---

[25] https://abfschweiz.ch/rechtsgutachten/

[26] https://abfschweiz.ch/wp-content/uploads/Finale-IGV-02-06-24.pdf

An der 77. Weltgesundheitsversammlung der WHO, welche vom 27. Mai bis 1. Juni 2024 stattfindet, sollen der neue WHO-Pandemievertrag und die angepassten Internationalen Gesundheitsvorschriften (IGV) behandelt und wenn möglich beschlossen werden. Diese beiden Vertragswerke hätten weitreichende Auswirkungen auf die Schweiz und die Schweizer Bevölkerung. Vieles ist unter inhaltlichen und formellen Aspekten unklar. ABF Schweiz hat deshalb zu einigen dieser Fragen ein Rechtsgutachten erstellen lassen. Zum besseren Verständnis der vorliegenden Zusammenfassung wird auf die entsprechenden Randziffern (RZ) im Gutachten verwiesen.

*Mit dem WHO-Pandemievertrag soll im Zusammenhang mit allfälligen zukünftigen Pandemien ein **neues völkerrechtliches Instrument** geschaffen werden. Das Gutachten stützt sich auf den Entwurf in der Fassung vom 22. April 2024.*
*Die IGV gelten in der Schweiz bereits seit 2007. Hier sollen **weitreichende Anpassungen** vorgenommen werden. Zu den IGV liegt kein offizieller Arbeitsentwurf vor. Damit wird eine offene Meinungsbildung wie es die politische Kultur in der Schweiz gebietet verunmöglicht (RZ 13/14). Das Gutachten thematisiert beispielhaft einzelne Punkte aus dem jüngsten Entwurf des Proposed Bureau's Text Internationale Gesundheitsvorschriften.*

Der WHO-Pandemievertrag
Es besteht die Befürchtung, dass in Zukunft bei allfälligen Pandemien das Vorgehen von der WHO via Pandemievertrag vorgegeben wird und ein Sonderweg Schweiz – wie in der Covid-19-Krise geschehen – nicht mehr möglich sein wird (RZ 3).
***Der WHO-Pandemievertrag ist rechtlich verbindlich.** Er übersteigt eine unverbindliche, rein politische Absichtserklärung*

(Soft Law). **Die Schweiz geht folglich rechtlich verbindliche Verpflichtungen ein** *(RZ 22/26).*

Zur Erläuterung: Der WHO-Pandemievertrag ist nicht technischer Natur, sondern verlangt in rechtlich verbindlicher Weise von den Mitgliedstaaten konkrete Vorkehrungen in verschiedenen Bereichen wie der Pandemievorsorge und der öffentlichen Gesundheitsüberwachung, im Technologie- und Wissenstransfer, der Kommunikation und Öffentlichkeitsarbeit (RZ 58). Die verwendete Terminologie impliziert eine Verbindlichkeit der Bestimmungen. In den Schlussbestimmungen werden Ratifizierung, Rücktritt und das Anbringen von Vorbehalten detailliert geregelt. Einzig die Betonung der Souveränität der Mitgliedstaaten steht einer Verbindlichkeit in gewisser Hinsicht entgegen (RZ 21).

Als Grundsatz wird in der Bundesverfassung festgehalten: Der Bundesrat unterzeichnet internationale Verträge und unterbreitet diese der Bundesversammlung zur Genehmigung (RZ 47). Eine Ausnahmebestimmung, um von einer Unterbreitung an das Parlament abzusehen, gibt es für den WHO-Pandemievertrag nicht. Der Bundesrat muss deshalb den WHO-Pandemievertrag der **Bundesversammlung zur Genehmigung unterbreiten** *(RZ 59).*

Oder mit anderen Worten: Der WHO-Pandemievertrag muss innerstaatlich genehmigt werden – d.h. dem Parlament zur Überprüfung vorgelegt werden – da ansonsten das **souveräne Recht der Schweiz** *tangiert wird (RZ 27).*

Der WHO-Pandemievertrag auferlegt den Mitgliedstaaten in unmittelbar verbindlicher und generell-abstrakter Weise Pflichten und legt Zuständigkeiten fest (RZ 41). Die Umsetzung dieser Pflichten und Zuständigkeiten wird zu Änderungen im Epidemiengesetz (EpG) führen (RZ 42). Der WHO-Pandemievertrag enthält somit wichtige rechtssetzende Bestimmungen und erfordert eine Umsetzung in einem Bundesgesetz (EpG) (RZ

*39/40). **Damit ist er dem fakultativen Referendum zu unterstellen** (RZ 42).*

Die Internationalen Gesundheitsvorschriften

*Die IGV sind ein rechtlich verbindlicher, völkerrechtlicher Vertrag und Teil der Schweizer Rechtsordnung (RZ 25). Die angepassten IGV müssen innerstaatlich genehmigt werden – d.h. dem Parlament zur Genehmigung vorgelegt werden – da ansonsten das **souveräne Recht der Schweiz tangiert wird** (RZ 27).*

*Dieser Grundsatz wird auch in der Bundesverfassung festgehalten: Der Bundesrat unterzeichnet internationale Verträge und unterbreitet diese der Bundesversammlung zur Genehmigung (RZ 47). Von einer Genehmigung kann nur abgesehen werden, wenn der Bundesrat durch ein Bundesgesetz zu einem selbständigen Abschluss ermächtigt worden ist. Art. 80 Abs. 1 EpG stellt nur dann eine solche Ermächtigungsgrundlage dar, wenn die angepassten IGV nicht über vorwiegend technische Vorschriften hin- ausgehen und nicht im EpG Eingang finden (RZ 52). Beides ist nicht der Fall (s. Teilrevision EpG und beispielhaft Art. 3 lit. 1 Annex 1 (RZ 53). Der Bundesrat muss deshalb die angepassten IGV **der Bundesversammlung zur Genehmigung unterbreiten** (RZ 52/53).*

*Die IGV wurden ursprünglich nur vom Bundesrat genehmigt und dem Parlament nicht vorgelegt. Da einzelne Bestimmungen der IGV bereits im EpG berücksichtigt worden sind – also zu einer Umsetzung in einem Bundesgesetz geführt haben – , ist fraglich, ob dieses Vorgehen rechtlich korrekt war (RZ 25). Auch die Änderungen in den IGV werden zu einer Anpassung im EpG führen (s. Teilrevision EpG), womit die angepassten IGV **dem fakultativen Referendum zu unterstellen** sind (RZ 43 i.V.m. RZ 40, RZ 46).*

*In den angepassten IGV werden neue Themen aufgenommen, die der Bundesrat in dieser Form nicht genehmigen darf. Beispielhaft ist auf Art. 3 lit. i Annex 1 zu verweisen, worin die Vertragsstaaten zur Entwicklung, Stärkung und Erhaltung von Kernkapazitäten zur Risikokommunikation, einschliesslich der Bekämpfung von Fehlinformation und Desinformation, aufgerufen werden (RZ 44). Hier muss der **Bundesrat einen Vorbehalt anbringen, die IGV dem Parlament zur Genehmigung unterbreiten und anschliessend dem fakultativen Referendum unterstellen** (RZ 45).*

*Aufgrund der politischen Brisanz der IGV und da es sich um ein wesentliches Vorhaben im Sinne von ParlG und RVOV handelt, hat der **Bundesrat seinen Informations- und Konsultationspflichten gegenüber den zuständigen Kommissionen** frühzeitig und umfassend nachzukommen (RZ 56). Im Parlament kann jederzeit eine **Motion** eingereicht und der Bundesrat verpflichtet werden, die Änderung der IGV der Bundesversammlung zur Genehmigung vorzulegen (s. auch Motion 22.3546) (RZ 54/55).*

Weitere Aspekte

*Die Bestimmungen über Kommunikation und Information, einschliesslich der **Bekämpfung von Fehlinformation und Desinformation** in beiden Vertragswerken müssen zusammen betrachtet werden (RZ 60-62). In Bezug auf Einschränkungen der von der Bundesverfassung garantierten Meinungsfreiheit und Medienfreiheit genügen weder der WHO-Pandemievertrag noch die IGV den Erfordernissen einer gesetzlichen Grundlage gemäss Art. 36 BV (RZ 63). Da es äusserst schwierig ist, Informationen als «genau» und «wissenschaftlich fundiert» einzustufen, sind diesen Bestimmungen rechtliche wie praktische Grenzen gesetzt. Es darf jedenfalls nicht dazu führen, dass von der Mehrheitsmeinung ab- weichende Ansichten nicht mehr geäus-*

*sert werden dürfen. In diesem Sinne ist wohl eher von einem unmittelbaren Eingriff in die Meinungs- und Medienfreiheit auszugehen, womit die Schweiz diese Bestimmungen nicht anwenden und einen **Vorbehalt** anbringen müsste (RZ 63/65).*

*Die Anforderungen an den **Erlass von Notrecht** sind hoch. Es braucht sowohl eine zeitliche als auch eine sachliche Dringlichkeit, indem eine Gefahr über das normale Mass der Gefährdung hinausgeht und damit gewichtige Rechtsgüter erheblich oder gar existentiell bedroht sind. Es gibt verschiedene Möglichkeiten, um den Gebrauch von Notrecht durch den Bundesrat einzuschränken (Stichworte: bessere Einbindung der Bundesversammlung in Krisensituationen resp. Gewaltenteilung zwischen Parlament und Bundesrat). Insbesondere zu erwähnen ist die Option des verstärkten Einbezugs der parlamentarischen Kommissionen beim Erlass von notrechtlichen Verordnungen oder eine nachträgliche Genehmigungspflicht durch das Parlament (RZ 69-74).*

*Nach **Art. 190 BV** sind Bundesgesetze und Völkerrecht für das Bundesgericht und die anderen rechtsanwendenden Behörden massgebend. In einem konkreten Streitfall müssen die rechtsanwendenden Behörden verfassungswidrige Bundesgesetze und Völkerrecht anwenden. Kommt die Justizbehörde zum Schluss, dass eine Bestimmung verfassungswidrig ist, kann sie den Gesetzgeber dazu aufrufen, die Bestimmung zu ändern (RZ 75).*

Die Schlussfolgerungen

1. Der WHO-Pandemievertrag und die angepassten IGV sind ein sich quasi ergänzendes, widerspruchsfreies Regelwerk und sollen zeitgleich verabschiedet werden.

2. Für die Genehmigung des WHO-Pandemievertrages und der angepassten IGV ist das gleiche innerstaatliche Genehmigungsverfahren anzuwenden.

3. Der WHO-Pandemievertrag und die angepassten IGV sind dem Parlament zur Genehmigung zu unterbreiten.

4. Massnahmen im Zusammenhang mit der Prävention, Vorbereitung und Bekämpfung von zukünftigen Pandemien verlangen nach einer möglichst grossen demokratischen Legitimation.

Die Bestimmungen über Kommunikation und Information, einschliesslich der Bekämpfung von Fehlinformation und Desinformation in beiden Vertragswerken müssen zusammen betrachtet werden (RZ 60-62). In Bezug auf Einschränkungen der von der Bundesverfassung garantierten Meinungsfreiheit und Medienfreiheit genügen weder der WHO-Pandemievertrag noch die IGV den Erfordernissen einer gesetzlichen Grundlage gemäss Art. 36 BV (RZ 63). Da es äusserst schwierig ist, Informationen als «genau» und «wissenschaftlich fundiert» einzustufen, sind diesen Bestimmungen rechtliche wie praktische Grenzen gesetzt. Es darf jedenfalls nicht dazu führen, dass von der Mehrheitsmeinung abweichende Ansichten nicht mehr geäussert werden dürfen. In diesem Sinne ist wohl eher von einem unmittelbaren Eingriff in die Meinungs- und Medienfreiheit auszugehen, **womit die Schweiz diese Bestimmungen nicht anwenden und einen Vorbehalt anbringen müsste (RZ 63/65).**

Die Anforderungen an den Erlass von Notrecht sind hoch. Es braucht sowohl eine zeitliche als auch eine sachliche Dringlichkeit, indem eine Gefahr über das normale Mass der Gefährdung hinausgeht und damit gewichtige Rechtsgüter erheblich oder gar existentiell bedroht sind. Es gibt verschiedene Möglichkeiten, um den Gebrauch von Notrecht durch den Bundesrat einzuschränken (Stichworte: bessere Einbindung der Bundesversammlung in Krisensituationen resp. Gewaltenteilung zwischen Parlament und Bundesrat). Insbesondere zu erwähnen ist die Option des verstärkten Einbezugs der parlamentarischen Kommissionen beim

Gestützt auf die Schlussfolgerungen des Gutachtens stellt ABF Schweiz folgende

Forderungen an die Schweizer Politik

1. Der WHO-Pandemievertrag und die Änderungen der IGV sind in jedem Fall dem Schweizer Parlament und dem Volk zu unterbreiten.

2. Sollten die geplanten Änderungen der IGV von der Weltgesundheitsversammlung beschlossen werden, so hat der Bundesrat proaktiv und unverzüglich das Widerspruchsrecht auszuüben und die Ablehnung der Änderungen gegenüber der WHO zu erklären (sog. Opting-out).
Das Schweizer Parlament wirkt darauf hin, dass der Bundesrat sein Widerspruchsrecht fristgerecht ausübt und die Änderungen ablehnt.

3. Bei einer Annahme des WHO-Pandemievertrages durch die Weltgesundheitsversammlung darf der Bundesrat erst dann unterzeichnen, wenn der Vertrag in der Bundesversammlung besprochen und genehmigt wurde.

4. Bei einer Annahme des WHO-Pandemievertrages durch die Weltgesundheitsversammlung stellen Bundesrat und Parlament sicher, dass die Schweizer Mitglieder/ Abgesandten der noch zu konstituierenden «Conference of the Parties» weder Änderungen zum Abkommen einbringen dürfen, noch Änderungsvorschläge Dritter annehmen dürfen, die nicht zuvor vom Parlament genehmigt worden sind.

Baar, 21. Mai 2024
Mediensprecher ABF Schweiz:
Dr. Philipp Gut, Telefon +41 79 796 15 19, info@gut-communications.ch
ABF Schweiz:
Aktionsbündnis freie Schweiz, Lättichstrasse 8a, 6340 Baar, kontakt@abfschweiz.ch, www.abfschweiz.ch, © ABF Schweiz

Quelle: *https://abfschweiz.ch/wp-content/uploads/Finale-IGV-02-06-24.pdf* (Abruf vom 4.6.2024)

Die finalen Änderungen der angenommenen IGV sind gravierend

ABF Schweiz war live vor Ort in Genf, als am letzten Tag der 77. Weltgesundheitsversammlung (WHA) die Änderungen der Internationalen Gesundheitsvorschriften (IGV) zu später Stunde angenommen wurden. Wie angekündigt, beobachtet ABF Schweiz das Geschehen um die Vertragsverhandlungen minutiös. Deshalb unterzogen wir die definitive Fassung der IGV heute einer kritischen Analyse und erläutern die einschneidendsten Änderungen.

*Noch am Freitag, 31. Mai zeigte sich Dr. Ashley Bloomfield, der Co-Vorsitzende der Arbeitsgruppe IGV (WGIHR) zuversichtlich: Man sei in einem guten Tempo unterwegs, um die IGV zu finalisieren. Gesagt, getan: Am letzten Verhandlungstag wurde der kurz zuvor finalisierte Text der Weltgesundheitsversammlung zur Abstimmung vorgelegt. Gegenüber den früheren Fassungen enthält er nochmals Änderungen und Ergänzungen, die ganz erheblich in ihrer Wirkung für uns Menschen sein können und vermutlich auch werden. **Damit hat die WHO klar zum Ausdruck gebracht, dass sie nicht gewillt ist, sich an ihr eigenes Recht zu halten, Änderungsvorschläge spätestens vier Monate vor der Abstimmung der WHA in ihrer endgültigen Fassung vorzulegen (s. Art. 55 Abs. 2 IGV).** Auch die Aufrufe aus verschiedenen Ländern (auch aus der Schweiz) eine Vertagung vorzunehmen, verhallten ungehört im Raum.*

Die Sorgen der eigenen Bevölkerung scheinen den Delegierten nicht wichtig genug zu sein. Möglicherweise könnte die nächste Pandemie oder ein anderer Gesundheitsnotstand bereits in Vorbereitung sein und es war deshalb Eile angesagt. Hinzu kommt, dass der Widerstand gegen die IGV und gegen einen Pandemievertrag in vielen Ländern wächst und zwar mit jedem neuen

Detail im Rahmen der (meist unfreiwilligen) Aufarbeitung der Corona-Krise, das uns der Wahrheit, also dem offenbar vorsätzlichen Handeln gegen uns und unsere Gesundheit, näher bringt. Zu nennen sind u.a. die deutschen RKI-Protokolle, die Protokolle des deutschen Expertenrats aber auch die BAG-Protokolle der Schweiz.

Unsere Analyse der aktuellen Änderungen der IGV

Umgehend nach erfolgter Annahme der Änderungen der IGV konnte man in der rund dreiseitigen Medienmitteilung der WHO entnehmen, dass ein «Paket kritischer Änderungen der IGV» beschlossen wurde. Worin bestehen diese kritischen Änderungen? Wir greifen einige wichtige Aspekte auf. Bereits an dieser Stelle kann jedoch festgehalten werden, dass es sich bei den IGV vom 1. Juni 2024 nicht um eine abgespeckte Light-Fassung der IGV handelt, sondern dass eher das Gegenteil der Fall ist.

Die Definition des pandemischen Notfalls

Die WHO-Medienmitteilung weist darauf hin, dass der «pandemische Notfall» nun neu definiert sei. Nach dieser Definition ist eine Pandemie «eine übertragbare Krankheit, die sich geografisch weit in mehreren Staaten ausbreitet oder bei der ein hohes Risiko besteht, dass sie sich in mehreren Staaten ausbreitet. Eine Pandemie, welche die Kapazitäten der Gesundheitssysteme in diesen Staaten übersteigt oder bei der ein hohes Risiko besteht, dass sie diese übersteigt; die erhebliche soziale und/ oder wirtschaftliche Störungen verursacht oder bei der ein hohes Risiko besteht, dass sie erhebliche soziale und/ oder wirtschaftliche Störungen verursacht, einschliesslich der Störung des internationalen Verkehrs und Handels. Eine Pandemie, die ein rasches, gerechtes und verstärktes koordiniertes internationales Handeln mit Ansätzen für die gesamte Regierung und die gesamte Gesellschaft erfordert» (eigene Übersetzung, Hervor-

hebungen durch den Verfasser). **Wenn also bereits ein «hohes Risiko» besteht, haben wir einen Gesundheitsnotfall, der alle weiteren Massnahmen, die in den IGV vorgesehen sind, auslösen kann. Also praktisch immer und jederzeit.** *Die Frage sei nun erlaubt, wer bestimmt, wann ein «hohes Risiko» vorliegt?*

Neue Behörden auf staatlicher Ebene

Die Staaten werden verpflichtet, neue staatliche Behörden zur Umsetzung der IGV zu schaffen. Die IGV sprechen von «nationalen IGV-Behörden» («National IHR Authority»), welche die Umsetzung der IGV zu koordinieren haben, und von «nationalen IGV-Kontaktstellen» («National IHR Focal Point»). Diese Kontaktstellen müssen jederzeit für die «WHO IHR Contact Points» erreichbar sein. Damit werden die Staaten verpflichtet, einerseits Informationen und Daten an die WHO weiterzuleiten und andererseits permanente Krisenstäbe zu etablieren. Die Schweiz hat hier in «weiser» Voraussicht bereits vorgesorgt: Mitte Mai hat der Bundesrat das Vernehmlassungsverfahren zur Verordnung über die Krisenorganisation (KOBV) eröffnet. Sollten die Staaten in diesem Punkt darauf hinweisen, dass sie bei der Errichtung dieser innerstaatlichen Behörden in der Umsetzung souverän bleiben, wäre das eine Verschleierung der tatsächlichen Umstände. Denn die «Befehle» werden nach der Umsetzung der IGV in nationales Recht von der WHO kommen. Es sind also im Grunde nationale Zweigstellen der WHO, was aber nicht direkt sichtbar sein soll.

Eine Ausweitung der «relevanten Gesundheitsprodukte»

Die IGV legen fest, was relevante Gesundheitsprodukte («relevant health products») sind. Mit diesen Gesundheitsprodukten soll in Gesundheitsnotlagen, einschliesslich Pandemien, gearbeitet werden. Darunter fallen Arzneimittel, Impfstoffe, Dia-

gnostika, Medizinprodukte, Produkte zur Vektorkontrolle, persönliche Schutzausrüstungen, Dekontaminierungsprodukte, Hilfsmittel, Gegenmittel, zell- und genbasierte Therapien und andere Gesundheitstechnologien. Was hier vielleicht plausibel und harmlos klingt, ist eine ganz wesentliche und kritische Erweiterung der Definition der relevanten Gesundheitsprodukte. Denn es bedeutet im Klartext, dass man uns zwingen will, in jedem von der WHO selbst deklarierten Gesundheitsnotstand zell- und genbasierte Therapien an uns selbst zuzulassen. Und hier sei angemerkt, dass die COVID-Impfung, basierend auf der mRNA-Technologie, eben genau eine solche Therapie war und auch heute noch immer ist. Die Nebenwirkungen dieser «Therapien» sind inzwischen weltweit sichtbar und kausal belegt. Die Verabreichung solcher Therapien ist eine elementare Grundvoraussetzung bei der Verfolgung transhumanistischer Ziele. Während der Zwang zu einer Impfung im herkömmlichen Sinne schon inakzeptabel ist, so ist es eine Zell- und Gentherapie (mit uns unbekannten Folgen) erst recht.

Reisebeschränkungen

Dass ein Mitgliedsstaat Einreisende, die er für «gefährlich» im Sinne ihres Gesundheitszustandes hält, jetzt auch in Isolation und Quarantäne zwingen kann und dass (private) Transportmittelunternehmen zum Handlanger des Staates gemacht werden, indem sie die Einreisenden bereits an Bord überprüfen müssen, stand bereits in Artikel 27 und einigen anderen Artikeln der Vorversion. Diese Möglichkeit wurde nun aber erneut verschärft und es wurde genau festgelegt, wie die erforderlichen Gesundheitsdokumente, deutlicher gesagt, die uns aus der Corona-Krise bekannten Zertifikate und QR-Codes, auszusehen haben. Es ist anzunehmen, dass es der Wunsch der WHO war, diese nur in digitaler Form anzuerkennen. Doch dagegen gab es offenbar Einspruch aus den Ländern des globalen Südens. Wichtig ist an *dieser Stelle, die eigentliche Agenda dieser Artikel zu durch-schauen.* **Es geht offenkundig darum, das internationale Reisen jederzeit beschränken zu können** *(siehe Nachhaltig-keitsziele der Agenda 2030) bzw. auf die Reisenden zu be-schränken, die sich vorab den erforderlichen «Massnahmen» unterziehen (Impfung, Tests etc.).* **Man könnte es im weites-ten Sinne als indirekten Impfzwang betrachten, so wie wir ihn im Grunde schon hatten, zumindest, wenn man in der Corona-Zeit in die Vereinigten Staaten einreisen wollte. Es galt 1G.** *Wir erinnern uns. Weiter gedacht geht es erkennbar darum, uns zu einem digitalen Impfpass zu nötigen, der die Vorstufe einer, von weiten Teilen der Schweizer Bevöl-kerung abgelehnten, digitalen Identität (Digital ID) sein könnte. Und eine solche Digital ID ist die zwingende Voraussetzung für die Einführung des digitalen Zentralbankgeldes (CBDC), das wesentlicher Teil der globalistischen Gesamtagenda ist.*

Teilintegration des WHO-Pandemieabkommens in Artikel 13 ff.

Ein besonderes Augenmerk ist zudem auf den Artikel 13 **«Massnahmen im Bereich der öffentlichen Gesundheit, einschliesslich des gleichberechtigten Zugangs zu ein-schlägigen Gesundheitsprodukten»** *zu richten, der stark erweitert wurde und auf den ersten Blick so anmutet (eine De-tailanalyse muss noch erfolgen), als seien hier Teile des WHO-Pandemieabkommens eingebaut worden. Wohl deshalb, weil es beim Vertragstext des Pandemieabkommens bislang zu keiner Einigung kam. Für uns, die auf unsere Selbstbestimmung und körperliche Unversehrtheit bestehen, ist das WHO-Pandemieab-kommen zumindest in seiner letzten veröffentlichen Fassung zweitrangig und weniger bedrohlich als die IGV. Denn es han-delt sich bei diesem Vertrag eher um eine Art Handelsabkom-men für diejenigen Akteure, welche die bereits genannten «re-*

levanten Gesundheitsprodukte» auf den Markt bringen werden. Das zeigt, wie zwingend es ist, auch die weitere Entwicklung dieses Abkommens genau zu beobachten.

Schlussfolgerungen aus unserer ersten Analyse
*Was bedeutet dies nun für uns? Mit der Annahme der Änderungen der IGV werden diese in einem Jahr automatisch in Kraft treten, **wenn nicht innert der nächsten zehn Monate Widerspruch eingelegt wird.** Ein proaktives Tätigwerden ist deshalb erforderlich und dies geschieht durch die Ausübung des Widerspruchsrechts durch die Staaten. Bereits haben mehrere Staaten angekündigt, von ihrem Widerspruchsrecht Gebrauch zu machen und die Ablehnung der Änderungen zu beantragen **(sog. Opting-out).***

Das von ABF Schweiz in Auftrag gegebene Gutachten kommt zum Schluss, dass die angepassten IGV dem Parlament vorgelegt werden müssen, da ansonsten das souveräne Recht der Schweiz tangiert wird. Im Gutachten resp. in der Zusammenfassung des Gutachtens werden die Gründe dafür aufgeführt. Damit genügend Zeit für den parlamentarischen Überprüfungsprozess zur Verfügung steht, muss der Bundesrat nun unverzüglich das Opting-out erklären. Das Parlament, das die Oberaufsicht über den Bundesrat hat, hat Letzteren aufzufordern, diese Erklärung fristgerecht abzugeben. Nur so kann sichergestellt werden, dass die geänderten IGV demokratisch legitimiert werden. Dies entspricht einer unserer Forderungen an die Politik Mit anderen Worten: ohne Opting-out keine Überprüfung durch das Parlament. Zur Verstärkung dieser überaus wichtigen Forderung an Bundesrat und Parlament hat ABF Schweiz am vergangenen Montag die Online-Petition «Keine Änderung der IGV» an die Bundesversammlung lanciert. Jede Bürgerin und jeder Bürger kann sie unterzeichnen und damit einen Beitrag leisten, ein automatisches Inkrafttreten der IGV zu verhindern.

Wie wir die skizzierten nächsten Schritte umsetzen, ist entscheidend für das Wohlergehen der Menschen. **Wir wollen in Kategorien von Gesundheit und Salutogenese denken, nicht in Kategorien von Krankheit, Pandemie und Genspritzen.**
Baar, 2. Juni 2024, das Redaktionsteam ABF Schweiz
Rechtsgutachten ABF Schweiz: https://abfschweiz.ch/rechtsgutachten/
Online-Petition «Keine Änderung der IGV»: https://abfschweiz.ch/online-petition/
***

Anhang: Internationale Gesundheitsvorschriften (IGV/ IHR 2005)

Nachfolgend in eigener Übersetzung (eigene Hervorhebungen) die Artikel bzw. Passagen, auf die wir uns im Text oben beziehen. Dass das Abschlussdokument jetzt lapidar «International Health Regulations (2005)» heisst, obwohl man eigentlich von einer umfassenden Revision 2024 sprechen müsste, lässt vermuten, man glaube, so leichter die Umsetzung in nationales Recht in einem Mitgliedsstaat durchzubringen. Nach dem Motto: Es gibt diese Vorschriften bereits, sie gelten schon lange und jetzt hat man nur ein paar «technische Änderungen» vorgenommen, die im politischen Prozess nicht weiter diskutiert werden brauchen. Alles «business as usual»!
https://apps.who.int/gb/ebwha/pdf_files/WHA77/A77_ACONF14-en.pdf?utm_source=substack&utm_medium=email

Artikel 1 Definitionen

«Nationale IGV-Behörde» (National IHR Authority): Die von dem Vertragsstaat auf nationaler Ebene benannte oder eingerichtete Stelle zur Koordinierung der Durchführung dieser Regelungen im Hoheitsbereich des Vertragsstaats;

jederzeit für die Kommunikation mit den IGV- Kontaktstellen der WHO im Rahmen dieser Regelungen zugänglich sein muss;
«Relevante Gesundheitsprodukte» *(relevant health products): Die Gesundheitsprodukte, die für die Reaktion auf Notfälle im Bereich der öffentlichen Gesundheit von internationalem Belang notwendig sind, einschliesslich Pandemien, die Folgendes umfassen können: Arzneimittel, Impfstoffe, Diagnosen, Medizinprodukte, Produkte zur Vektorkontrolle, persönliche Schutzausrüstung Dekontaminationsprodukte, Hilfsmittel, Gegenmittel, zell- und genbasierte Therapien und andere Gesundheitstechnologien;*

Artikel 13 Massnahmen im Bereich der öffentlichen Gesundheit, einschliesslich des gleichberechtigten Zugangs zu einschlägigen Gesundheitsprodukten
7. Die WHO soll die Vertragsstaaten auf deren Anfrage hin oder nach Annahme eines Angebots der WHO unterstützen und die internationalen Reaktionsaktivitäten während gesundheitlicher Notlagen von internationaler Tragweite, einschliesslich Pandemien, nach ihrer Feststellung gemäss Artikel 12 dieser Verordnungen koordinieren.
8. Die WHO soll den Vertragsstaaten den rechtzeitigen und gerechten Zugang zu relevanten Gesundheitsprodukten nach Feststellung und während einer gesundheitlichen Notlage von internationaler Tragweite, einschliesslich einer Pandemie, basierend auf Gesundheitsrisiken und Bedürfnissen erleichtern und Hindernisse beseitigen. Zu diesem Zweck soll der Generaldirektor:
(a) Bewertungen der Gesundheitsbedürfnisse sowie der Verfügbarkeit und Zugänglichkeit, einschliesslich der Erschwinglichkeit, relevanter Gesundheitsprodukte für die Gesundheitsreaktion durchführen, regelmässig überprüfen und aktualisieren; solche Bewertungen veröffentlichen und die verfügbaren Bewer-

tungen berücksichtigen, während Empfehlungen gemäss den Artikeln 15, 16, 17, 18 und 49 dieser Verordnungen erlassen, geändert,

(National IHR Focal Point) bezeichnet die von jedem Vertragsstaat benannte nationale Stelle, die «Nationale IGV-Kontaktstelle» verlängert oder beendet werden;

(b) WHO-koordinierte Mechanismen nutzen oder in Absprache mit den Vertragsstaaten deren Einrichtung bei Bedarf erleichtern und, wie angemessen, mit anderen Verteilungsmechanismen und Netzwerken koordinieren, die den rechtzeitigen und gerechten Zugang zu relevanten Gesundheitsprodukten basierend auf Gesundheitsbedürfnissen erleichtern;

(c) die Vertragsstaaten auf deren Anfrage hin bei der Ausweitung und geografischen WHO-koordinierte Reaktionsaktivitäten zu unterstützen, einschliesslich durch:

(a) die WHO bei der Umsetzung der in diesem Artikel genannten Massnahmen zu unterstützen;

(b) sich mit relevanten Akteuren in ihren jeweiligen Jurisdiktionen zu engagieren und diese zu ermutigen, den gerechten Zugang zu relevanten Gesundheitsprodukten für die Reaktion auf eine gesundheitliche Notlage von internationaler Tragweite, einschliesslich einer Pandemie, zu erleichtern; und

(c) die relevanten Bedingungen ihrer Forschungs- und Entwicklungsvereinbarungen für relevante Gesundheitsprodukte zugänglich zu machen, die den gerechten Zugang zu solchen Produkten während einer gesundheitlichen Notlage von internationaler Tragweite, einschliesslich einer Pandemie, fördern.

Kapitel II – Besondere Bestimmungen für Beförderungsmittel und Betreiber von Beförderungsmitteln
Artikel 24 Betreiber von Beförderungsmitteln

*1. Die Vertragsstaaten sollen alle **praktikablen Massnahmen** ergreifen, die im Einklang mit diesen Verordnungen stehen, um sicherzustellen, dass Betreiber von Beförderungsmitteln:*

(a) die von der WHO empfohlenen und vom Vertragsstaat angenommenen Gesundheitsmassnahmen einhalten, einschliesslich der Anwendung an Bord sowie während des Ein- und Ausschiffens;

(b) Reisende über die von der WHO empfohlenen und vom Vertragsstaat angenommenen Gesundheitsmassnahmen informieren, einschliesslich der Anwendung an Bord sowie während des Ein- und Ausschiffens.

Artikel 27 Betroffene Beförderungen

1. Wenn klinische Anzeichen oder Symptome und Informationen basierend auf Fakten oder Beweisen eines Gesundheitsrisikos, einschliesslich Infektions- und Kontaminationsquellen, an Bord eines Beförderungsmittels festgestellt werden, soll die zuständige Behörde das Beförderungsmittel als betroffen betrachten und kann:

(a) das Beförderungsmittel, je nach Bedarf, desinfizieren, dekontaminieren, entseuchen oder von Ratten zu befreien oder diese Massnahmen unter ihrer Aufsicht durchführen lassen; und

(b) in jedem Fall die Technik bestimmen, die angewendet wird, um ein angemessenes Mass an Kontrolle des Gesundheitsrisikos zu gewährleisten, wie in diesen Verordnungen vorgesehen. Wo Methoden oder Materialien von der WHO für diese Verfahren empfohlen werden, sollten diese angewendet werden, es sei denn, die zuständige Behörde bestimmt, dass andere Methoden ebenso sicher und zuverlässig sind. Die zuständige Behörde kann zusätzliche Gesundheitsmaßnahmen ergreifen, einschließlich Isolation und Quarantäne der Beförderungsmittel, falls notwendig, um die Ausbreitung von Krankheiten zu ver-

hindern. Solche zusätzlichen Massnahmen sollten dem Nationalen IGV-Kontaktpunkt gemeldet werden.

TEIL VI – GESUNDHEITSDOKUMENTE Artikel 35 Allgemeine Regel

*1. Andere als die in diesen Vorschriften oder in den Empfehlungen der WHO vorgesehenen Gesundheitspapiere, werden im internationalen Verkehr nicht verlangt, jedoch mit der Massgabe, dass dieser Artikel nicht für Reisende gilt, die einen vorübergehenden oder ständigen Aufenthalt anstreben, und er gilt nicht für Anforderungen an Dokumente über den Gesundheitszustand von Waren oder Gütern im internationalen Handel gemäss den geltenden internationalen Übereinkommen. **Die zuständige Behörde kann Reisende auffordern, Kontaktformulare und Fragebögen zur Gesundheit der Reisenden auszufüllen, vor- ausgesetzt, dass diese die Anforderungen des Artikels 23 erfüllen.***

*2. Gesundheitsdokumente gemäss diesen Verordnungen können in **nicht-digitalem oder digitalem Format ausgestellt werden**, vorbehältlich der Verpflichtungen eines Vertragsstaates bezüglich des Formats solcher Dokumente, die sich aus anderen internationalen Abkommen ergeben.*

*3. Unabhängig vom Format, in dem Gesundheitsdokumente gemäss diesen Verordnungen ausgestellt wurden, müssen diese **Gesundheitsdokumente den Anhängen entsprechen, die in den Artikeln 36 bis 39 genannt werden, soweit anwendbar, und ihre Authentizität muss überprüfbar sein.***

4. Die WHO soll in Konsultation mit den Vertragsstaaten technische Leitlinien, einschliesslich Spezifikationen oder Standards, zur Ausstellung und Überprüfung der Authentizität von Gesundheitsdokumenten sowohl in digitalem als auch nicht-digitalem Format entwickeln und bei Bedarf aktualisieren. Solche Spezifikationen oder Standards sollen gemäss Artikel 45 bezüglich der Behandlung personenbezogener Daten erfolgen.

2. Philipp Kruse legt nach mit der Strafanzeige 2.0 gegen Swissmedic und Impfärzte

Quelle: *www.impf-anzeige.ch*

a. Medienmitteilung vom 28. März 2024

Strafanzeige 2.0 gegen Swissmedic eingereicht

Zürich, 28. März 2024 – Namens und im Auftrag von sechs durch mRNA-Impfungen unmittelbar Geschädigte und für weitere Personen publizieren wir hiermit unsere am 7. Februar 2024 eingereichte und umfassend aktualisierte, ergänzte und präzisierte Strafanzeige gegen die schweizerische Zulassungsbehörde Swissmedic und gegen impfende Ärzte («Strafanzeige 2.0»).

Dieser Schritt wurde notwendig, weil sich die rechtserhebliche Evidenz seit Einreichung der ersten Strafanzeige vom 14. Juli 2022 ausnahmslos im Sinne der vorgetragenen Tatsachen und der rechtlichen Vorbringen nicht nur vollumfänglich bestätigt, sondern teilweise noch akzentuiert und verdeutlicht hatte. Gleichzeitig wurden die zur Anzeige gebrachten strafbaren Handlungen seitens Swissmedic konsequent fortgesetzt, ohne dass sich irgendeine rechtsstaatliche Korrektur seitens Justiz oder seitens des schweizerischen Parlaments (Art. 169f. BV) abzeichnete – im Gegenteil:

Mit dem Revisionsentwurf zum Epidemiengesetz will der Bundesrat die bisherige Praxis zur Sonderzulassung und zur Anwendung neuartiger, experimenteller Impfsubstanzen gesetzlich weiter ausbauen.

Was ist neu?

Im Vergleich zur ersten Fassung vom 14. Juli 2022 beinhaltet die Strafanzeige 2.0 umfassend aktualisierte, ergänzte und verbesserte rechtserhebliche Evidenz bis Mitte 2023 (teilweise darüber hinaus) und zudem umfassend ergänzte und präzisierte rechtliche Ausführungen, unter anderem betreffend:

- *Nachweise, dass zu keinem Zeitpunkt eine Bedrohung der öffentlichen Gesundheit durch SARS-CoV-2 in Form einer invalidisierenden oder lebensgefährdenden Krankheit im Sinne von Art. 9a Abs. 1 HMG feststellbar war;*
- *Nachweise, dass verfügbare und längst etablierte alternative Präventions- und Behandlungsmethoden von Swissmedic bis heute ausgeblendet wurden;*
- *Nachweise, dass die mRNA-basierten Injektionen eine besondere Gefahr für die menschliche Gesundheit, insbesondere für jene von Kindern und Jugendlichen, darstellt (alarmierende Sterbedaten und Geburtenrückgänge);*
- *Nachweis des besonderen experimentellen Charakters der mRNA-basierten Präparate;*
- *Nachweis eines niemals belegten positiven Nutzen-/Risikoverhältnisses der mRNAbasierten Covid-19-«Impfungen»;*
- *Umfangreiche Nachweise einer seitens Swissmedic konsequent und dauerhaft praktizierten Irreführung der gesamten Bevölkerung und massgebender Entscheidungsträger bezüglich tatsächlichem Risikogehalt der mRNA-Präparate und zum fehlenden Nachweis einer Schutzwirkung bzgl. Infektion und Übertragung, weshalb eine Strafuntersuchung zum Straftatbestand der Urkundenfälschung im Amt (Art. 317 StGB) nicht länger aufgeschoben werden darf.*

Motiv für erneute Publikation

Nach Abschluss unserer seit Ende 2021 andauernden Arbeiten (d.h. Arbeiten eines grösseren Teams sowohl interner Mitarbeiter als auch einer Gruppe von pro bono unterstützenden Wissenschaftlern) kann kein vernünftiger Zweifel mehr daran bestehen, dass die mit Strafanzeige vom 14. Juli 2022 bereits ausreichend deutlich nachgewiesene Gefahr durch mRNA-Substanzen für die öffentliche Gesundheit grösser ist als jene durch SARS-CoV-2, und dass diese behördlich geschaffene Gefahr weiterhin fortbesteht.

Aus diesem Grund, weil also Swissmedic das zur Anzeige gebrachte gesundheitsgefährdende, strafrechtlich relevante Verhalten unbeirrt fortsetzt und mithin genau das Gegenteil dessen tut, wozu die oberste Behörde für Arzneimittelsicherheit der Schweiz gemäss Gesetz verpflichtet wäre, sehen wir uns zum Schutz der Öffentlichkeit vor risikoreichen mRNAbasierten Arzneimitteln und vor irreführenden, täuschenden Informationen zum tatsächlichen Risikogehalt der zugelassenen mRNA-Präparate gezwungen, die am 7. Februar 2024 eingereichte Strafanzeige 2.0 der Öffentlichkeit – und damit auch sämtlichen Mitgliedern der eidgenössischen Räte – frei zugängig zu machen.

Ergänzende Hinweise zur Publikation Die Publikation der Strafanzeige Swissmedic 2.0 erfolgt mit heutigem Datum vom 28. März 2024, also über 20 Monate nach Einreichung der ursprünglichen Erstfassung und rund 7 Wochen nach Einreichung der Version 2.0 bei der zuständigen Staatsanwaltschaft. Sie wird auf derselben Homepage bereitgestellt, wie bereits die ursprüngliche Fassung:

www.corona-anzeige.ch Dort sind auch der ebenfalls bis Mitte 2023 (teilweise darüber hinaus) aktualisierte und präzisierte Evidenzreport 2.0 samt Quellenverzeichnis 2.0 abgelegt.

Für inhaltliche Fragen zur Strafanzeige empfehlen wir die Zusammenfassung der Strafanzeige 2.0, welche als «Executive Summary» (Deutsche Fassung: ab Seite 32) sämtliche wesentlichen Punkte beinhaltet.

Ergänzend sei auf die Medienkonferenz vom 14. November 2022 verwiesen und auf die diesbezüglich erfolgte Orientierung der Medienvertreter, samt Präsentationen.

Unschuldsvermutung
Für alle Beteiligten gilt nach wie vor die Unschuldsvermutung.

Die hiermit angekündigte Publikation erfolgt nach Orientierung der zuständigen Staatsanwaltschaft, welche gegen diesen Schritt keine Einwendungen vorbrachte.

Medienkontakt für Fragen zur Strafanzeige 2.0
info@kruse-law.ch Strafanzeige und die ausführliche Beweisführung («Evidenzreport») sind publiziert unter: www.impf-anzeige.ch

b. Strafanzeige mit Gesuchstellern, Beschuldigten und Anträgen

fette Auszeichnungen durch den Buchautor

Zürich, 7. Februar 2024, PK / MZ

Strafanzeige – Version 2.0 [Seiten 1-4]

Sehr geehrte Frau Staatsanwältin, sehr geehrter Herr Staatsanwalt,

in Sachen

Anzeigeerstatter 1–37, gemäss separatem Verzeichnis, nachfolgend: die Anzeigeerstatter, alle vertreten durch Philipp Kruse, Rechtsanwalt, LL.M., Talstrasse 20, 8001 Zürich, sowie Privatkläger 1–6, gemäss separatem Verzeichnis,

nachfolgend: die **Privatklägerschaft**, alle vertreten durch Philipp Kruse, Rechtsanwalt, LL.M., Talstrasse 20, 8001 Zürich,

gegen

1. [...] Swissmedic, Schweizerisches Heilmittelinstitut, Hallerstrasse 7, 3012 Bern,
2. [...] Swissmedic, Schweizerisches Heilmittelinstitut, Hallerstrasse 7, 3012 Bern,
3. [...] Swissmedic, Schweizerisches Heilmittelinstitut, Hallerstrasse 7, 3012 Bern,
9. [...] Swissmedic, Schweizerisches Heilmittelinstitut, Hallerstrasse 7, 3012 Bern,
10. [...] Swissmedic, Schweizerisches Heilmittelinstitut, Hallerstrasse 7, 3012 Bern, sowie gegen
4. [...] Insel Gruppe, Inselspital, Universitätsspital Bern, Freiburgstrasse 18, 3010 Bern,
5. [...] Insel Gruppe, Inselspital, Universitätsspital Bern, Freiburgstrasse 18, 3010 Bern,
6. [...] Insel Gruppe, Inselspital, Universitätsspital Bern, Freiburgstrasse 18, 3010 Bern,
7. [...] Insel Gruppe, Inselspital, Universitätsspital Bern, Freiburgstrasse 18, 3010 Bern,

8. [...] Insel Gruppe, Inselspital, Universitätsspital Bern, Frei-burgstrasse 18, 3010 Bern, sowie gegen Unbekannt nachfol-gend: die Beanzeigten

betreffend den dringenden Tatverdacht

der mehrfachen (eventual-)vorsätzlichen, eventualiter fahrläs-sigen, **Verletzung der heilmittelrechtlichen Sorgfalts-pflichten** *(Art. 86 Abs. 1 lit. a und Abs. 2 lit. a HMG; eventuali-ter Abs. 4),*

der mehrfachen (eventual-)vorsätzlichen, eventualiter fahrläs-sigen, **Verletzung der heilmittelrechtlichen Meldepflichten** *(Art. 87 Abs. 1 lit. c HMG; eventualiter Abs. 3),*

der mehrfachen (eventual-)vorsätzlichen, eventualiter fahrläs-sigen, **Verletzung des heilmittelrechtlichen Werbeverbots** *(Art. 87 Abs. 1 lit. b HMG; eventualiter Abs. 3),*

der mehrfachen (eventual-)vorsätzlichen, eventualiter fahrläs-sigen, **Tötung** *(Art. 111 StGB; eventualiter Art. 117 StGB),*

des mehrfachen strafbaren (eventual-)vorsätzlichen **Schwan-gerschaftsabbruchs** *(Art. 118 Abs. 2 StGB),*

der mehrfachen schweren (eventual-)vorsätzlichen, eventuali-ter fahrlässigen, **Körperverletzung** *(Art. 122 StGB; eventuali-ter Art. 125 Abs. 1 und Abs. 2 StGB),*

der mehrfachen **Gefährdung des Lebens** *(Art. 129 StGB),*

der mehrfachen (eventual-)vorsätzlichen, eventualiter fahrläs-sigen, **Gefährdung durch gentechnisch veränderte oder** *pathogene Organismen* (Art. 230 bis Abs. 1, eventualiter Abs. 2, StGB),

der **strafbaren Vorbereitungshandlungen** nach Art. 260 bis Abs. 1 lit. a–c StGB,

der mehrfachen (eventual-)vorsätzlichen, eventualiter fahrlässigen, **Urkundenfälschung im Amt** (Art. 317 Ziff. 1, eventualiter Ziff. 2, StGB),

unterbreiten wir Ihnen nachfolgende (aktualisierte) Strafanzeige

unter Stellung der folgenden

Anträge

1. Es sei gegen die Beanzeigten eine Strafuntersuchung zu eröffnen.
   Eventualiter sei betreffend die Beanzeigten vorab das Ermächtigungsverfahren einzuleiten, wobei **dringliche sichernde Massnahmen unverzüglich zu treffen seien**.
2. Die Strafuntersuchung sei auf allfällige weitere Tatbeteiligte auszudehnen.
3. Es seien die für die **Sachverhaltsfeststellung** erforderlichen Zwangsmassnahmen anzuordnen und die der Sachverhaltsfeststellung dienlichen Dokumente, Dossiers, E-Mailschreiben, interne Notizen, Gesprächsprotokolle etc. **zu beschlagnahmen**.
4. Zwecks Sachverhaltsfeststellung seien insbesondere sämtliche **Zulassungsunterlagen** (Module 1–5) von Spikevax (Moderna) und Comirnaty (Pfizer/BioNTech) zu beschlagnahmen.

5. *Es seien sämtliche sich in der Schweiz, eventualiter sämtliche sich bei den Herstellern und in den kantonalen Impfzentren, befindlichen* **mRNA-«Impfstoffe» und Chargen-Muster, sicherzustellen,** *zu beschlagnahmen und stichprobenartig nach Chargen durch mindestens zwei unabhängige sachverständige Personen im Sinne von Art. 182 ff. StPO nach standardisiertem Prüfprotokoll* **auf deren Inhaltsstoffe zu untersuchen** *und abzugleichen.*

6. *Es seien betreffend sämtliche seit Dezember 2020 eingestellten Verfahren zu aussergewöhnlichen Todesfällen in der Schweiz neue Vorverfahren zu eröffnen (eventualiter seien diese nach Art. 323 StPO wiederaufzunehmen), soweit trotz unbekannter oder als inneres Geschehen jeglicher Art vermerkter Todesursache keine hinreichenden Ermittlungen und Untersuchungen betreffend mRNA-Therapien als mögliche Todesursache getätigt worden waren. Insbesondere seien die Asservate aller aussergewöhnlichen Todesfälle in der Schweiz seit Dezember 2020, in welchen zufolge durchgeführter Obduktion* **entsprechende Gewebeproben** *durch die Institute für Rechtsmedizin sichergestellt worden sind, zu beschlagnahmen und nach standardisiertem Prüfprotokoll* **zu untersuchen.**

7. *Allfällige* **Opfereinvernahmen** *seien in* **Anbetracht der gesundheitlichen Probleme der Opfer mittels einmaliger Videokonferenz** *unter Wahrung der Teilnahmerechte der beschuldigten Personen durchzuführen.*

8. *Es seien die* **Teilnahmerechte der Privatklägerschaft** *bei sämtlichen Untersuchungshandlungen* **zu wahren.**

9. *Es seien die Beschuldigten* **angemessen zu bestrafen.**

10. *Alles unter Kosten- und Entschädigungsfolgen zu Lasten der Beschuldigten.*

c. Zusammenfassung der Anzeige (Executive Summary)

fette Auszeichnungen durch den Buchautor

«Executive Summary» (2.0) [Seiten 32-52]

«Alle Dinge sind Gift, und nichts ist ohne Gift, allein die Dosis macht's, dass ein Ding kein Gift sei.» (Paracelsus [1493-1541], Schweizer Arzt, Alchemist und Philosoph)

«Wer mit Heilmitteln umgeht, muss dabei alle Massnahmen treffen, die nach dem Stand von Wissenschaft und Technik erforderlich sind, damit die Gesundheit von Mensch und Tier nicht gefährdet wird.» (Art. 3, Bundesgesetz über Arzneimittel und Medizinprodukte, Heilmittelgesetz, HMG).

1. Ausgangslage

37 Anzeigeerstatter und 6 durch mRNA-«Impfungen» direkt geschädigte Privatkläger (allesamt gemäss Rubrum) haben am 14. Juli 2022 Strafanzeige gegen bestimmte für Swissmedic handelnde Personen (gemäss Rubrum) sowie gegen Unbekannt eingereicht. Sie reichten diese Strafanzeige zum Schutz ihrer eigenen Gesundheit und aus berechtigter Sorge um die Gesundheit ihrer Mitmenschen ein. Sie taten dies, weil ihre Gesundheit aufgrund von [i.] durch Swissmedic rechtswidrig zugelassener mRNA-basierter «COVID-19Impfstoffe», aufgrund [ii.] dauerhaft mangelnder Produktüberwachung durch Swissmedic und nicht zuletzt [iii.] durch dauerhaft täuschende Produktinformationen von Swissmedic entweder bereits schwer geschädigt worden war (Privatkläger) oder zumindest dauerhaft bedroht war, und weil diese Bedrohung noch immer anhält (Privatkläger und Anzeigeerstatter).

*Da sich die **Faktenlage seit Einreichung der Strafanzeige vom 14. Juli 2022 laufend und ausnahmslos bestätigt*** *und im Sinne der Strafanzeige sogar verschärft hat, weil Swissmedic mit ihrer tatsachen- und rechtswidrigen Zulassungspraxis bis zum heutigen Tag unbeirrt fortfährt,* weil sie den dadurch geschaffenen Risiken noch immer nicht adäquat Rechnung trägt, und **weil die zuständige Staatsanwaltschaft sich bisher noch nicht veranlasst gesehen hat, ein Strafverfahren gegen die Verantwortlichen zu eröffnen** – weil somit also die ursprüngliche Gefahrenlage weiterhin fortbesteht – lassen die 37 Anzeigeerstatter und die 6 Privatkläger hiermit eine umfassend aktualisierte Fassung der Strafanzeige nachreichen.

Die vorliegende aktualisierte Strafanzeige 2.0 (samt separatem Evidenzreport 2.0) berücksichtigt die seit Ende Juni 2022 bekannt gewordene rechtserhebliche Evidenz bis zum 31. März 2023 und soweit möglich resp. soweit besonders relevant auch die rechtserhebliche Evidenz bis August 2023. Darüber hinaus beinhaltet die vorliegende Strafanzeige 2.0 wesentliche Präzisierungen und Ergänzungen auch im rechtlichen Teil, insbesondere zum Vorwurf der Urkundenfälschung im Amt (Art. 317 StGB), begangen durch verantwortliche Personen von Swissmedic. **Vorliegende Strafanzeige 2.0 tritt zusammen mit dem ebenfalls gründlich aktualisierten und präzisierten Evidenzreport 2.0 vollumfänglich an die Stelle der ursprünglich eingereichten Strafanzeige und Evidenzreport vom 14. Juli 2022.**

2. Tatverdacht

*Vorliegend haben wir es mit der **grössten durch Arzneimittel selbst und durch diesbezügliche amtliche Falschinformation verursachten Gefährdung und Verletzung der menschlichen Gesundheit zu tun, welche es in der Geschichte der Schweiz jemals gegeben hat.** Die gegen SARS-CoV-2-*

Infektionen weitgehend wirkungslosen und überdurchschnittlich risikoträchtigen mRNA-«Impfstoffe» stellen für die gesunde Bevölkerung erwiesenermassen eine weitaus grössere Bedrohung dar als der Erreger SARS-CoV-2 selbst, vor welchem diese «Impfstoffe» angeblich hätten schützen sollen.

Verantwortlich für die durch mRNA-basierte Substanzen bereits eingetretene Verletzung der menschlichen Gesundheit und für die weiter daraus resultierende Gefährdung sind primär Swissmedic, resp. die für sie handelnden Personen. Swissmedic hat von Gesetzes wegen die Aufgabe, die Gesundheit der Schweizer Bevölkerung vor unwirksamen oder schädlichen Arzneimitteln zu schützen. Sie ist nach schweizerischem Heilmittelgesetz (HMG) verpflichtet zu gewährleisten, dass nur qualitativ hochstehende, sichere und wirksame Heilmittel in Verkehr gebracht werden. Andererseits muss sie Konsumentinnen und Konsumenten von Heilmitteln vor Täuschung in diesem Zusammenhang schützen (Art. 1 HMG). Diesen und weiteren klaren gesetzlichen Pflichten kamen die für Swissmedic handelnden Beanzeigten wiederholt und in erheblichem Ausmass zum Schaden der geschädigten Anzeigeerstatter nicht nach, weshalb sie im dringenden Tatverdacht stehen, seit Dezember 2020 bis heute,

• im Rahmen der Zulassung, Herstellung, resp. Chargenprüfung (N 1257 ff.) und Einfuhr (N 1267 ff.) mehrfach die heilmittelrechtlichen Sorgfaltspflichten (Art. 86 Abs. 1 lit. a HMG i.V.m. Art. 3 HMG [allgemeine Sorgfaltspflicht] und Art. 7 HMG [Sorgfaltspflicht der Hersteller]) verletzt zu haben (N 1251 ff.),

*• indem sie für diverse mRNA-basierte Präparate eine nur für spezielle Notsituationen vorbehaltene **«befristete» Marktzulassung nach Art. 9a HMG ohne Not gewährten, diese***

dauerhaft aufrechterhielten und ihren Anwendungsbereich auf sämtliche Altersgruppen erstreckten, obwohl bereits im Zeitpunkt der Erstzulassung ausreichend erwiesen war, dass eine COVID-19-Erkrankung für die gesunde Bevölkerung unter 65 Jahren im Sinne des Heilmittelgesetzes weder «lebensbedrohend» noch «invalidisierend» war (und dass selbst für die über 65-Jährigen, wenn überhaupt, nur während kurzer Phasen im Jahr 2020 ein auffälliges Sterbegeschehen hatte festgestellt werden können – allerdings ohne jeden Nachweis eines kausalen Zusammenhanges mit SARS-CoV-2 (ER N 1540 ff., 1576 ff., 1597 ff.),

• *indem sie diese faktische Notzulassung nach Art. 9a HMG ohne tatsächliche Not gewährten, diese faktische Notzulassung dauerhaft aufrechterhielten und ihren Anwendungsbereich auf sämtliche Altersgruppen erstreckten, obwohl bereits im Verlaufe des Jahres 2020 taugliche alternative Behandlungsprotokolle zur Verfügung standen (N 1104 ff.),*

• *indem sie für die mRNA-«Impfstoffe»* **trotz Fehlens ausreichender Wirksamkeitsnachweise** *(N 296 ff., 376 ff., 498 ff., 688 ff.),* **trotz massiver Risikosignale** *(N 186 ff., 319 ff., 388 ff., 526 ff.) und* **trotz Fehlens einer die Gesamtbevölkerung lebensbedrohenden oder invalidisierenden Krankheit** *(N 744 ff.) eine Zulassung im Sinne des HMG – als* **«befristete Zulassungen»** *nach Art. 9a HMG –* **erteilten,**

• *indem sie – anstatt die zwingenden und ansonsten üblichen Vorgaben des ordentlichen Zulassungsverfahrens zu respektieren – unter dem Deckmantel von «Pandemie-Zulassungen» (N 857 ff., insbes. N 992 ff.) selbst die für das Verfahren nach Art. 9a HMG massgebenden,* **ohnehin sehr tief angesetzten Sicherheitsvorgaben massiv und ausserhalb ihres pflicht-**

gemässen Ermessens unterschritten und dadurch zusätzliche Risiken für die öffentliche Gesundheit schufen, welche bis anhin noch niemals von einem Arzneimittel ausgegangen waren,

• indem sie – anstatt eine umfassende Nutzen-Risiko-Analyse vorzunehmen (N 807 ff.) und die erteilten Zulassungen umgehend zu widerrufen oder wenigstens auslaufen zu lassen – Ende 2022 (also längst wider besseres Wissen) ihren Tatentschluss erneuerten und ab 2023 die neuartige, immer noch experimentelle mRNATherapie/-Prophylaxe im alleinigen Interesse der Hersteller als neue Plattform für die breitenwirksame Anwendung mittels angeblich «ordentlicher» Zulassungen perpetuierten (N 1131 ff.),

• indem sie der Bevölkerung sowie der Ärzteschaft elementare Informationen zur minimalen bis fehlenden Schutzwirkung der mRNA-«Impfstoffe» sowie zu den tatsächlichen Nebenwirkungsrisiken nicht nur dauerhaft vorenthielten, sondern zu diesen Fragen auch **dauerhaft und systematisch irreführende Informationen verbreiteten** (N 1187 ff.),

• die Pflicht zur Produktüberwachung nach Marktzulassung (sog. «Pharmakovigilanz») nicht im Ansatz risikoadäquat wahrgenommen (N 1151 ff.), vielmehr die heilmittelrechtliche Meldepflicht von Nebenwirkungen (Art. 87 Abs. 1 lit. c HMG) in gravierender Weise dauerhaft verletzt zu haben (N 1364 ff.),

• gegen das heilmittelrechtliche **Werbeverbot für Arzneimittel** (Art. 87 Abs. 1 lit. b HMG) **in gravierender Weise verstossen zu haben** (N 1385 ff.),

• *bei den aus den Zulassungsstudien vorhersehbaren und nach der Zulassung dann auch eingetretenen unerwünschten Nebenwirkungen (Tod, Gesundheitsschädigung) die entsprechenden StGB-Tatbestände erfüllt zu haben (N 1457 ff.),*

• *sowohl die **Öffentlichkeit als auch Fachpersonen wissentlich und dauerhaft in strafrechtlich relevanter Weise über wesentliche für die Nutzen-/Risikoabwägung beim Impfentscheid zwingend erforderliche Tatsachen getäuscht zu haben** (insbesondere: Urkundenfälschung im Amt, Art. 317 StGB, N 1198 ff., 1427 ff.; siehe auch ER N 1964 ff., insbesondere N 2111 ff.).*

3. Tathandlungen Swissmedic

3.1. Rechts- und pflichtwidrige Erstzulassung

Die hier beanstandeten Gesetzes- und Sorgfaltspflichtverletzungen bestehen im Kern darin, dass die für Swissmedic handelnden Beanzeigten erstmals mRNA-Arzneimittel zu Präventionszwecken «befristet» im Sinne von Art. 9a HMG zuliessen, obwohl Swissmedic bereits ab Dezember 2020 unzählige Risikofaktoren bekannt gewesen sein mussten, welche jeweils bereits für sich allein genommen der Erteilung einer «befristeten» Zulassung bis zur eingehenden Klärung und zur Beseitigung der entsprechenden Risikofaktoren unter normalen Umständen im Wege gestanden hätten. Hervorgehoben seien an dieser Stelle (zu vielen weiteren Risikofaktoren N 1291 ff.):

• *Die mRNA-COVID-19-Impfstoffe basieren auf demselben Wirkungsprinzip wie Gentherapien und wurden dementsprechend sowohl von Regulatoren wie Swissmedic und der European Medicine Agency (EMA) als auch von den Herstellern selber den*

Gentherapien gleichgestellt und als «Advance Therapy Medicinal Product» (ATMP) eingestuft (N 529 ff., N 1422; ER N 19 ff., N 28 ff.), was aus folgenden Gründen ein besonderes Risiko darstellt:

• **Bis Ende 2020 war die mRNA-Technologie nur bei Krebspatienten im prämortalen Stadium zum Einsatz gekommen, also nur zur Bekämpfung einer bereits bestehenden lebensbedrohenden Krankheit, jedoch noch niemals zuvor zur Immunisierung einer gesunden Gesamtbevölkerung rein prophylaktisch angewendet worden** (N 186 ff.; ER N 62, N 67 ff.). Im Vergleich zu sämtlichen übrigen bis dato ordentlich oder «befristet» zugelassenen Arzneimitteln stellt die Zulassung dieser mRNATechnologie als angeblicher «Impfstoff» für gesunde Menschen ein absolutes Novum und somit ein erhebliches Risiko dar.

• Die vorliegend verwendete mRNA-Technologie zeichnet sich dadurch aus, dass der Produktionsprozess des eigentlichen immunisierenden Wirkstoffes (Active Pharmaceutical Ingredient: = das Spike-Protein) in den Körper des Menschen verlegt wird. **Das Endprodukt dieser körperinternen «Impfstoffproduktion» ist hinsichtlich Dosierung und Qualität vollkommen unbekannt. Bis heute liegen noch immer keine ausreichenden empirischen Daten vor, welche diese körpereigene Produktion des Spike-Proteins als beherrschbar erscheinen liessen** hinsichtlich: (1) Quantität der körpereigenen Produktion (ER N 51 ff.), (2) Dauer der Spike-Produktion (ER N 77 ff.); (3) Ort der Produktion im Körper (betroffene Organe; ER N 45 ff.); (4) Qualität der produzierten Proteine (ER N 54 ff.); sowie hinsichtlich (5) Wirksamkeit und Sicherheit des produzierten Wirkstoffes für eine rein prophylaktisch behandelte, gesunde Bevölkerung (N 191 ff.; N 195 ff.; ER N 32 *ff.; 51 ff. 62 ff.).* **Die Verabreichung einer Substanz, welche sich bezüglich sämtlicher pharmazeutisch relevanter Parameter als unbeherrschbar erweist, ist zwangsläufig als ein Experiment am Menschen zu qualifizieren** *(N 843 ff.).*

• *Sowohl das Bundesamt für Umwelt (BAFU; N 528) als auch Swissmedic (N 529 f.) waren sich der besonderen Problematik der mRNA-Substanzen bewusst und anerkannten, dass es sich bei diesen mRNA-Wirkstoffen um Gen-modifizierte [Genveränderte] Organismen (GMO / GVO) sowie um Advanced Therapy Medicinal Products (ATMP) handelt. Damit anerkannten sie implizit, dass sowohl das Gentechnikgesetz (GTG, SR 814.91; s. Art. 5 Abs. 2) als auch Art. 260 bis StGB (N 1407 ff.) zu beachten sind, und dass vor allem eine Zulassung dieser Produkte im vereinfachten Zulassungsverfahren (Art. 9a HMG) ausgeschlossen gewesen wäre (N 200 ff.; ER N 73 ff., N 872 ff.).*

• *Darüber hinaus gab Swissmedic die ansonsten für jedes andere Arzneimittel zwingend zu beachtenden Anforderungen an eine einheitliche Dosierung der zur Injektion zugelassenen (mRNA-)Präparate auf: So akzeptierte Swissmedic unter Missachtung grundlegendster Standards einen mRNA-Gehalt pro Dosis in einer willkürlich grossen Bandbreite von 37% – 126% der formell vom Hersteller deklarierten verabreichten Wirkstoffmenge (N 225 ff.; ER N 174 ff.). Damit nahm Swissmedic die entsprechenden Risiken eines hohen Anteils an nicht intakter mRNA und einer erheblichen Gefahr der Genotoxizität und Karzinogenität im Kauf. Entsprechendes gilt für weitere toxische Verunreinigungen wie Nitrosamin und Benzen (N 231 ff.).*

• *Wie die Öffentlichkeit erst Ende 2023 erfuhr (Swissmedic aber bereits ab Ende 2020 wusste), unterschied sich der Herstellpro-*

zess für die tatsächlich verabreichten mRNAProdukte («Herstellprozess 2» mit Plasmid-DNA) ganz grundlegend vom Herstellungsverfahren der von Swissmedic bewilligten Produkte («Herstellprozess 1»). Die verabreichten Produkte des Herstellprozesses 2 weisen ein skandalös grosses Ausmass an bakteriellen autonom replizierenden DNA-Verunreinigungen (sog. «Plasmide») auf, sodass konsequenterweise sämtliche Produkte gemäss Herstellprozess 2 als «niemals zugelassen» zu betrachten wären. Swissmedic aber tolerierte diesen weiteren massiven Risikofaktor ohne die Bevölkerung zu informieren und ohne eine Sistierung der mRNA-Zulassungen vorzunehmen (N 828; ER N 190, N 207 ff.).

• Erste Tierstudien – zwingende Voraussetzung für Versuche der klinischen Phasen 2 und 3 und zentrales Sicherheitselement – waren von den Produzenten gar nicht oder in nicht hinreichender Weise durchgeführt worden, zeigten aber – etwa betreffend Akkumulation toxischer Lipidnanopartikel – bereits besorgniserregende Resultate (N 212 ff., N 251 ff., N 258 ff.).

• Die nachfolgenden Studien am Menschen, auf deren Grundlage die «befristeten» Zulassungen Ende 2020 erteilt wurden, waren gerade einmal über zwei Monate gelaufen (statt der üblichen 12–24 Monate) und wurden dann durch Auflösung der Kontrollgruppen seitens der Hersteller de facto eingestellt und ihrer mittel- und langfristigen Aussagekraft weitgehend beraubt (N 247 ff., N 275 ff.).

Trotz dieser aus Sicherheitsperspektive im Sinne von Art. 1 und Art. 3 Heilmittelgesetz geradezu alarmierenden Ausgangslage und zahlreicher weiterer risikoerhöhender Umstände wurde die Erstzulassung der mRNA-«Impfstoffe» von Swissmedic im Eilverfahren regelrecht durchgepeitscht: In lediglich 63 Kalender-

tagen wurden die Zulassungsanträge «geprüft» und zugelassen (ein ordentliches Verfahren würde 330 Tage dauern, ein Verfahren zur «befristeten» Zulassung üblicherweise 140 Tage), wobei wichtige – zwingende – Meilensteine einfach ausgelassen worden waren (N 1024 ff.; siehe überdies auch N 916 ff.; 963 ff.; 992 ff.; 1021 ff.).

Im Ergebnis bedeuten die vorliegenden «befristeten» Zulassungen im Sinne von Art. 9a HMG nichts anderes, als dass die gesamte Schweizer Bevölkerung ohne ihr Wissen am risikoreichsten und grössten klinischen Experiment teilnahm, welches in der Schweiz (und gleichzeitig weltweit) jemals durchgeführt wurde. Und dieses Experiment wurde bis heute nicht abgebrochen (betreffend Experimentalcharakter N 843 ff.).

3.2. Rechts- und pflichtwidrige Perpetuierung der illegalen Zulassungen

3.2.1. Ausblenden aller hinzutretenden Risikosignale

Ohne diesem von Swissmedic selbst (durch die «befristete» Zulassung geschaffenen) immensen Risiko adäquat zu begegnen, und ohne zumindest die Bevölkerung über alle Risiken aufzuklären, schritt Swissmedic im Juni 2021 unbeirrt zur Erweiterung ihrer Zulassungen auf Jugendliche ab 12 Jahren. Und dies, obwohl zusätzlich zu allen vorherigen risikoerhöhenden und deshalb rechtserheblichen Tatsachen bis Mitte Juni 2021 unter anderem (zu vielen weiteren Risikofaktoren N 1298) bekannt war,

• *dass sich Zulassungsbehörden wie Swissmedic mangels strikter Chargenprüfungen und damit mangels hinreichender Qualitätskontrollen in einem absoluten Blindflug befanden (N 321 f.),*

• *dass die für Jugendliche zugelassene Dosis um die Hälfte (Comirnaty) bzw. fünffach (Spikevax) über der empfohlenen Dosis lag, womit Swissmedic ein zusätzliches und erneut völlig unnötiges Risiko für Jugendliche in Kauf nahm (N 323 f.), ausgerechnet für eine Altersgruppe, welche im Pandemiejahr 2020 – also allein durch COVID-19 ohne «Impfung» – zu keinem Zeitpunkt ernsthaft gefährdet war,*

• *dass gemäss Post Marketing Pharmacovigilance-Report von Pfizer allein für Comirnaty bis Februar 2021 – also innert 2,5 Monate – ganze 42'086 Nebenwirkungen und über 1'200 Todesfälle gemeldet worden waren (N 325 ff.; ER N 469), was zwingend zum umgehenden Studienabbruch hätte führen müssen (N 354 ff.),*

• *dass gemäss diesem vernichtenden Pfizer-Report ganze 13% der gestillten Säuglinge von Nebenwirkungen betroffen waren (N 328; ER N 474) und selbst Pfizer einen negativen Einfluss auf die männliche Fruchtbarkeit als potentielles Risiko ausgemacht hatte (N 333 f.; ER N 477 ff.),*

• *dass gemäss den weltweiten Nebenwirkungsmeldungen bis Juni 2021 der Alarmwert von 50 Todesfällen bereits etwa um das 150-Fache überschritten war (N 341 f.),*

• *dass sich die COVID-19-«Impfstoffe» angesichts dieser massiven Nebenwirkungsmeldungen bereits im Mai 2021 erkennbar als deutlich gefährlicher als die bisher üblichen Grippe-, Schweinegrippe- und Masern-Impfstoffe erwiesen hatten (N 364 ff.). Auch diese skandalösen Alarmsignale nahm Swissmedic nicht zum Anlass, den eingeschlagenen Irrweg ernsthaft zu hinterfragen: Weder schränkte Swissmedic die Zulassungen ein, noch informierte sie die Öffentlichkeit über die festgestell-*

ten Risiken. Swissmedic sah sich nicht einmal veranlasst, die eigene rein passive Pharmakovigilanz zur Erfassung der in der Schweiz festgestellten Nebenwirkungen zu verbessern. Stattdessen schritt Swissmedic Ende 2021 zur Erweiterung der Zulassungen auf eine dritte Dosis («Booster») und auf Kinder ab fünf Jahren, obwohl diese jüngste Altersgruppe im Pandemiejahr 2020 – also allein durch COVID-19 ohne «Impfung» – zu keinem Zeitpunkt ernsthaft gefährdet war, und obwohl bis zu diesem Zeitpunkt unter anderem (zu vielen weiteren Risikofaktoren N 1305) zusätzlich bekannt war,

• dass selbst Vertreter der Pharma-Branche die mRNA-Injektionen offen als das bezeichneten, was sie sind – nämlich eine Form der Gentherapie (N 389 f.),

• dass das im Körper der Geimpften produzierte toxische Spike-Protein sehr viel länger und in einer sehr viel höheren Konzentration (ER N 51 ff., N 77 ff., N 1168) als ursprünglich von Swissmedic und Herstellern angegeben im Körper vorhanden ist, was zu einer Vielzahl an schweren Nebenwirkungen (bis hin zum Tod) führen kann (N 391 ff.),

• dass im Rahmen der Comirnaty-Zulassungsstudie (Pfizer/BioNTech) Daten gefälscht und Risikosignale verschleiert worden waren (N 397 ff.), was zum sofortigen Rückzug der Studie hätte führen müssen,

• dass Pfizer/BioNTech Ende August 2021 einen alarmierenden Zwischenbericht (PSUR) vorgelegt hatte, wonach in den klinischen Studien 46 Fälle tödlich und in der sogenannten «Postmarketingphase» unterdessen bereits 5'069 Fälle (1.6%) tödlich geendet hatten (N 406), was unter normalen Umständen zu einem sofortigen Widerruf der Zulassungen hätte führen müssen,

• dass Pfizer 7 Chargen mit massiv erhöhter Anzahl Nebenwirkungsmeldungen in die Schweiz geliefert hatte – ein Alarmsignal, welches umgehend seitens Swissmedic zu einer Warnung der Bevölkerung bis hin zum Chargen-Rückruf hätte führen müssen (N 413), was aber bis heute nicht geschehen ist,

• dass bei Kindern in der Schweiz, der EU und den USA nur schon für Comirnaty und Spikevax mindestens 60 Todesfälle zu verzeichnen waren (N 438 f.), womit allein bei dieser – in keiner Weise durch SARS-CoV-2 gefährdeten – Zielgruppe der absolute Alarmwert von 50 Todesfällen deutlich überschritten war, was zum sofortigen Stopp zumindest dieser Zulassungserweiterung – wenn nicht gar zur Suspendierung aller mRNA-Zulassungen – hätte führen müssen,

• dass nur schon in den USA und der EU über 2'000 Früh- und Totgeburten nach mRNA-Injektionen gemeldet worden waren (N 473 ff., insbes. N 478),

• dass in der Schweiz bereits 2021 ein besorgniserregender Trend zu erkennen war, und zwar ein in jüngeren Altersgruppen auffälliges und anhaltendes Sterbegeschehen in engem zeitlichem Zusammenhang zur «Impfaktivität» (N 494, N 765 und N 774),

• dass bei den mRNA-«Impfstoffen» (Comirnaty und Spikevax) im Vergleich zu den Grippe-Impfstoffen pro Million verabreichter Dosen per Ende 2021 das 60-Fache an Meldungen zu schweren Nebenwirkungen und das 20-Fache an Todesfallmeldungen eingegangen war (N 427 ff., insbes. N 429 f.).

Statt nun die mRNA-Zulassungen endlich zu sistieren, eine eingehende Analyse der getroffenen Entscheide vorzunehmen, die Öffentlichkeit über die tatsächlich feststellbaren Risiken wahrheitsgetreu zu informieren und das Meldesystem zur Erfassung von Impfnebenwirkungen ebendiesen Risiken entsprechend zu verbessern, hielt Swissmedic auch im Jahr 2022 sämtliche «befristeten» Zulassungen weiterhin aufrecht. Dies, obwohl zusätzlich zu allen bereits vorherrschenden risiko- und rechtserheblichen Tatsachen bekannt war (zu vielen weiteren Risikofaktoren N 1311),

• dass die mRNA-Produkte zur Gruppe der ATMP-Hochrisiko-Produkte zählen, weil «sie Nukleinsäure enthalten, die Gen-Expression regulieren und als ‹biologisch aktives Material› (nämlich RNA) den genveränderten Organismen (GVO) gleichgestellt sind», was selbst Swissmedic einräumte (N 529 ff.),

• dass bereits aus diesem Grund und auch nach Massgabe von Art. 12 Abs. 5 lit. c und lit. e der Verordnung des Schweizerischen Heilmittelinstituts über die vereinfachte Zulassung von Arzneimitteln und die Zulassung von Arzneimitteln im Meldeverfahren (VAZV, SR 812.212.23) eine befristeten Zulassung nach Art. 9a HMG von vornherein unzulässig war (siehe N 530, N 916 ff., N 992 ff.),

• dass weltweit (Schweiz, EU, USA) bis Mai 2022 zu allen COVID-«Impfstoffen» bereits fast vier Millionen Nebenwirkungen gemeldet worden waren (N 538 ff.), wobei allein auf Comirnaty und Spikevax über 1.7 Millionen Meldungen entfielen – davon 464'971 schwere Nebenwirkungen und 20'886 Todesfälle (N 548 ff.) –, womit der Alarmwert von 50 Todesfällen zum dama-

ligen Zeitpunkt weltweit um das über 400-Fache überschritten war, und dass diese Zahlen weiter anstiegen (N 562 ff.),

- *dass zu Comirnaty abermals ein alarmierender Zwischenbericht von Pfitzer/BioNTech («PSUR Nr. 3») erschienen war (N 595 ff.), aus welchem sich etwa ergab,*

- *dass die Gruppe der unter 50-Jährigen von Nebenwirkungen übermässig betroffen war, also eine von COVID-19 nur minimal betroffene Bevölkerungsgruppe (N 597 ff.),*

- *dass Informationen für eine sichere Anwendung von Comirnaty bei Schwangeren, Stillenden und weiteren Patientengruppen weiterhin fehlten (N 605 ff.),*

- *dass es zu massiven Qualitätsunterschieden zwischen den einzelnen Chargen gekommen war und abermals viele gefährliche Chargen in die Schweiz geliefert worden waren (N 608 ff.),*

- *dass trotz den Verlautbarungen von Swissmedic, wonach die mRNA-«Impfstoffe» keine Auswirkungen auf die Schwangerschaft hätten, bis Mai 2022 allein in der EU und den USA bereits 2'135 Totgeburten nach Injektion von Comirnaty und 798 Totgeburten nach Injektion von Spikevax sowie 5'055 Fehlgeburten zu allen COVID-19-«Impfstoffen» – Underreporting nicht eingerechnet – gemeldet worden waren (N 636 f.), wobei die Hersteller auch 2022 immer noch unumwunden einräumten, dass – mangels entsprechender Studien – «das Sicherheitsprofil des Impfstoffs bei schwangeren oder stillenden Frauen nicht bekannt» sei (N 631 ff.),*

- *dass 2022 weltweit (N 639 ff.) und auch in der Schweiz im Jahr 2022 ein historischer Rückgang von Lebendgeburten um*

8.5% zu verzeichnen war, wofür nach Ausschluss aller anderen Hypothesen als einzig plausibler Grund die mRNA-Injektionen übrigbleiben (N 644 f.),

- *dass gemäss einer im Juni 2022 publizierten Studie zur männlichen Fruchtbarkeit die Spermienkonzentration 150 Tage nach der 2. «Impfung» immer noch 15.9% unterhalb des Ausgangswertes lag (N 649 ff.), womit demnach nicht nur die weibliche, sondern auch die männliche Fertilität durch die «Impfung» potentiell erheblich negativ beeinträchtigt wird,*

- *dass eine eingehende Analyse der BfS-Daten von Prof. Konstantin Beck ein in allen Altersgruppen auffälliges und anhaltendes Sterbegeschehen in engem zeitlichem Zusammenhang zur «Impfaktivität» zutage förderte (N 663 ff.),*

- *dass anhand der BfS-Daten in der Schweiz – insbesondere bei von COVID-19 in keiner Weise bedrohten Altersgruppen – eine massive Zunahme verschiedenster Krankheitsdiagnosen (Schädigungen des Nervensystems: +29%; Krebserkrankungen: +48%; Schwangerschaftskomplikationen: +25%; Lungenembolie, Herzstillstand, Schlaganfall und Hirninfarkt bei 0- bis 14-Jährigen: +125%) seit Beginn der «Impfkampagne» auszumachen ist (N 664 ff.),*

- *dass das «Impf-»-Spike-Protein gemäss mehreren Obduktionsergebnissen erwiesenermassen ursächlich zum Tod geführt hat und dass dieses – entgegen den offiziellen Verlautbarungen von Swissmedic – keinesfalls nur für kurze Zeit, sondern bis zu neun Monate im menschlichen Körper nachweisbar ist (N 669 ff.),*

• *dass das Auftreten einer im schlimmsten Fall tödlichen Myokarditis im Zusammenhang mit einer COVID-19-mRNA-Injektion sehr viel – gemäss einer (unterdessen peer reviewten) Basler Studie bis zu 800-mal – häufiger ist, als dies seitens der Zulassungsbehörden offiziell ausgewiesen wird (N 674 ff.),*

• *dass sich mit V-AIDS eine längst vermutete und seit 2022 nun vermehrt festgestellte schwere Nebenwirkung bemerkbar gemacht hat, welche eine Schädigung des Immunsystems darstellt, was nicht nur zum gehäuften Auftreten von Autoimmunerkrankungen und Krebs, sondern vor allem auch zum vermehrten Auftreten von Infektionskrankheiten – und insbesondere auch zu einer grösseren Anfälligkeit für COVID-19-Erkrankungen («Long COVID») – führen kann (N 677 ff.),*

• *dass bis zum 1. März 2022 mindestens 128 «peer reviewte» Publikationen zu Herzproblemen, 216 «peer reviewte» Publikationen zu lebensbedrohlichen Gerinnungsstörungen (Thrombosen etc.) und sechs «peer reviewte» Publikationen zu möglichen Todesfällen infolge der COVID-«Impfungen» erschienen waren (N 685 f.; ER N 1245 ff.).*

Mit der «befristeten» Zulassung der mRNA-«Impfstoffe» nahm Swissmedic demnach ein noch niemals zuvor dagewesenes und stetig zunehmendes Risiko für die Gesundheit der Bevölkerung in Kauf. Dieses hätte allenfalls nur dadurch gerechtfertigt werden können, dass damit eine noch niemals zuvor existente Bedrohung (durch SARS-CoV-2) hätte abgewendet werden können, die das mit den mRNA-«Impfstoffen» einhergehende aussergewöhnlich grosse Risiko aufzuwiegen vermöchte. Dies ist offenkundig nicht der Fall:

3.2.2. Fehlende «lebensbedrohliche oder invalidisierende» Krankheit

Es besteht und bestand mit «COVID-19» nie eine «lebensbedrohliche oder invalidisierende» Krankheit – die Hauptvoraussetzung der «befristeten» Zulassung –, welche die gesamte Bevölkerung bedroht hätte (vgl. auch N 1292, N 1300, 1307, 1313; eingehend: ER 1576 ff., N 1583 ff.):

• COVID-19 war mit einer IFR von 0.15%–0.20% schon Ende 2020 erkennbar nicht gefährlicher als eine mittelschwere Grippe, in Bezug auf die Gesamtbevölkerung gab es keine historisch auffällige Übersterblichkeit und die Spitäler waren nie überfüllt (N 752 ff., N 767).

• Auch 2021 – als die Impfung im grossen Still eingeführt wurde – gab es gemäss offizieller BfS-Methodik keine historische Übersterblichkeit (N 774), waren die Spitäler nie zu über 80% ausgelastet (N 776) und herrschte mit «Delta» eine Variante vor, welche hinsichtlich Gefährlichkeit einer normalen milden Grippe entsprach (N 771 ff.).

• 2022 war offenkundig, dass COVID-19 keine «Jahrhundert-Pandemie» war (N 782 und N 784 f.), es trotz einer publik gewordenen massiven Manipulation der COVID«Fallzahlen» in den Spitälern nie zu einer Überlastung des Spitalwesens gekommen war (N 786 ff.), und dass bei «Omikron» die IFR nur 0.001–0.002% betrug, mithin um einen Faktor von mindestens 50 unter der IFR einer normalen Grippe lag (N 780 f.).

3.2.3. Fehlender Nutzen: Wirkungslose bis schädliche mRNA-Injektionen

Nach dem Ausgeführten hat Swissmedic ein höchst experimentelles und gefährliches Arzneimittel gegen eine Krankheit zugelassen, welche für die Gesamtbevölkerung keine grössere Bedrohung darstellt(e) als eine Grippe. Als letzter «Rettungsanker» verbliebe Swissmedic damit nur noch der Nachweis, dass die zu Beginn etwas erhöht gefährdete Zielpopulation der älteren und vorerkrankten Menschen wenigstens einigermassen wirksam vor SARS-CoV-2 geschützt worden wäre. Doch auch dies ist in keiner Weise der Fall. Die «Impfung» verfehlte die notwendige «grosse» Wirksamkeit erkennbar bereits Ende 2020 (N 1293):

• Die «Impfungen» müssten vor schweren (tödlichen oder invalidisierenden) Krankheiten schützen. In den (noch immer laufenden, aber der Kontrollgruppe beraubten; N 275 f.) Zulassungsstudien wurde aber primär untersucht, ob die «Impfungen» vor Kopfschmerzen, Husten, Fieber und anderen Bagatellereignissen in Kombination mit einem positiven PCR-Testergebnis schützen (N 297 f.).

• Die ausgewiesenen Wirksamkeitsangaben von bis zu 100% beziehen sich nur auf solche Bagatellereignisse und beruhen auf Berechnungen, welche die Wirklichkeit in keiner Weise abbilden: Vielmehr ist – wenn überhaupt – von einer Wirksamkeit im tiefen einstelligen Prozentbereich auszugehen (N 299 ff.).

• Ein Nachweis des Schutzes vor schwerer Erkrankung wurde in keiner einzigen Studie auch nur annähernd erbracht: Die wenigen untersuchten Fälle bewegen sich im Bereich des statistischen Zufalls (N 305 ff).

• *«Impfungen» hätten aber nachhaltig «immunisieren» müssen (N 1097), was angesichts der bereits von Beginn an eingeplanten «Booster-Impfungen» (N 508) ein gar nicht erfüllbares Ziel darstellte.*

• *Die «Impfungen» boten auch ohne jeden Zweifel keinen Schutz vor Übertragung von SARS-CoV-2 (N 309 f.) – sie waren zur «Pandemiebekämpfung» demnach schlicht ungeeignet.*

In den Jahren 2021 und 2022 hatte sich diese fehlende Wirksamkeit in offenkundiger Weise manifestiert (N 1299, N 1306, N 1312):

• *Bereits im Februar 2021 hatte sich die weitgehende Wirkungslosigkeit der mRNAInjektionen zumindest angedeutet, waren doch unter den häufigsten Nebenwirkungen die fehlende Wirksamkeit der «Impfung», resp. die COVID-Erkrankung (N 317).*

• *Bis heute wurde seitens der Hersteller kein effektiver Wirksamkeitsnachweis für eine Immunisierung erbracht und auch ein Schutz vor Übertragung in keiner Weise nachgewiesen (N 498 ff., N 688 ff., N 723 ff.).*

• *Betreffend «Booster» war früh eine negative Wirksamkeit festzustellen, wurde doch die Übertragungsdauer nicht etwa verkürzt, sondern verlängert (N 696 f.).*

• *Weltweit ist zudem ein erhöhtes Krankheits- und Sterbegeschehen auszumachen, welches mit dem Beginn der «Impfkampagne» im Jahr 2021 (und nicht etwa mit dem Beginn der «Pandemie» im Jahr 2020) korreliert, was eine negative Wirk-*

samkeit der mRNA-Injektionen klar indiziert (N 708 ff., N 782 f.).

3.2.4. Auslassung elementarster Sicherheits- und Wirksamkeitsprüfungen

Erschwerend kommt hinzu, dass Swissmedic sich nicht etwa an den strengsten heilmittelrechtlichen Vorgaben der ordentlichen Zulassung orientiert hatte, sondern angeblich «befristete Zulassungen» nach Art. 9a HMG erteilte. Doch unter dem Deckmantel einer angeblichen «Pandemie» hatte Swissmedic selbst die minimalen Anforderungen von Art. 9a HMG noch ausgehebelt. Die vorliegend erteilte «Pandemie-Zulassung» der mRNA«Impfstoffe» weicht in allen wesentlichen Sicherheitsaspekten risikoerhöhend von der ordentlichen Zulassung ab, ja unterschreitet selbst die Zulassungshürden der vereinfachten und der befristeten Zulassung. Mit der Zulassung der mRNA-«Impfstoffe» ging demnach eine eklatante Auslassung elementarster Sicherheits- und Wirksamkeitsprüfungen einher, womit das grösstmögliche aller Risiken für die Gesundheit der Schweizer Bevölkerung eingegangen wurde (zum Ganzen N 857 ff., insbes. N 992 ff.).

3.2.5. Swissmedic verhinderte wirksame Alternativbehandlungen

Ebenfalls erschwerend kommt hinzu, dass Swissmedic nachweislich längst bekannte, wirksamere und weniger schädliche Interventionen wie die Behandlung mit Ivermectin oder andere taugliche Ansätze (N 1110 ff.; 1115 ff.) bis heute nicht für die Behandlung von COVID19-Erkrankungen zugelassen hat. Auf diese Weise hat Swissmedic das Zulassungserfordernis des Fehlens alternativer Behandlungsmethoden (vgl. Art. 9a Abs. 1 lit. c HMG) bewusst auf die Seite geschoben und damit einen nachweislich wirksameren Schutz gegen COVID-19-Erkrankungen (als die mRNA-«Impfungen») aktiv verhindert.

3.2.6. Nutzen-/Risiko-Analyse: Deutlich negatives Profil

Jede nach Gesetz und Praxis seriös durchgeführte Analyse zur Ermittlung des Netto-Nutzens der mRNA-basierten COVID-19-Impfstoffe für die gesamte Bevölkerung hätte per Ende 2020 und in den folgenden Jahren zwingend die hiervor (N 6 ff., N 9 ff.) zusammengefassten und im Evidenzreport ausführlich dargelegten überprüfbaren Fakten berücksichtigen müssen. Eine solche Analyse hätte offenkundig ergeben, dass Swissmedic ein Arzneimittel auf dem Schweizer Markt zugelassen hat, dessen Nutzen-/Risiko-Profil vernichtend negativ ausfällt (siehe auch Nutzen-/Risiko-Analyse: N 807 ff.; ER N 1835 ff.):

Das Vorhaben von Swissmedic, die mRNA-«Impfstoffe» ab Dezember 2020 in der Schweiz für alle erwachsenen Personen zuzulassen, muss als ein Projekt mit maximalem, noch nie dagewesenem Risiko- und Experimentalcharakter qualifiziert werden. Gleichzeitig war von Anbeginn die fehlende Wirksamkeit der mRNA-«Impfstoffe» erkennbar – und hat sich im weiteren Zeitablauf immer offenkundiger manifestiert. Einem noch nie zuvor eingegangenen Risiko, welches sich unterdessen bereits eindrücklich in einer Vielzahl an gravierenden Nebenwirkungen verwirklicht hat, stand und steht demnach kein nachgewiesener Nutzen gegenüber. Bereits diese Abwägung alleine hätte längst zum zwingenden Schluss führen müssen, dass die mRNA-«Impfstoffe» nie hätten zugelassen werden dürfen und die gleichwohl erfolgten Zulassungen eine massive Gesetzes- und Sorgfaltspflichtverletzung seitens Swissmedic darstellen.

3.2.6.1 Durch Swissmedic geschaffene neue Risiken: maximal

Das Ende 2020 allenfalls noch bestehende Restrisiko durch «COVID-19» war für die allgemeine Bevölkerung bis 65 Jahre durchaus mit konventionellen Mitteln beherrschbar (N 1110 ff.;

1115 ff.) und hätte ohne mRNA-basierte neuartige Wirkstoffe sicher bewältigt werden können. Diesem geringen Ausgangsrisiko entsprechend hätte Swissmedic die Risiko-Toleranz gegenüber neuartigen Arzneimitteln sehr restriktiv handhaben müssen, um die gesetzlichen Vorgaben von Art. 1, Art. 3 und Art. 7 HMG sicher zu erfüllen. Arzneimittel mit erhöhtem Risikopotenzial hätte Swissmedic von vornherein zurückweisen müssen, um die Gesundheit der Bevölkerung auf gar keinen Fall durch neue Risiken zu gefährden.

Durch die Zulassung mRNA-basierter COVID-19-Impfstoffe schuf Swissmedic aber eigentliche neue Risiken, die um ein Vielfaches grösser und unkontrollierbarer waren als die COVID-19-Krankheit selbst (Nutzen-/Risiko-Analyse: N 807 ff.; ER N 1835 ff.).

3.2.6.2 Korrumpierte Modellierungsstudie: «14.4 Mio. Todesfälle verhindert»

Obigen Ausführungen zum fatal negativen Nutzen-/Risiko-Verhältnis der COVID-19-«Impfungen» wird seitens offizieller Stellen und von vielen Medien eine im September 2022 publizierte «Modellierungsstudie» entgegengehalten. Diese erregte weltweites Aufsehen, weil sie angeblich den Nachweis erbringe, die COVID-«Impfstoffe» hätten während der «Pandemie» 14.4 Mio. Todesfälle verhindert.

Im Evidenzreport wurde diese Studie eingehend untersucht und nachgewiesen, dass diese auf einer falschen und manipulierten Datengrundlage beruht und von Autoren mit offensichtlichen Interessenkonflikten verfasst wurde. Diese auf fast schon beliebig manipulierbaren Modellrechnungen beruhende Studie taugt nicht als gerichtsfeste Evidenz zum Beweis eines angeblichen positiven Nutzens der COVID-19-Impfungen (N 851 ff.; ER N

1370 ff.). Vielmehr steht sie im schroffen Widerspruch zu allen sich Ende 2022 längst – anhand realer Kennziffern – real manifestierten Risiken und den noch immer fehlenden effektiven Wirksamkeitsnachweisen.

3.2.7. Perpetuierung trotz offenkundig negativem Nutzen-/Risiko-Verhältnis

Statt dann aber nach zweijähriger Dauer der illegalen «befristeten» «Pandemie-Zulassungen» endlich eine umfassende Nutzen-Risiko-Analyse vorzunehmen (siehe dazu N 807 ff.) und die erteilten Zulassungen umgehend zu widerrufen oder wenigstens auslaufen zu lassen, fassten die beanzeigten Verantwortlichen bei Swissmedic Ende 2022 den völlig gegenteiligen Entschluss: Zuerst verlängerten sie die illegalen Zulassungen de facto stillschweigend und perpetuierten ab 2023 die neuartige, immer noch experimentelle mRNATherapie/-Prophylaxe im alleinigen Interesse der Hersteller als neue Plattform für die breitenwirksame Anwendung mittels angeblich «ordentlicher» Zulassungen (N 1131 ff.). Doch waren die Voraussetzungen für Verlängerungen dieser «befristeten» Zulassungen, ja für die Erteilung angeblich «ordentlicher» (Art. 9 / 11 HMG) Zulassungen, nicht im Ansatz gegeben, womit die für Swissmedic Handelnden ihre Sorgfaltspflichten nach Art. 3 HMG und Art. 7 HMG noch sehr viel deutlicher in strafrechtlich relevanter Weise verletzten als zuvor.

Sämtliche Zulassungsverfügungen, resp. Pflichtverletzungen ab Ende 2022 sind als eigenständige, neue Tathandlung mit eigenständigem neuen Tatentschluss zu qualifizieren. Strafrechtlich haben diese neuen Tathandlungen deshalb eine besondere Relevanz, weil sämtliche entscheidungsrelevanten Fakten zur Beurteilung von Wirksamkeit und Sicherheit sowohl in qualitativer Hinsicht als auch in quantitativer Hinsicht Ende 2022 noch sehr viel klarer vorlagen als Ende 2020. Spätestens Ende 2022 hätte Swissmedic erkennen müssen, dass die Hersteller für diese mRNA-basierten Substanzen die gesetzlich unverzichtbaren Nachweise bezüglich Beherrschbarkeit der Produktion sowie bzgl. Wirksamkeit und Sicherheit niemals mehr würden erbringen können (objektive Unmöglichkeit; siehe dazu auch N 1122 ff.; ausführlich: ER N 1835 ff., insbes. N 1930 ff.; 1935 ff.).

3.3. Keine risikoadäquate Produktüberwachung

Von Beginn an bis heute unternahm Swissmedic zudem auch keinerlei ausreichende risikoreduzierende Vorkehren, um das Risiko für die Gesamtbevölkerung zu minimieren, welches von diesen gegen Gesetz und gegen anerkannte Regeln der Guten Herstellungspraxis zugelassenen mRNA-«Impfstoffen» ausgeht. Swissmedic unterliess es insbesondere, für eine rigorose Produktüberwachung zu sorgen (N 1151 ff. mit weiteren Unterlassungen; vgl. auch N 1296, N 1302, N 1308 und N 1314):

• Swissmedic begnügte sich – trotz der negativen Erfahrungen mit Pandemrix in den Jahren 2009/2010 – im Rahmen der Marktüberwachung mit einem rein passiven Meldesystem (N 1154 ff.), was bei einem derart neuartigen und mit erheblichen Risiken belasteten Arzneimittel, welches sich noch immer im Stadium des Menschenversuchs (klinische Phase III) befindet, in keiner Weise als risiko-adäquat gelten kann und offensichtlich unzureichend ist. Die mRNA-«Impfstoffe» hätten vielmehr von Anbeginn einer aktiven Überwachung (Pharmakovigilanz) – wie unter Studienbedingungen – unterzogen werden müssen. Das wäre zumutbar gewesen.

• Swissmedic setzte aber selbst das passive Meldesystem in keiner Weise rechtsgenügend durch: In der Schweiz werden nur ca. 10% aller Nebenwirkungen überhaupt gemeldet. Diese

massive Untererfassung verunmöglicht es Swissmedic und der Öffentlichkeit, das gesamte Ausmass der verheerenden Folgen erkennen zu können (N 1159 ff.).

• Swissmedic billigte bereits Ende 2020 und anfangs 2021 den praktisch vollständigen Abbruch der Zulassungsstudien und gab damit das zentrale Kontrollinstrument zur Überprüfung von Wirksamkeit und Sicherheit ohne Not aus der Hand (N 1174 ff.; siehe auch N 275 ff.).

• Swissmedic unterliess es wohl auch, von Anbeginn für eine rigorose Chargenprüfung zu sorgen (N 1184 unter Verweis auf N 321 f.), womit eine von den Herstellern unabhängige Überprüfung der Qualität der experimentellen mRNA-Arzneimittel in keiner Weise sichergestellt war.

3.4. Irreführung anstatt risikoadäquater Information
Als zumutbare und zwingend notwendige risikoreduzierende Massnahme unterliess es Swissmedic insbesondere, die Bevölkerung wirksam aufzuklären und verbreitete stattdessen an prominenter Stelle irreführende oder gänzlich falsche Informationen (N 1187 ff. mit vielen weiteren Beispielen; vgl. auch N 1296, N 1302, N 1308 und N 1314):

• Swissmedic orientierte die Schweizer Bevölkerung über jede erfolgte Zulassung mittels Medienmitteilungen, welche eine ganze Reihe an irreführenden Informationen enthielten (N 1191; eingehend ER N 1964 ff.). So verkündete Swissmedic Ende 2020 beispielsweise, dass die Zulassung von Comirnaty in einem «ordentlichen» Verfahren erteilt worden sei, was eine blanke Lüge darstellt, die viele Menschen aber bis heute glauben. Auch propagierte Swissmedic eine nie nachgewiesene hohe Wirksamkeit und unterschlug die Tatsache, dass dutzende

*Fragen zu Qualität, Wirksamkeit und Sicherheit noch völlig un-
geklärt waren. Besonders verwerflich ist die etwa die Ende
2021 gemachte Angabe, wonach Comirnaty eine «hohe klinische Wirksamkeit bei jüngeren Kindern» gezeigt habe, obwohl
die klinischen Studien nur einen minimalen therapeutischen
Nutzen bei blossen Bagatellereignissen (wie Hals-/Kopfschmer-
zen) gezeigt hatten. Swissmedic setzte damit die am allerwe-
nigsten bedrohte Bevölkerungsgruppe ohne Not und in absolut
irreführender Weise dem Risiko von schweren Nebenwirkungen
und Todesfällen aus.*

• *Swissmedic unterliess es bis heute, die Öffentlichkeit aus-
drücklich darauf aufmerksam zu machen, dass die vorliegende
«mRNA-Technologie» als Verfahren mit besonderen Risiken zu
betrachten ist (Gen-Therapie; GMO; ATMP; vorn N 6), und dass
nicht nur die Dosierung der injizierten mRNA («pro-drug»; N
225 ff.; ER N 174 ff.) sondern auch die Dosierung, die Qualität,
die Produktionsdauer sowie der Ort der im Körper hergestellten
Spike-Proteine («Active pharmaceutical ingredients») in keiner
Weise bekannt und kontrollierbar sind, weshalb diese hochgra-
dig experimentellen Substanzen nur unter höchsten Sicher-
heitsstandards im Rahmen eines ordentlichen Zulassungsverfahrens hätten geprüft werden dürfen (N 200 ff., N 526 ff., N
916 ff., N 1407 ff.; ER N 32 ff., N 45 ff., N 51 ff., N 62 ff.).*

• *In den Fachinformationen streute Swissmedic zuhanden der
aufklärungspflichtigen Ärzte und der Patienten allerlei Informationen, welche offenkundig falsch waren (N 1199; eingehend
ER N 2111 ff.): So etwa die Information, wonach «keine impf-
stoffbedingten Wirkungen auf die weibliche Fertilität, die
Schwangerschaft, die embryofötale Entwicklung oder auf die
Entwicklung der Nachkommen festgestellt» worden seien, was
im krassen Widerspruch zu Studienergebnissen und zu Warn-*

hinweisen seitens Hersteller und Expertengremien steht, welche Swissmedic bereits Ende 2020 vorlagen.

• *Auch fehlen – trotz der tausendfach eingegangenen Meldungen – jegliche Hinweise zu schweren Nebenwirkungen wie etwa zu «thromboembolischen Nebenwirkungen», «Herpes Zoster», «Hörverlust/Tinnitus», oder auch «COVID-19-Erkrankung» («Impfversagen»). Diese fortwährende Täuschung mittels unwahrer Urkunden im Sinne von Art. 317 StGB (dazu eingehend N 1427 ff.) führte – nicht zuletzt unterstützt durch die hier aufgezählten systematischen weiteren Täuschungshandlungen – mutmasslich in Millionen von Fällen zu fehlerhafteten Impfentscheidungen.*

• *Swissmedic schaltete zudem auf der eigenen Website über längere Zeit ein an die Bevölkerung gerichtetes «FAQ» auf, welches unzählige irreführende Informationen zu den mRNA-Präparaten enthält, obwohl Swissmedic bereits Ende 2020 intern über Daten verfügte, welche die eigenen «FAQ» als klare Fehlinformationen erkennbar machten (N 1204 ff.; ER N 2240 ff.). So behauptete Swissmedic beispielsweise noch im März 2023 in ihrer Antwort auf die erste Frage in diesem prominenten FAQ, die Impfstoffe seien «nachweislich sicher, wirksam und von hoher Qualität». Swissmedic negierte sogar explizit die Tatsache schwerer Nebenwirkungen: «Bisher gibt es keine Hinweise auf bleibende negative Folgen für die Gesundheit.». Diese Antwort ist wie die gesamten offiziellen «FAQ» symptomatisch für eine eigentliche Politik dauerhafter Desinformation durch die oberste Aufsichtsbehörde für Arzneimittelsicherheit in der Schweiz.*

Swissmedic beliess es nicht bei irreführenden Medienmitteilungen, Fachinformationen und Angaben auf der eigenen Website wie den «FAQ». Auch auf zahlreichen weiteren Kanälen (Zeitschriften, Fernsehen, E-Mailverkehr) streute Swissmedic fortlaufend Fehlinformationen zu den mRNA-Injektionen – ganz offensichtlich zwecks Beruhigung der Schweizer Bevölkerung und zwecks Aufrechterhaltung der «Impfwilligkeit» (eingehend N 1208 ff.).

Zusätzlich zu allem bisher Gesagten stellt nicht zuletzt allein schon die Bezeichnung der mRNA-basierten Präparate als COVID-19-«Impfstoffe» per se eine eigenständige Täuschungshandlung einmaligen Ausmasses dar. Denn Arzneimittel dürfen gemäss Art. 2 lit. b Arzneimittel-Bewilligungsverordnung (AMBV) nur dann als Impfstoffe im Sinne dieser Verordnung zugelassen werden, wenn sie tatsächlich eine «aktive oder passive Immunität» erzeugen. In Bezug auf COVID-19-Impfstoffe hat sich aber gerade das Gegenteil als wahr erwiesen: Empirische Daten aus zahlreichen Ländern zeigen einen Zusammenhang zwischen Häufigkeit der COVID-19-Impfung und Anfälligkeit für Erkrankungen, Hospitalisationen und Todesfälle im Zusammenhang mit COVID-19, d.h.: Je mehr COVID-19-Impfungen, desto grösser die Anfälligkeit gegenüber COVID-19 – und desto schwächer das natürliche Immunsystem (siehe N 1095 f.; siehe auch ER N 588 f., N 819, N 867, N 1291 ff., N 2248).

Swissmedic hat also nicht nur enorme Risiken und Gefahren für die gesamte Bevölkerung geschaffen. Sie hat die Bevölkerung auch in Bezug auf ebendiese Risiken und Gefahren dauerhaft im Dunkeln gelassen und einen Eindruck von falscher Sicherheit erweckt. Zu diesem Zweck hat sich Swissmedic auch amtlicher Urkunden (Zulassungsverfügungen; Fach- und Patienteninformationen) sowie ihrer eigenen offiziellen Homepage bedient.

4. Tathandlungen Ärzteschaft: Fehlende Aufklärung, fehlende Meldungen

Die Wirkung dieser konsequenten Desinformation durch Swissmedic hält im Wesentlichen bis heute an und betrifft sämtliche hiervor aufgezählten entscheidungsrelevanten Themen:

1) Gefährlichkeit SARS-CoV-2 (Realität: weniger gefährlich als proklamiert);

2) Alternative Behandlungsmethoden (Realität: waren vorhanden);

3) mRNA-Technologie (Realität: pharmakologisch nicht beherrschbares Präparat; Hochrisiko-Technologie GVO; ATMP);

4) Herstellungs- und Prüfungsstandards (Realität: in eklatantem Ausmass verletzt);

5) Schutzwirkung der mRNA-Präparate (Realität: negativ; keine «Impfung»);

6) Risikoprofil (Realität: historisch hoch).

Ein Grossteil der Bevölkerung, welche ausschliesslich den amtlichen Mitteilungen Glauben geschenkt hatte, stimmte offensichtlich nur auf Basis mangelhafter Aufklärung bezüglich obiger 6 entscheidungsrelevanter Themen dieser mRNA-Injektion zu. Ohne gehörige Aufklärung über sämtliche entscheidungsrelevante Tatsachen kann aber eine Einwilligung niemals rechtlich wirksam werden, weshalb jede auf dieser Basis mangelhafter Aufklärung erfolgte mRNA-Injektion als Körperverletzung zu qualifizieren ist (zu den Voraussetzungen einer gültigen Einwilligung eingehend N 1589 ff.).

Doch auch die «impfende» Ärzteschaft vermag sich mit Verweis auf die Verfehlungen von Swissmedic keineswegs ihrer eigenen Verantwortung zu entziehen. Vielmehr ist ebenfalls eine Strafbarkeit der leitenden und impfenden Ärzte (vorliegend: die Beanzeigten der Insel Gruppe) zu prüfen, insbesondere falls diese vor Anwendung (Art. 86 Abs. 1 lit. a HMG i.V.m. Art. 26 HMG) der mRNA-«Impfstoffe» in keiner oder in völlig ungenügender Weise für eine Aufklärung der Patienten gesorgt haben (N 1226 ff.; N 1320 ff.).

Aufgrund der bislang verfügbaren Unterlagen ist festzustellen, dass in den hier zur Anzeige gebrachten Fällen entweder eine Aufklärung in keiner Weise durchgeführt, oder dass bestenfalls eine fünfminütige Aufklärung dokumentiert wurde, was angesichts der Komplexität der mRNA-«Impfstoffe» schlicht nicht hinreichend ist. Ohne informierte Einwilligung («informed consent») wurde demnach vorschnell zur körperverletzenden oder gar tödlichen «Impfung» geschritten (N 1589 ff.; vgl. auch N 1358 ff.), womit auch StGB-Tatbestände zu prüfen sind.

Überdies ist auch bei der Ärzteschaft eine Verletzung des heilmittelrechtlichen Werbeverbots für Arzneimittel (Art. 87 Abs. 1 lit. b HMG) zu prüfen, soweit irreführende Informationen (wie über die Website der Insel Gruppe) verbreitet wurden und werden (N 1398). Auch besteht angesichts des massiven Underreportings der dringende Verdacht, dass eine Vielzahl an Ärzten ihre Sorgfaltspflichten im Bereich der heilmittelrechtlichen Meldepflichten verletzt hat (Art. 87 Abs. 1 lit. c HMG; N 1364 ff.).

5. Entfesselte Swissmedic agiert zum Schaden von Staat und Bevölkerung

Bis Ende 2022 haben die für Swissmedic handelnden Personen – wie auch die mitwirkende Ärzteschaft – mehr als ausreichend

*Zeit und Veranlassung gehabt, die in dieser Strafanzeige darge-
stellten überwiegenden Risiken und Gefahren der mRNA-Technologie zu erkennen und darauf adäquat zu reagieren. Sie alle
standen längst und stehen immer noch in der Pflicht, dieses
verheerende Experiment umgehend zu beenden und alles dafür
zu tun, die Bevölkerung sofort zu informieren und vor weiterer
Gefahr zu schützen. Sie taten dies aber wider besseres Wissen
nicht und unterlassen es auch weiterhin, obwohl sämtlichen öf-
fentlichkeitswirksam verbreiteten Informationen von Swissmedic (als oberster Stelle für Arzneimittelsicherheit in der
Schweiz) von Gesetzes wegen eine maximale Glaubwürdigkeit
zukommt und obwohl der Laie die Verfehlungen von Swissmedic nicht ohne besonderen Aufwand und unterstützende Exper-
tise erkennen kann.*

*Mit den eingehend aufgezeigten dauerhaften, wiederholten und
gravierenden Verstössen gegen grundlegendste heilmittelrechtliche Sorgfaltspflichten und Normen zum Schutz der öffentlichen Gesundheit (illegale «Pandemie-Zulassungen» [N 857 ff.]
und deren Perpetuierung [N 1131 ff.], durch die unzureichende
Risikoüberwachung [N 1151 ff.] und durch die Irreführung der
Bevölkerung [N 1187 ff.]) verstösst Swissmedic aber nicht nur
gegen Schweizer Recht. Mangels Aufklärung über den besonderen experimentellen Charakter der hier thematisierten Substanzen und der risikobehafteten mRNA-Technologie per se steht
das Agieren von Swissmedic und die Verabreichung der mRNA-
Injektionen im Konflikt mit Bestimmungen zwingenden Völkerrechts (N 1211 ff.). Art. 7 des UN-Paktes über die Bürgerlichen
und Politischen Rechte (UNO-Pakt II; SR 0.103.2) sieht nämlich
vor, dass niemand ohne seine freiwillige Zustimmung medizinischen oder wissenschaftlichen Versuchen unterworfen werden
darf – auch nicht «im Falle eines öffentlichen Notstandes, der
das Leben der Nation bedroht und der amtlich verkündet*

ist» (Art. 4 Abs. 1 des UN-Paktes). Ohne die erforderliche Aufklärung über sämtliche entscheidungsrelevanten Risiken und Nebenwirkungen – insbesondere über den experimentellen Charakter der mRNA-Substanzen an sich – stellt jede auf den Swissmedic-Zulassungen und auf ihren Falschinformationen basierende Injektion von mRNA-basierten COVID-19-Präparaten einen Akt von «grausamer, unmenschlicher oder erniedrigender Behandlung oder Strafe» im Sinne des UN-Paktes und ebenso im Sinne von Art. 10 Abs. 3 der Bundesverfassung (BV) dar. Eine Rechtfertigung für eine Verletzung dieses völker- und verfassungsrechtlich zwingenden Prinzips – insbesondere zum Nachteil eines Grossteils der Bevölkerung – kann es niemals geben, handelt es sich doch um den eigentlichen Kerngehalt des Menschenrechts auf Leben (N 1214 ff.).

Summa summarum erweisen sich die mRNA-basierten COVID-19-Impfstoffe sowohl in epidemiologisch-medizinischer als auch in ökonomischer Hinsicht für die Schweiz als eigentlicher NONVALEUR – mit inakzeptabel hohem Risiko- und Schadenspotenzial. Besonders verwerflich ist die Tatsache, dass Swissmedic und die beanzeigten Personen ihr Fehlverhalten sogar nach über 3 Jahren bis heute nicht korrigieren wollen, d.h. [i.] dass sie die ursprünglich auf zwei Jahre befristeten – rechtswidrig erteilten – Zulassungen in dauerhafte oder in ordentliche Zulassungen umgewandelt haben, [ii.] dass sie keine der erteilten Zulassungen widerrufen haben, und [iii.] dass sie bis heute die Bevölkerung noch immer nicht über die dadurch geschaffene Gefahr adäquat informiert haben.

Im Kern liegt somit ein Totalversagen des «Sicherheitssystems Swissmedic» vor der obersten für Arzneimittelsicherheit verantwortlichen Behörde, welche sich geradezu verselbstständigt hat und ausserhalb ihres gesetzlichen Auftrags agiert. Der ei-

gentliche Sinn und Zweck des Heilmittelgesetzes – Schutz der Bevölkerung vor unwirksamen und schädlichen Arzneimitteln – wurde von Swissmedic bis heute gänzlich missachtet und geradezu in sein Gegenteil verkehrt. Dabei täuscht diese Spezialbehörde in skrupelloser Weise die gesamte Politik, alle Medien und die Bevölkerung über die real bekannten Risikofaktoren der mRNA-Technologie, obwohl Swissmedic genau weiss, dass ihr die gesamte Schweiz blindes Vertrauen schenkt und die Verlautbarungen von Swissmedic als primäre Entscheidungsgrundlage für jede Nutzen-/Risiko-Abwägung im Zusammenhang mit den sogenannten COVID-19-«Impfungen» kritiklos übernimmt.

Ohne wirksame Interventionen auf allen massgebenden Ebenen – auch durch die parlamentarische Oberaufsicht der Eidgenossenschaft (Art. 169 ff. BV) – wird das Leid in der Schweizer Bevölkerung unnötig vergrössert, welches in zu vielen Einzelschicksalen bereits unermesslich gross ist. Zudem drohen zusätzliche massive ökonomische Schäden für betroffene Personen, für die Wirtschaft, für Krankenkassen und für die öffentlichen Haushalte. Darüber hinaus drohen aber auch dauerhafte und massive Glaubwürdigkeitsschäden für sämtliche hier involvierten Behörden und für die gesamte Eidgenossenschaft.

Schliesslich droht bei erneuter Ausrufung eines Internationalen Gesundheitsnotstandes (WHO: «Public Health Emergency of International Concern», Art. 12 Internationale Gesundheitsvorschriften; Bundesrat: «Besondere Lage», Art. 6 EpG), dass die gefährlichen und mit einer negativen Wirksamkeit belasteten mRNA-Präparate trotz mehr als deutlich erwiesener Untauglichkeit und trotz festgestellter überwiegender Risikoelemente dieser experimentellen Technologie gegen neue Erreger abermals millionenfach eingekauft und verabreicht werden – und zwar erneut ohne Durchführung der hierfür zwingend erforderlichen *randomisierten, kontrollierten und nicht manipulierten Lang-zeitstudien.*

Aus all diesen Gründen sind zum Schutz vor diesen illegalen und risikoreichen mRNA-Injektionen die dringlichen Zwangs-massnahmen (Hausdurchsuchung bei Swissmedic; Sicherstel-lung der mRNA-«Impfstoffe») umgehend vorzunehmen. Zudem ist endlich wirksam sicherzustellen, dass die nach wie vor irre-geführte Bevölkerung über den vorliegenden Problemkomplex vollumfänglich und transparent informiert wird.

Überdies behalten sich die 37 Anzeigeerstatter und die 6 Pri-vatkläger vor, die hier vorliegende aktualisierte Strafanzeige Version 2.0 mitsamt Beilagen zum Schutz der Bevölkerung wie-derum publik zu machen [am 28. März 2024 erfolgt].

3. Mainstream-Medien und Gerichte auf der falschen Spur

a. TX-Group hält am Narrativ der schweren Epidemie fest

Während der Zertifikatspflicht vom September 2021 bis Februar 2022 suchten viele Menschen, welche sich weder impfen noch testen lassen wollten, einen Ausweg. Offenbar gab es wegen der schnellen Umsetzung von neuen betrieblichen Abläufen Lücken in der Kontrolle der Anbieter. Der nachfolgende Bericht im Bund berichtet über mehrere Strafverfahren wegen "Urkundenfälschung". Persönlich hatte ich keinen Kontakt zu solchen Menschen, da ich nie ein Zertifikat benötigte. Lieber suchte ich Menschengruppen auf, die sich dagegen stemmten und daher gar nicht ein solches Zertifikat besorgten.

Quelle: Der Bund (Tochtergesellschaft TX-Group), 26. März 2024

Fälscher vor Gericht
Zwei Jahre ermittelte eine Sonderkommission gegen die wohl fleissigsten Impfschwindler der Schweiz. Nun steht die ehemalige Angestellte eines Testcenters vor Gericht. Sie hatte leichtes Spiel.

Roland Gamp
An einem Sonntagabend, kurz vor 19 Uhr, verschaffen sich die jungen Ostschweizer erstmals Zugriff. Mit einer simplen Hotmail-Adresse melden sie sich im Portal des Bundes für Covid-Zertifikate an. Und erstellen dann stundenlang offizielle Impfbestätigungen - für ungeimpfte Personen.
Der Log-in gehört Ivana Horvat (Name geändert). Eigentlich ist sie gelernte Detailhändlerin.

111

Doch damals, im November 2021, arbeitet sie in einem Covid-Test-center. Sie darf deshalb kritische Gesundheitsdokumente ausstellen. Ohne spezielle Ausbildung oder Aufsicht. Zu einem Zeitpunkt, als sich die heftigste Corona-Welle in der Schweiz auftürmt.

«Auf der Plattform war es ihr grundsätzlich möglich, alle Arten von Covid-19-Zertifikaten zu erstellen: Test-, Impf- und Gene-senenzertifikate.» So steht es in der Anklage der St. Galler Staatsanwaltschaft. Sie beschuldigt Horvat der mehrfachen Ur-kundenfälschung. Die junge Frau und verschiedene Komplizen sollen das Portal des Bundes systematisch ausgenutzt haben. Heute findet das Verfahren am Kreisgericht Rorschach statt.

Die Beschuldigte hat den Sachverhalt eingestanden. Sie war Teil einer gut organisierten Gruppe. «Wir haben damals in ein Wespennest gestochen», sagt Leo-Philippe Menzel von der Staatsanwaltschaft St. Gallen.

«Die Ermittlungen waren extrem zeit- und kostenintensiv.» Zwei Jahre später zeigt sich: Die Drahtzieher haben dank der Pandemie ein Vermögen gemacht.

Zum Tatzeitpunkt befindet sich die Schweiz im Ausnahmezu-stand. In Restaurants, Fitness-center, Museen oder den Zoo darf man nur noch mit einem gültigen Covid-Zertifikat. «Um eine weitere starke Infektionswelle zu verhindern», wie der Bund damals warnt.

449 Zertifikate an einem Abend

Aus dieser Notsituation will die Ostschweizer Gruppe nun Kapi-tal schlagen. Immer wieder treffen sich mehrere Mitglieder in der Wohnung von Horvat und verschaffen sich dank ihren Log-in-Daten Zugriff zum nationalen Portal. Schwierig ist das nicht. Es braucht nur die Hotmail-Adresse und das Passwort, das die junge Frau für ihre Tätigkeit im Testcenter erhalten hat. Dann noch eine SMS-Authentifizierung auf ihr Handy. Und schon las-

sen sich Bescheinigungen für beliebige Personen anfertigen und bequem elektronisch verschicken.

Die Nachfrage ist gross. Beim ersten Treffen am Sonntagabend fabriziert die Gruppe gemäss Staatsanwaltschaft 235 Zertifikate. Am folgenden Montag sind es 308. Am Mittwoch 449. Und so weiter. Knapp 2500 Fälle gehen am Ende auf das Log-in von Horvat zurück. Laut Anklage verdient sie mit ihrem Service 24000 Franken. Die Zugriffe erfolgen fast immer von ihrer Privatwohnung aus, teils am Wochenende oder mitten in der Nacht. Trotzdem fällt der Schwindel lange niemandem auf. Ein Einzelfall ist es nicht. Auch in anderen Kantonen sind damals mutmassliche Fälscher am Werk.

In Zürich führt die Staatsanwaltschaft bis heute ein Verfahren gegen eine Ärztin und Mitarbeitende von deren Praxis. «Der Vorwurf des systematischen unrechtmässigen Ausstellens von Impfzertifikaten steht im Raum», heisst es auf Anfrage. Es gelte die Unschuldsvermutung.

In Schaffhausen wiederum soll ein Angestellter des kantonalen Impfzentrums von Schaffhausen Hunderte Zertifikate gefälscht haben. Und eine Gruppe Junger Berner verkaufte während

Zwei Jahre später zeigt sich: Die Drahtzieher haben dank der Pandemie ein Vermögen gemacht.

der Pandemie Falsifikate für Hunderte Franken pro Stück. «Die Zertifikate wurden am Laufmeter gefälscht», sagte der zuständige Staatsanwalt dem «Bund» im vergangenen Herbst.
«Das System war dermassen anfällig für Missbrauch, es gab keine Schutzmechanismen.»
Verschiedene Kantone kritisierten den Bund deshalb bereits während der Pandemie. Das Zertifikateportal lasse keine geziel-

te Steuerung der Berechtigungen zu, so der Vorwurf. In der Folge wurde das System angepasst.

Heute heisst es dazu beim Bundesamt für Gesundheit: «Es war stets Aufgabe der Kantone, die Ausstellerinnen und Aussteller zu bezeichnen und zu registrieren.

Auch die Aufsicht gehörte in den Aufgabenbereich der Kantone.»

Ähnlich wie im Drogenhandel

Das System sei seit einem guten halben Jahr eingestellt, daher seien detaillierte Analysen nun nicht mehr möglich. Man habe Kenntnis von über 10'000 Impfzertifikaten, die allein zwischen Februar und Juli 2022 im Auftrag der Kantone hätten annulliert werden müssen.

Die meisten Fälschungen gehen vermutlich auf die Ostschweizer Gruppe zurück. Deren Mitglieder flogen im Dezember 2021 auf. «Einzelnen Testcentern fiel der Missbrauch auf und sie haben das gemeldet», sagt Leo Philippe Menzel von der Staatsanwaltschaft. «Sonst hätten sie wohl einfach weitergemacht.»

Stattdessen folgten Festnahmen und mehr als zehn Hausdurchsuchungen. Eine eigene Sonderkommission nahm sich des Falls an. «Danach wurden in aufwendiger Arbeit unzählige Chats ausgewertet, um nachzuvollziehen, wer was bei wem bestellt hat.»

So kristallisiert sich ein System mit verschiedenen Stufen heraus.

«Ähnlich wie im Handel mit Betäubungsmitteln», sagt Menzel. Es gibt Zwischenhändler, die Personalien von Kunden sammeln und weitergeben. Komplizen wie Horvat, die ihr Log-in zur Verfügung stellen. Und jene, die Zertifikate anfertigen und verschicken.

Über 151 Verfahren wurden bisher allein in St. Gallen rechtskräftig abgeschlossen, weitere stehen vor dem Abschluss. Meist handelt es sich um Strafbefehle gegen Kunden, die Zertifikate bestellten. «Einmal für 150 Franken, einmal für 800, das war ganz unterschiedlich.» Zudem ermittelte die Staatsanwaltschaft rund 20 Verdächtige, die den Handel ermöglicht haben sollen. Die Deliktsumme sei heute kaum noch zu eruieren, sagt Menzel. «Aber in einem Fall gehen wir bereits von 490'000 Franken aus.»

Viele Menschen waren bereit, viel Geld zu bezahlen
Insgesamt wurden in St. Gallen über 9000 Zertifikate illegal ausgestellt - bei einem tiefen Betrag von 150 Franken pro Stück wäre man also bei einem Umsatz von 1,4 Millionen Franken. Was verdeutlicht, dass viele Menschen bereit waren, viel Geld für einen falschen Beleg zu bezahlen, anstatt sich gratis impfen zu lassen. Laut dem «St. Galler Tagblatt» verwendeten Abnehmerinnen und Abnehmer das gefälschte Dokument unter anderem dazu, um ins Ausland zu reisen. Oder Besuche im Altersheim zu machen, als die Zertifikatspflicht galt. Beides potenzielle Risiken für die öffentliche Gesundheit.
Ob Ivana Horvat deshalb Reue verspürt? Ihr Anwalt äussert sich auf Anfrage nicht. Die Staatsanwaltschaft fordert eine Geldstrafe von 600 Franken. Zudem droht der Beschuldigten eine zweijährige bedingte Freiheitsstrafe.

Der Journalist kann sich offenbar nicht vorstellen, dass es Menschen gab, die die Fake-Pandemie schon lange durchschaut hatten und sich wegen des steigenden Impfdruckes eine Lösung für den Zugang zu existenzwichtigen Einrichtungen suchten. Zu gewissen Zeiten war auch der Zugang in die Bildungseinrichtungen nur noch mit dem Zertifikat möglich. 150 Franken für eine solches Zertifkat scheint mir jetzt gar nicht viel zu sein, wenn man damit die Testerei, oder noch viel besser das "Impfen" überhaupt umgehen konnte. Die Geldstrafe von 600 Franken ist aus meiner Sicht gering: Noch vor zwei knapp zwei Jahren wurde für die Verbreitung für das Rezept zur Ausstellung eines Genesenzertifkats von der Staatsanwaltsschaft bedingt eine Busse und Gebühren von gut 7000 Franken angedroht (siehe unten).

b. Anleitung zur Erlangung eines Genesen-Zertifikats strafbar

In einem weiteren mir bekannten Gerichtsfall und persönlich besuchten Gerichtsverhandlung in Thun (BE) ging es um eine Aussage in einem Chat, wie man sich ein positives Resultat mit einem Test mittels fremden "Genmaterials" holen kann. Dafür wurde die Autorin eines Posts mit eine Strafe von 3480 Franken (Antrag Staatsanwaltschaft: 5100 Franken) eingedeckt und einer Verbindungsbusse von 960 Franken (Strafbefehl Staatsanwaltschaft: 1700) erstinstanzlich belegt. Zur Strafe kamen noch die Untersuchungs- und Gerichtsgebühren von mehr als 1000 Franken hinzu!

Die Angeklagte ist eine gute Bekannte von mir. Sie verteidigte sich vor dem Gericht selbst. Sie wurde im Vorfeld von mehreren Menschen mit juristischem und psychologischem Sachverstand beraten. Nachfolgend veröffentliche ich die relevanten Dokumente und Aufzeichnungen in drei Teilen: Der Strafbefehl der Staatsanwaltschaft, das Plädoyer (Verteidigungsrede) der Angeklagten vor dem Regionalgericht (erste Instanz) und die mündliche Begründung des Urteils der Gerichtspräsidentin. In der Dokumentation sind die Einvernahmen durch die Polizei und vor dem Gericht nicht enthalten, da die Angeklagte die Aussagen aus taktischen Gründen im Regelfall verweigerte und daher der Inhalt für den interessierten Leser wenig bieten würde.

Auszug aus dem Strafbefehl vom 10.5.2022 der Staatsanwaltschaft Oberland des Kantons Bern, unterzeichnet von R. Hostettler:

xxx [Angeklagte], *geb. yyy* [Geburtsdatum], *von zzz* [Heimat-ort], [Adresse, PLZ Ort]

Anstiftung zur Erschleichung einer falschen Beurkun-dung (Versuch)
in der Zeit zwischen 01.03.2020 und 22.12.2021, in xxx oder anderswo
xxx forderte die Teilnehmenden der WhatsApp-Gruppe "PHBern - Ohne Zertifikat" auf, mit Speichelproben von positiv auf eine Infektion mit SARS-CoV-2 getesteten Personen in einem ent-sprechenden Testzentrum ein positives Testergebnis zu erzielen und sich dann nach Ablauf der behördlich verfügten Isolation ein Covid-Zertifikat als "genesen" ausstellen zu lassen. Dadurch versuchte sie, die Teilnehmenden der vorgenannten WhatsApp-Gruppe zur Erschleichung der falschen Beurkundung einer nicht tatsächlichen, sondern nur vorgetäuschten Infektion mit SARS-CoV-2 anzustiften.

Art. 34 f., 42 ff., 47 StGB; Art. 352 ff., 422 ff.
and 426 Abs. 1 StPO
Art. 253 i.V.m. 24 Abs. 2 StGB

1. *xxx wird wegen Anstiftung zur Erschleichung einer falschen Beurkundung (Versuch) schuldig erklärt.*
2. *xxx wird bestraft mit einer Geldstrafe von 40 Tagessätzen zu je CH 170.00, ausmachend CHF 6'800.00. Der Vollzug der Geldstrafe wird aufgeschoben unter Ansetzung einer Probe-zeit von 2 Jahren.*
3. *xxx wird zudem mit einer Verbindungsbusse von CHF 1'700.00 bestraft, bei schuldhaftem Nichtbezahlen ersatzwei-se mit einer Freiheitsstrafe von 10 Tagen.*
4. *Die Kosten des Verfahrens werden xxx auferlegt.*

5. Demgemäss hat xxx zu bezahlen: CHF 1'700.00 Verbindungsbusse und CHF 500.00 Gebühren, Total 2'200.00

Plädoyer vor dem Regionalgericht am 28. Oktober 2022

Der Vortrag wurde in schweizerdeutsch gehalten: Die Übersetzung ins Schriftdeutsche erfolgte durch den Autor so Nahe wie nur möglich am gesprochenen Wort. Nur der Verständlichkeit halber wurden Worte und Satzteile weggelassen. Erklärende Hinzufügungen des Übersetzers sind mit eckigen Klammern gesetzt. Der Vortrag dauerte 23 Minuten, da der Gerichtsschreiber das Plädoyer direkt protokollierte. Offiziell wurde keine Tonbandaufzeichnung vorgenommen.

Wenn Sie mich hier verurteilen geht es wirklich um Gesundheit, geht es wirklich um das retten von Leben? Wenn Sie mich verurteilen ist die Glaubwürdigkeit von unserem Rechtsstaat für mich endgültig "den Bach runter". **Weil hier geht es nicht mehr um das Leben zu retten und um Menschen zu retten, es geht um Ethik und im besondern um Menschenrechte.** *Es geht hier [vor Gericht] nur um Macht, Einschüchterung, Amtsmissbrauch, Willkür und Sorgfaltspflichtverletzungen.*

Ich bereue es heute ein bisschen, dass ich keinen Anwalt genommen habe, da mir dieser vermutlich an der Formulierung eine qualifizierten Strafanzeige helfen würde, wenn ich in Folge der mangelnden Beweislage verurteilt werde. Eine Strafanzeige gegen Sie, Frau Neuhaus und gegen den Staatsanwalt aufgrund von Amtsmissbrauch, Willkür und Nichtwahrnehmung der Sorgfaltspflicht.

Ich habe im Jahre xxx einen Bachelor in Sozialer Arbeit gemacht. Und wir wurden beinahe gehirngewaschen: **Wie war es im zweiten Weltkrieg möglich, dass Sozialarbeiter die ganze Judenverfolgung unterstützt hätten?** *Ethik stehe* *doch über allem. Auch in der Rechtskunde in Bezug auf die soziale Arbeit hiess es jeweils "Recht und Ethik gehören zusammen".*

Wenn Sie mich hier verurteilen auf dieser Beweislage, und unter diesen verfassungswidrigen Umständen, dann verpassen Sie etwas von Ethik, verletzen Menschenrechte, die über allen Gesetzen stehen in der Schweiz, denn wir haben die Menschenrechtskonvention unterschrieben.

Ich habe an der Fachhochschule für soziale Arbeit in xxx gelernt, dass wir immer zu Gunsten des Menschen entscheiden müssen, wenn wir das Amt in der Sozialarbeit ausführen, selbst dann, wenn wir Regeln brechen. Das war Ethik: Das Wohl des Menschen steht über dem Gesetz. Wenn Sie mich hier für schuldig sprechen, dann machen Sie etwas was dem total widerspricht, was ich dort gelernt habe.

*Ich plädiere für einen Freispruch, weil ich hier im System ein kleines "Würmli" bin. **Wenn Sie meinen, mit diesem Schuldspruch etwas zu erreichen, bei mir, die ich noch nie jemanden Schaden zugefügt habe, bis zum heutigen Tag. Ich bin nicht schuldig, es ist niemand zu Schaden gekommen und ich bin ein Menschenfreund.** Ich bin eine Lehrerin, und ich liebe die Kinder über alles. Und ich will, dass diese in einem Staat aufwachsen, in dem ihr Wohl über allem steht.*

Ich habe eine Mission in meinem Leben, dass ist die Liebe. Was hier passiert, wo Menschen ausgeschlossen werden,** die nicht mehr Singen können. Menschen die nicht mehr in Theatergruppen gehen können, weil diese keine Zertifikat haben, die nicht mehr zu Ihrer Familie gehen können. Ist das noch Liebe? **Macht das die Menschen gesund?

Ich plädiere auf Freispruch, da - wer auch immer diese Nachricht geschrieben hat, ich glaube die Studenten sind genügend intelligent zum Entscheiden eine solche Straftat nicht zu bege-

hen. *Swissmedic ist ja eigentlich diejenige Stelle, die diese Nachricht weiter geleitet hat. Gerade Swissmedic hat mit dieser voreiligen Impfbewilligung, Impfzulassung sehr viel Schaden angerichtet. Durch die Nachricht in der WhatsApp-Gruppe ist kein Schaden entstanden, wo ist da die Verhältnismässigkeit?*

Sie wissen vielleicht, dass bereits Anzeigen laufen, unter anderen an die Swissmedic, wegen diesen Impfempfehlungen und -zulassungen, und Anträge zu den Aufarbeitungen, was da schief gegangen ist. Ich vermute, da Sie meinen Fall so schnell bearbeitet haben, bzw. vor Gericht gebracht worden ist, weil Sie Angst haben, wenn das alles als verfassungswidrig erklärt wird, und das wird es irgendwann: Dann ist dieses Urteil rechtswidrig und nicht gerechtfertigt.

Ich plädiere auf Freispruch, weil ich bis zum Zeitpunkt des Telefons mit der Polizei nicht wusste, dass es eine Straftat sein könnte, wenn man einem Mensch in grösster Not hilft. Die Person die des geschrieben hat, hat unter Umständen Menschen in der grössten Not geholfen, mit dieser Anleitung, ob dies nun umgesetzt würde oder auch nicht. Dies führt zu einer Verringerung des Strafmasses, wenn diese Person nicht gewusst hat, das sie sich schuldig machen würde. Darum ist das Strafmass [aus dem Strafbefehl] unverhältnissmässig hoch.

Ein weiteres Verbrechen, dass man ins Verhältnis setzen muss: **Es gibt Medien und Politiker, die öffentlich aufgerufen haben, Menschen ohne Zertifikate auszuschliessen, sogar aus der gesundheitlichen Versorgung.** *Wenn Sie mich jetzt hier schuldig sprechen, dann müssen wir mit diesem Urteil Menschen anzeigen, welche öffentlich dazu aufgerufen haben, eine Minderheit auszuschliessen, sogar von der gesundheitlichen Versorgung. Ich kann Ihnen dies dokumentieren, welcher Politiker dies war. Tierry Burkhard [Präsident FDP, gegen Ende 2021] hat im Chat gesagt: "Sind die Intenvistationen voll, müssen Ungeimpfte hinten anstehen". Dass ein Politiker eine solche*

Aussage machen kann, und nicht verurteilt wird und man dann auf eine Lehrerin losgeht, welche jeden Tag Kinder begleitet, Eltern begleitet mit viel Herz und ganz viel leistet, dass wir eine Gesellschaft haben in der Frieden und Respekt herrscht: Das ist ein Verhältnisblödsinn, ist unverhältnismässig.

Jetzt habe ich es [den Strafrechtsartikel] *gefunden: Art. 19 "Wer zu seiner Tatzeit nicht fähig ist, zur Tatzeit das Unrecht einer Tat einzusehen, ist nicht strafbar".*

Wenn Sie davon ausgehen, dass ich die Nachricht zu jener Tatzeit geschrieben haben sollte, dann habe ich nicht gewusst, dass es eine Straftat sein sollte wenn ich irgendjemanden in der grössten Not helfen würde. Wo ist da überhaupt die Grenze: Ich habe noch nie von einer solchen Straftat gehört. Wenn ich also jemanden etwa zeige, wie man ein Gewehr bedient, und dieser Mensch geht jemanden erschiessen, bin ich dann schuldig, weil ich ihm zeige, wie man eine Gewehr bedient? Dann müsste man ja sämtliche Militärs und alle, die mit Waffen handeln, hier vor Gericht stellen und bestrafen. Ich kann das hier nicht verstehen und plädiere auf Freispruch.

Ich habe den Eindruck, dass es unverhältnismässig ist und nur zur Einschüchterung dient, mich zu verurteilen. *Da gelangen Sie an die falsche Person: Ich lasse mich hier nicht einschüchtern.*

Was hier passiert ist, dass ich hier jedes Vertrauen in den Rechtsstaat verlieren werde. *Ich bin in einem demokratischen Staat aufgewachsen. Viele unserer Lehrer haben immer gesagt, widersprecht mir und stellt, was ich sage, in Frage.*

Auch die Richter sind befangen. Ich habe übrigens auch keinen Anwalt genommen, da ich mit zwei Anwälten nach der polizeilichen Einvernahme diesen Fall besprochen habe. Zwei Anwälte, die mit diesen verfassungswidrigen Massnahmen [mutmasslich begründet mit Covid-19-Gesetz und Epidemiengesetz] mehrere Prozesse geführt haben. Und alle Prozesse verloren haben, mit der Begründung, so lange die WHO [Welt-Gesundheits-Organisation] sagt, dass wir eine Pandemie haben, gelte das Notrecht. Und die Demokratie ist ausgehebelt, der Bundesrat kann durchregieren und menschenrechtswidrige Massnahmen verlangen.

Ich mache darauf aufmerksam, dass Gerichte, welche sich auf die WHO berufen: **Die WHO ist eine Nichtregierungsorganisation.** *Diese ist nicht vom Volk gewählt. Die WHO ist keine demokratische Institution. Das heisst es können Private mit unterschiedlichen Interessen in die Institution eintreten und somit unsere Regierung korrumpieren. Unsere Richter berufen sich nur noch auf die WHO die bestimmt, wann ist eine Pandemie und was für Massnahmen müssen ergriffen werden müssen. Ich wäre sicher anderes vorgegangen, wenn unsere Regierung nicht unter dem Druck der WHO geständen wäre. Und das ist kein Rechtsstaat mehr.*

Und ich plädiere auf Freispruch als ein Symbol, das wir wieder ein Rechtsstaat sind, in dem die Menschenrechte und die Verfassung zuoberst stehen. **Sie setzen heute ein Zeichen, Frau Neuhaus, indem Sie heute entweder das Strafmass massiv mildern oder mich freisprechen.** *Ein Zeichen für die Menschlichkeit und die Ethik [und] für die Verhältnismässigkeit.*

Urteilsverkündigung mit mündlicher Begründung der Einzelrichterin Neuhaus, gleichentags (28.10.2022)

Gemäss **Strafbefehl,** *der hier überwiesen worden ist, ist der Straftatbestand, dass sich Frau xxx schuldig gemacht haben soll in der Erschleichung einer Falschbeurkundung, als Teilnehmende in einer WhatsApp-Gruppe. Sie [Angeklagte] wies darauf hin, wie man zu einem falschen Genesenen-Zertifikat gelangen könnte. Bestritten ist hier im Wesentlichen, dass die Beschuldigte die Nachricht überhaupt in den Chat gestellt hat. Was haben wir für objektive Grundlagen in den Akten: Wir haben eine E-Mail von Swissmedic und einen ISC-Report, der mit* *der Nummer xxx auf die Beschuldigte lautet. Wir haben im weiteren eine Steuererklärung, in der die Beschuldigte ebenfalls mit dieser Telefonnummer verzeichnet ist. Wir haben eine Screen-Shot in der Chat-Gruppe "PH Bern, kein Zertifikat".*

*Als **subjektive Beweismittel** haben wir hier einzig die Aussagen der Beschuldigten, welche bereits gegenüber der Polizei keine Aussagen machen wollte, was auch ihr gutes Recht ist. Gegenüber dem Staatsanwalt hat die Beschuldigte ebenfalls die Aussagen verweigert. Aus diesen Aussagen kann man entnehmen, dass Sie bestreitet bzw. sie bestreitet es nicht [...unverständlich] Im übrigen ist die Auffassung vertreten worden, dass der Staatsanwalt den Beweis erbringen müsse über die Echtheit dieses Screen-Shots.*

*Ich habe den **Beweisantrag**, der mehrfach aufs gleiche abzielt, in verschiedenen Formulierungen vorbereitet worden, **mehrmals abgewiesen, dass der Staatsanwalt beweisen müsse, dass der Screen-Shot echt sei.** Ich kann einen Beweisantrag abweisen, wenn [...unverständlich] zugetragen hat. Es ist nicht an ihr die Unschuld zu beweisen, es sei der Staat, welche die Schuld nachweisen müsse. Und wenn der Staat die Schuld nicht nachweisen könne, dann hat dies einen Freispruch zur Folge. Ich habe hier keine Anhaltspunkte, dass es sich beim Screen-Shot um eine Urkundenfälschung [handelt]. Das wäre es nämlich, wenn mit Photoshop Bearbeitungen vorgenommen worden wären. Darum habe ich den Beweisantrag im Rahmen meiner Kompetenz abgewiesen.*

Man kann dem Wortlaut aus der WhatsApp-Gruppe entnehmen, ein Rezept wie man zu einem gefälschten Covid-Zertifkat kommen kann. Damit geht hervor, dass dieses Covid-Zertifikat eine Urkunde ist und damit qualifiziert zu einer Tatergebnis gemäss StGB [Strafgesetzbuch].

Im weiteren aus den Aussagen der Beschuldigten gilt die Glaubhaftigkeit zu überprüfen, die Beschuldigte hat die Aussage verwendet, warum habe sie das geschrieben, warum sie die Aussage verweigert hat. Sie hat im weiteren behauptet, das könnte einem Mobbing geschuldet sein, dass jemand sie in die Pfanne hauen wollte, als ein Racheakt. Das ist für mich in diesem Zusammenhang eine absolute Schutzbehauptung, da ihr kein Mensch bekannt wäre, der dies machen würde. Fälschen, und dann als solche Urkunde einzureichen, ist mit einer relativ hohen Strafandrohung belegt, in diesem Falle hätte man sich strafbar gemacht, [da] eine Falschanschuldigung erhoben worden wäre. Darum ist es für mich eine absolute Schutzbehauptung.

Ich sehe hier das **Beweisergebnis** so, dass für mich überhaupt keine Zweifel bestehen, dementsprechned kein "in dubio pro reo" (im Zweifel für den Angeklagten) bestehen. Der Beweisantrag kann in zweiter Instanz nochmals gestellt werden. Dann kann man nochmals einvernommen werden, was ich ebenfalls hätte machen können. Dort wird man unter Zeugenbelehrung aussagen müssen, was ebenfalls mit einer relativ hohen Strafandrohung belegt ist.

Für mich vorliegend habe ich überhaupt keine Zweifel dass die Beschuldigte die Urheberin dieser Chat-Nachricht ist und die Anleitung, wie man zu einem gefälschten Covid-Zertifikat kommt. Ich bin daher zusammenfassend der Auffassung, nach eingehender Würdigung ... [sinngemäss, da undeutlich gesprochen: dass der Sachverhalt nach Strafbefehl erstellt sei].

Ich komme jetzt zur **rechtlichen Würdigung** und möchte einleitend Folgendes sagen: Gerichte sind Teil der Judikative und nicht der Legislative. Richterinnen und Richter sind dem Gesetz verpflichtet und der Rechtssprechung verpflichtet. Wenn die Legislative, dass sind die, die Gesetze erlassen, dann haben sich die Gerichte daran zu halten. Dass kann man gut finden oder schlecht finden, die persönliche Auffassungen sind hier *aber nicht von Belang. Die Richterinnen und Richter sind einzig dem Gesetz verpflichtet.*

Die gesetzlichen Auflagen wegen Covid sind hier nicht relevant, denn Sie sind hier nicht wegen eines Covid-Verstosses angeklagt worden sondern wegen der versuchten Anstiftung zur Erschleichung eines gefälschten Zertifikats. *Wir haben hier also Art. 253 StGB wegen der Erschleichung einer falschen Beurkundung, unter Strafe gestellt. Art. 253 Abs 1 StB wegen der Erschleichung einer falschen Beurkundung.*

[Zitat aus Strafgesetzbuch ersetzt die mündliche Formulierung der Richterin: "Wer durch Täuschung bewirkt, dass ein Beamter oder eine Person öffentlichen Glaubens eine rechtlich erhebliche Tatsache unrichtig beurkundet, namentlich eine falsche Unterschrift oder eine unrichtige Abschrift beglaubigt,

wer eine so erschlichene Urkunde gebraucht, um einen andern über die darin beurkundete Tatsache zu täuschen,

wird mit Freiheitsstrafe bis zu fünf Jahren oder Geldstrafe bestraft".]

Wie ich schon sagte erfüllt die Zertifikatspflicht ohne weiteres die Voraussetzungen an eine solche Tatsache, demgemäss ist der Straftatbestand 253 StGB ohne weiteres erfüllt wenn man sich ein gefälschtes Zertifikat erschleicht.

Zu den Hintergründen, ob die Zertifikatspflicht gut ist oder nicht gut ist, will und muss ich mich nicht äussern, weil das hier nicht gefragt ist.

*Dann haben wir im weiteren die **Anstiftung**. Da hat die Beschuldigte den Artikel verlesen der wie folgt lautet: Wenn jemand vorsätzlich die Unterscheidung in Verbrechen und Vergehen bestimmt, und hier kann man es tatsächlich darstellen jemanden zu bestimmen. Da hat die Rechtsprechung gewisse Präzisierungen getroffen: Es reichen psychische bzw. jede intellektuelle, unmittelbare Einflussnahme bzw. [eine] Handlung die* *dazu geeignet ist, einen strafbare Handlung hervorzurufen kommt in Frage, namentliche eine lose Frage, eine lose Bitte, eine Anregung, oder eine konkrete Aufforderung.*

*Als **Anstiftungsmittel** kommt also jedes motivierende Tun in Frage, es muss also nicht zwingend etwas Konkretes bestimmen, um diese Straftat zu begehen. Von der Anstiftung zur Urkundenfälschung ist Einflussnahme und nicht bloss ein Hinweis an sich verlangt. **Eine solche Anweisung, wie sie hier erfolgt ist, gilt ohne weiteres als Anstiftung.** Im weiteren ist zu beachten, dass die WhatsApp-Gruppe, mit "PH Bern, ohne Zertifikat" benannnt ist, das heisst, dass wahrscheinlich Mitglieder darin sind, die dazu geneigt sind, und damit eher den Anleitungen Folge leisten und dementsprechend eine Anstiftung absolut erfüllt ist mit diesem Aufruf bzw. mit dem Effekt um eine Zertifikat zu erlangen.*

*Aus **subjektiver Sicht ist Vorsatz nötig.** Davon haben wir schon gehört, dass es bereits reicht, nach StGB, dass das Vorgehen nicht zulässig ist. **Die Angeschuldigte beschreibt dann selber, dass dies kein Betrug sondern das Umgehen eines totalitären Systems ist.** Daher weiss die Beschuldigte genau, dass dies verboten ist und daher ist der Vorsatz klar ersichtlich mit dem Einfügen der Anweisung, welche dementsprechend nicht zulässig ist.*

Wegen der [...unverständlich] möchte ich nicht nicht äussern.

Daher muss es zu einem Schuldspruch kommen, wegen des Versuchs zur Anstiftung oder Erschleichung zu einer Falschbeurkundung.

*Ich komme zur **Strafzumessung.** Nach dem Strafbefehl sind es 50 Strafeinheiten. Es ist alleine schwer verständlich, wie man sich dies vorstellen kann: 40 Strafeinheiten Geldstrafe und eine Verbindungsbusse [10 Strafeinheiten]. Eine Verbindungsbusse ist latent, weil die Geldstrafe nur unmittelbar zum Tragen kommt. Die Geldstrafe kommt erst dann zum Tragen, wenn* *man sich innerhalb der Probezeit von 2 Jahren wieder strafbar macht. Selbstsprechend sind die Strafen zu kommulieren, so dass der der Strafbefehl auf 50 Strafeinheiten kommt.*

Bei der Strafzumessung kommen verschiedene Grundsätze zum Tragen: Der Straftatbestand, die objektive und subjektive Tatschwere, insbesondere auch die Willensbildung unter Berücksichtigung der Beweggründe der Beschuldigten und ich bin der Auffassung, dass, nachdem was ich heute gehört habe, Beweggründe hatte, eine gewisse seelische Not, eine gewisse Empathie gegenüber den Leuten, die betroffen sind oder angehören, sodass das Strafmass tatsächlich zu hoch ist, welches der Staatsanwalt verlangt und ich zu einem anderem Strafmasses gelangt bin.

Die versuchte Anstiftung nach 253 StB ist mit einer Freiheitsstrafe von bis zu 5 Jahren Gefängnis bedroht oder einer Geldstrafe von bis zu 180 Tagessätzen.

Wie ich schon gesagt habe, ist objektive und die subjektive Tatschwere, die Verletzung, die Gefährdung im untersten Bereich angesiedelt, da wir nicht Wissen, ob jemand die Anweisung befolgt hat und es damit Konsequenzen gehabt hätte sich jemand angesteckt hätte oder allenfalls nicht.

Wie ich schon gesagt habe, konnte ich den Beweggründen folgen, die geschildert worden sind und daher ist das Strafmass im untersten Bereich angesiedelt.

Ich komme hier also zu einer Gesamtstrafe von 40 Strafeinheiten, welche ich wegen der seelischen Not auf 30 reduziere. *Von den Täterkomponenten habe ich keine Gründe nach oben abzuweichen, da die Beschuldigte anständig war und noch nie in einem Strafverfahren verwickelt war.*

*Von den 30 Strafeinheiten werden wiederum **20% ausgeschieden zur Verbindungsbusse, so dass unmittelbar nur die Verbindungsbusse zu bezahlen ist**, da ich nicht davon ausgehe, dass sich die Beschuldigte in den nächsten zwei Jah-*

ren mit einer Straftat wieder schuldig macht. Ich denke, es ist für sie eine Erfahrung gewesen, sie wird es dabei belassen.

Wer mit einer Beschwerde an das Obergericht gelangen will, so kann man eine schriftliche Begründung verlangen, dass können Sie selbstverständlich auch machen. Ich will Sie daran erinnern, dass Richter nicht da sind zum Politisieren. Ich will mich in aller Form davon distanzieren. Wir sind hier am Gesetz anwenden. Das ist meine Aufgabe und nichts anderes habe ich hier gemacht.

Und wie ich schon gesagt habe, dass ich die Beweggründe beachtet und bei der Strafzumessung berücksichtigt und die Strafe daher tiefer angesetzt habe als die Staatsanwalt dies gemacht hat.

Ich komme hier zum folgenden Urteil: xxx wird für schuldig erklärt, die Anstiftung zur Erschleichung einer Falschbeurkundung im Versuch begangen zu einem unbekannten Zeitpunkt ab dem 22. Dezember 2020, in xxx oder anderswo, verurteilt zu einer Geldstrafe von 24 Tagesansätzen à 160 Franken, Total 3480 Franken, mit einer Probezeit von 2 Jahren. Im weiteren wird eine Verbindungsbusse von 960 Franken festgelegt. Die Gerichtsgebühren reduzieren sich um 600 Franken, falls keine schriftliche Begründung verlangt wird.

Die Richterin benötige für die obige Begründung 15 Minuten und beantwortete anschliessend 10 Minuten Fragen der Bestraften zur Strafbemessung, zum Strafvollzug, dem Strafregistereintrag (Löschung der Strafe nach 2 Jahren nach Eintrag im Strafregister) und zur Möglichkeit der Revision des Urteils. Die Verhandlung dauerte mit Urteilseröffnung um 11:00 Uhr knapp einen halben Tag.

Wie bereits bei früheren Verurteilungen irritierte mich am meisten, dass es nicht relevant sei, welche Massnahmen nach dem Covid-Gesetz oder dem Epidemiengesetz gegolten habe. Es gehe hier einzig und allein um die Anstiftung zur Erschleichung eines gefälschten Zertifikats.

Ich fand es stark im Plädoyer, wie die Angeklagte den Vergleich mit dem Hersteller von Waffen und dessen Schuld bzw. Unschuld an Kriegen herstellte. Was verursachte in den letzten Jahren am meisten Leid? Gestorben mit einem positiven Covid-19-Testresultat im Spital? Isoliert im Altersheim dahinvegetieren? "Einzelhaft" von Kindern infolge Kontaktbeschränkungen wegen eines positiven Covid-19-Testresultats?

c. Hetzjagd gegen integre Klinikleitung in Braunwald

Quelle: *https://www.linthzeitung.ch/glarus/lascher-umgang-mit-corona-die-suedostschweiz-hat-korrekt-ueber-die-braunwalder-chefaerztin-berichtet*

Die «Südostschweiz» hat korrekt über die Braunwalder Chefärztin berichtet

Der Presserat hat eine Beschwerde gegen die «Glarner Nachrichten» abgewiesen. Die Berichterstattung über ein Coronastrafverfahren gegen die Leiterin der Rehaklinik Braunwald war korrekt.
Daniel Fischli
15.01.24 - 04:30 Uhr Glarus
Ein Bericht in den «Glarner Nachrichten» von Ende Februar über einen Strafprozess[27] vor dem Kantonsgericht hat zu einer Beschwerde beim Schweizer Presserat geführt. Vor Gericht stand damals als Beschuldigte die ehemalige Chefärztin der Rehaklinik Braunwald. Ihr wurde vorgeworfen, im Jahr 2021 die Massnahmen gegen Corona in der Klinik nicht korrekt umgesetzt zu haben.

---

[27] https://www.suedostschweiz.ch/politik/rehaklinik-braunwald-chefaerztin-steht-wegen-laschen-umgangs-mit-corona-vor-gericht

Keine Schutzmasken: Im Jahr 2021 hat man sich in der Reha-klinik in Braunwald offenbar um die Coronavorschriften foutiert. Bild Fridolin Rast

Der Beschwerdeführer vor dem Presserat, der nicht Teil der Be-richterstattung war, rügte, die Chefärztin sei durch den Artikel identifizierbar gewesen. Dies widerspreche dem im Journalis-tenkodex geforderten Schutz der Privatsphäre. Im Kodex heisst es: «Bei der Gerichtsberichterstattung wägen Journalistinnen und Journalisten Namensnennung und identifizierende Bericht-erstattung besonders sorgfältig ab.» In der Regel werden in der Gerichtsberichterstattung die beteiligten Personen unkenntlich gemacht. Nur in Ausnahmefällen wird von diesem Grundsatz abgewichen.

Zwar wurden im Artikel in den «Glarner Nachrichten» nur die Funktion und der Arbeitsort, nicht aber der Name der Chefärz-tin genannt. Aber die Angaben im Text würden die Identifizie-rung leicht machen, so der Beschwerdeführer. Die Leser wür-den geradezu gereizt, herauszufinden, um wen es sich handle.

Es besteht ein öffentliches Interesse

Der Presserat hat die Beschwerde kürzlich abgewiesen,[28] der Journalistenkodex sei nicht verletzt worden. Eine identifizierende Berichterstattung sei unter Umständen zulässig, «so wenn die Betroffenen eine gesellschaftlich leitende Funktion einnehmen und in diesem Zusammenhang über sie berichtet wird». Dies sei hier der Fall: «Eine Chefärztin und Klinikdirektorin hat eine gesellschaftlich leitende Funktion inne», so der Presserat. Auch bestehe ein öffentliches Interesse an der Berichterstattung über die Coronaschutzmassnahmen in einer Klinik. «Es muss in einem Text, in dem es um die Verantwortung einer Chefärztin geht, möglich sein, deren Funktion zu nennen», so der Presserat.

Der Beschwerdeführer hatte ebenfalls gerügt, im Bericht sei die Unschuldsvermutung verletzt worden und es sei negativ kommentierend über die Chefärztin geschrieben worden. Der Text in den «Glarner Nachrichten» sei eine Vorverurteilung. Auch in diesen Punkten weist der Presserat die Beschwerde ab, im Text würden Fakten ausgebreitet, er sei nicht kommentierend geschrieben.

Eine Busse von 1000 Franken

Die Chefärztin stand vor bald einem Jahr vor Gericht, weil sie in der Rehaklinik in Braunwald die Coronaschutzmassnahmen nur mangelhaft umgesetzt haben soll. Die Glarner Staatsanwaltschaft hatte deswegen per Strafbefehl eine Busse von 1000 Franken ausgesprochen. Die Ärztin zog den Fall an das Kantonsgericht, welches die Busse kürzlich bestätigte. Inzwischen ist der Fall beim Obergericht hängig, weil die Ärztin das Urteil des Kantonsgerichts nicht akzeptiert hat.

Laut der Staatsanwaltschaft hat es die Chefärztin unterlassen, die Maskenpflicht für das Personal und die Patienten und Pati-

---

[28] https://presserat.ch/complaints/43_2023/

*entinnen durchzusetzen. Ausserdem seien keine Zugangsbe-
schränkungen für Besucher verfügt worden, und im Gastrobe-
reich und an der Rezeption sei die Abstandsregel nicht eingehalten worden.*

*Die Verteidigung der Chefärztin forderte vor Gericht einen Frei-
spruch. Sie brachte vor, die Ärztin habe nicht gewusst, dass sie
für die Umsetzung der Coronaschutzmassnahmen zuständig
gewesen sei. Sie habe weder vorsätzlich noch fahrlässig gehandelt. Das Gericht kommt allerdings zum Schluss, es sei Sache
der Chefärztin gewesen, die Rahmenbedingungen für die Umsetzung der Massnahmen zu schaffen und allenfalls andere Personen mit der Aufgabe zu betrauen. Die Chefärztin sei das einzige Kadermitglied gewesen, das jeden Tag in Braunwald anwe-
send gewesen sei, «weshalb sie sich ihrer Verantwortung bewusst war oder dies zumindest hätte sein müssen», so das Gericht. Sie habe durch ihr Verhalten eine Vielzahl von Personen
einer gesundheitlichen Gefahr ausgesetzt.*

Ein neuer Job

*Kurz nach dem Prozess vor dem Kantonsgericht erklärte die
Betreiberin der Rehaklinik Braunwald, die Firma Zurzach Care
in Bad Zurzach, die Chefärztin verlasse das Unternehmen auf
eigenen Wunsch[29]. Die Frau arbeitet inzwischen als Chefärztin
Psychiatrie in einer anderen Schweizer Privatklinik.*

Das ist der Presserat

*Der Schweizer Presserat dient dem Publikum und den Medien-
schaffenden als Beschwerdeinstanz. Er wacht über die Einhaltung des für alle Journalisten gültigen Journalistenkodexes, der
«Erklärung der Pflichten und Rechte der Journalistinnen und
Journalisten». Der Presserat nimmt auf Beschwerde hin oder*

---

[29] https://www.suedostschweiz.ch/wirtschaft/rehaklinik-braunwald-die-leiterin-der-rehakli-
nik-verlaesst-braunwald

von sich aus Stellung zur journalistischen Berufsethik. Beschweren kann sich jedermann, das Verfahren ist kostenlos. Die Träger des Presserates sind die Journalistengewerkschaften, der Verlegerverband, die Konferenz der Chefredaktoren und die SRG.www.presserat.ch

Daniel Fischli arbeitet als Redaktor bei den «Glarner Nachrichten». Er hat Philosophie und deutsche Sprache und Literatur studiert.

Kommentare
Nicole Küderli... 23.01.2024 - 12:47 Uhr

Sehr geehrter Herr Fischli
Die Klinik war und ist ja nicht im Besitz der dazumaligen Chefärztin. Soviel ich weiss, ist diese im Besitz von ZurzachCare.
Bei einer Anmeldung als Patient hat man nur Kontakt mit ZurzachCare welche auch gleich am Telefon die Bettendispo und alles andere durchführt. Auch alle Schriftlichen Unterlagen kommen von ZurzachCare.
Also wem gehört den diese Klinik ? Und wäre Verantwortlich gewesen für die ganze Umsetzung der Corona Massnahmen und deren Überprüfung vor Ort? Ich könnte mir vorstellen, dass in so einem grossen Unternehmen bestimmt jemand speziell dafür zugewiesen wurde. Also warum hat man das nicht vor dem Corona Ausbruch geprüft ? Wenn man schon der Meinung ist, dass damit „sehr lasch" umgegangen wird ?
Aber nein, es ist einfacher eine einzelne Person an den Pranger zu stellen.
Und in diesem Fall wie Sie darüber berichten, zweifeln Sie mit Ihren Aussagen die ganze Person der dazumaligen Chefärztin an. Da kann man nicht einfach sagen : „ ich zweifle ja nicht an der Ärztliche Kompetenz an oder ich habe dies nie mit einem

Wort erwähnt...„

Es ist die ein und dieselbe Person über die Sie mit Freuden berichten wenn Sie verurteilt wurde oder eine Busse bezahlen muss. Und die ist für mich eine Hetzjagd und ein Angriff auf die Persönlichkeit der dazumaligen Chefärztin.

Antworten

Nicole Küderli... 22.01.2024 - 14:55 Uhr

Sehr geehrter Herr Fischli

Ich sehe einen sehr engagierten Reporter, der über das anscheinend „lasche" Verhalten einer Chefärztin, berichtet. Das ist Ihre Arbeit und sie versuchen diese möglichst gut zu machen.

Jedoch wollte ich Sie fragen, ob Sie sich jemals Gedanken gemacht haben, was Sie damit alles kaputt machen könnten?

Die ehemalige Chefärztin ist eine der besten Ärzte, die ich kenne. Sie übt Ihren Beruf mit viel Kompetenz und grossem Wissen auf diversen Fachgebieten aus. Der grosse Unterschied bei Ihr ist jedoch, dass Sie Menschen mit psychischen Problemen als Menschen sieht und nicht als irre Kranke. Waren Sie selber schon mal in einer Psychiatrie? Wissen Sie, dass es da Menschen gibt, die nicht mehr wissen wie man weiterleben kann? Die Phobien entwickelt haben? Die Hilfe brauchen sowie auch, dass man an Ihnen glaubt? Dass es auch viele Psychiatrien gibt, die solche Menschen einfach mit Medikamenten vollpumpen und dann ist's erledigt? Immer wieder höre ich solche Vorkommnisse von Menschen, die in Psychiatrien waren... Wo bleibt da die Menschlichkeit, wo die Unterstützung, die man bräuchte?

Ich weiss, dass diese Chefärztin schon vielen Menschen geholfen hat, wieder Vertrauen in das eigene Leben zu haben und nicht, es beenden zu wollen, wie einige das tun...

Bitte denken Sie daran, was Sie mit all Ihren Berichten auslö-

sen könnten...

Diese „ehemalige Chefärztin" wie Sie immer berichten, ist eine Ärztin von der viele noch etwas lernen könnten. Und Sie wird gebraucht, immer noch, und von vielen Menschen, die mit sich und dem Leben nicht mehr klar kommen.

Ich denke nicht, dass es mich auf dieser Welt noch geben würde, hätte ich nicht die Möglichkeit gehabt diese tolle Ärztin kennenzulernen. Ich bitte Sie, darüber mal nachzudenken und mit dieser „Hetzjagd" aufzuhören...

Nicole K.

d. SRF kann Long-Covid und Post-Vac nicht wirklich unterscheiden

In der nachfolgenden Dokumentation werden Fragen von Zuschauern beantwortet. Diese beziehen sich auf die Reportage "Schicksalsschlag Long Covid" (siehe unten). Die Reporterin Katrin Winzenried (KW) des staatlichen Schweizer Fernsehens spricht mit Sandra Bachmann (SB), der Lebenspartnerin des erkrankten Marc.

Quelle: *https://www.srf.ch/play/tv/reporter/video/qa-zur-reportage-schicksalsschlag-long-covid? urn=urn:srf:video:7d7b7788-e619-4878-926a-bcd815bc9a97*

[2024, 12 Minuten]

Q&A zur Reportage «Schicksalsschlag Long Covid»

Liebe Community, vielen Dank für die zahlreichen Kommentare zur Reportage «Schicksalsschlag Long Covid – Von Stillstand und Sehnsucht». Im Q&A geht Reporterin Kathrin Winzenried auf eure Rückmeldungen ein.

Im Glaskäfig leben oder unter Sand begraben sein: So beschreiben Long Covid-Kranke ihr Dasein. Manche sprechen von Suizid. Mehr Unterstützung, das ist ihr Wunsch. «Wir lassen niemanden hängen», war das Versprechen des Bundesrats während der Pandemie. Ausgerechnet die Menschen, die das Virus mit aller Härte getroffen hat, fühlen sich nun aber im Stich gelassen: Menschen, die bis heute an der postviralen Krankheit Long Covid leiden, die in schweren Fällen in die neuroimmunologische Krankheit ME/CFS mündet. «Reporter» trifft Betroffene vier Jahre nach Ausbruch der Pandemie. 04.04.2024, 12 Min [Abruf vom 6.5.2024]

Transription der obigen Sendung von Minute 1:11 bis Minute 5:05 (Übersetzung aus dem Schweizerdeutschen):

KW: "...ich habe die Impfthematik extra nicht in die Doku reingenommen, da es nicht der relevanteste Teil ist, wenn wir von Long-Covid sprechen [...] Selbstverständlich gibt es bei der Covid-Impfung das sogenannte Post-Vac Syndrom, wie es bei anderen Impfungen auch stattfinden kann. Gemäss den Zahlen ist es nicht ausschlaggebend für die Krankheit Long-Covid."

*Erste Frage von User st8869: "Ich finde die Frage, ob man geimpft ist sehr wichtig. Das müsste in KH die gängigste Frage sein. Ist es aber nicht. **In meinem Umfeld, sind leider nur geimpfte Personen von merkwürdigen Krankheiten betroffen.** Zudem interessiert mich der Unterschied von Postvac und Longcovid?"*

KW: Ehrlich gesagt kann ich dir das auch nicht explizit erklären, da ich keine Medizinerin bin. Gemäss Zahlen, wie bereits erwähnt habe, ist es vernachlässigbar. Im Verhältnis zu den effektiven Fällen, die aufgrund der Infektion Long-Covid bekamen, ist die Anzahl, welche durch die Impfung ausgelöst worden sind, vernachlässigbar. Sandra (SB), was sagst du zu der Thematik Impfen und Long-Covid?

SB: Ich denke alles, was ich bisher gelesen habe zu diesem Thema, kann Post-Vac und Long-Covid sehr ähnliche Symptome haben. Meine Meinung ist, solange man aktuell in der Schweiz die Symptome der Betroffenen nicht einmal behandelt, ist für mich die Diskussion eine Haarspalterei, wenn jemand nach der Impfung solche Symptome hat, dann sollte man diesen genau so ernst nehmen, und dann sollte er genau so Hilfe bekommen.

KW: Vielleicht gleich weiter zu diesen Frage, es betrifft dich ganz konkret.

Ulrikethein296: **"Frage ist, ob diese Patienten zuvor geimpft wurden."**

KW: Ich werde euch jetzt nicht sagen, welche Personen geimpft sind und welche nicht. Es gehr hier schlussendlich auch um Persönlichkeitsrecht und -schutz. Aber Sandra, was möchtest du hierzu sagen bezüglich Marc?

SB: **Ja, Marc ist geimpft und geboostert. Bei ihm war aber der Ausbruch der Krankheit die Covid-Erkrankung im Mai 2022, woraufhin er die Symptome entwickelt hat.**

KW: Was ich von den Betroffenen, mit denen ich geredet hatte, hörte, war, dass es eben sowohl als auch gibt. Es gibt viele, die sagen, die Impfung hätte keinen Einfluss gehabt und andere die erzählen, dass die Impfung tatsächlich zu einer Verschlechterung geführt hat und dann gibt es die, die sagen, sich nach der Impfung zwischenzeitlich in einem Hoch befunden zu haben. Es ist so alles vorhanden. Es gab auch Fälle, wo Long-Covid ausgebrochen ist, bevor es Impfungen gab.

Grundsätzlich ist es aber etwas, das eine persönliche Angelegenheit ist und wo jeder selber entscheiden muss, ob er das öffentlich machen möchte oder nicht. Die Schwere der Krankheit ist schlimm und das anerkennen wir in jedem Fall.

User <arnbabs6405>: **Ich würde gerne wissen, wenn 68.79 Prozent der Schweizer mindestens einmal geimpft sind, wie die Ärzte zwischen Long Covid und Post vac unterscheiden können? Welche art von Test werden angewendet? Welche wissenschaftliche Studien gibt es dazu?**

KW: Alle Studien zu Post-Vac findet ihr in der Videobeschreibung, und ehrlich gesagt, kann ich auch nicht mehr dazu sagen. Sandra hast du noch etwas beizufügen?
SB: Ich wüsste jetzt auch nicht, ob das untersucht wird. Ich denke, das ist ein Thema, das nicht von den Patienten angeregt werden müsste.
KW: Was euch neben dem Impfen bewegt hat [...]

Nachfolgend die Sendung, auf die sich das obige "Q&A" bezieht:

Quelle: *https://www.srf.ch/play/tv/reporter/video/schicksals-schlag-long-covid---von-stillstand-und-sehnsucht? urn=urn:srf:video:dbf164f9-d10e-48c2-bfca-87129fce15dd*

(2024, 33 Minuten-Doku aus der Doku-Reihe "Reporter"[30])

Schicksalsschlag Long Covid – Von Stillstand und Sehnsucht
Im Glaskäfig leben oder unter Sand begraben sein: So beschreiben Long Covid-Kranke ihr Dasein. Manche sprechen von Suizid. Mehr Unterstützung, das ist ihr Wunsch.

---

[30] https://www.srf.ch/play/tv/sendungen?filter=reporter&index=r&onlyActiveShows=true

«Wir lassen niemanden hängen», war das Versprechen des Bundesrats während der Pandemie.

Ausgerechnet die Menschen, die das Virus mit aller Härte getroffen hat, fühlen sich nun aber im Stich gelassen: Menschen, die bis heute an der postviralen Krankheit Long Covid leiden, die in schweren Fällen in die neuroimmunologische Krankheit ME/CFS mündet. SRF «Reporter» trifft Betroffene vier Jahre nach Ausbruch der Pandemie.

Eine Bestandesaufnahme.
13.03.2024, 33 Min [Abruf vom 6.5.2024]

d. ZDFheute Nachrichten berichtete zu Post-Vac

Auch ein Mainstream-Medien hat - ausnahmsweise - einmal neutral über die Impfschäden in knapper Form berichtet.

Quelle: *https://www.youtube.com/watch?v=V758qKFRCdE*

Fatigue-Syndrom, Durchblutungsstörungen: Wie Menschen unter Impfnebenwirkungen leiden
1.014.584 Aufrufe, 04.12.2022 [15 Minuten, Abruf vom 6.5.2024], #nebenwirkungen #impfung #corona

Nicht erkrankt, dafür geimpft und die Symptome von Long Covid: *Es gibt diese Schicksale, die den Betroffenen zum Beispiel durch das chronische Erschöpfungssyndrom das Leben zur Hölle machen. Und: Viele Betroffene fühlen sich mit ihren Beschwerden nicht ernst genommen.*
In Marburg gibt es eine der wenigen Spezialambulanzen und eine eigene Forschungsabteilung. Das Team um Professor Bernhard Schieffer, geht der Frage nach, warum manche Personen nach der Corona-Impfung schnell Symptome entwickeln

und wie die Betroffenen zu behandeln sind. Große internationale Studien fehlen bislang.

Hier auf ZDFheute Nachrichten erfahrt ihr, was auf der Welt passiert und was uns alle etwas angeht: Wir sorgen für Durchblick in der Nachrichtenwelt, erklären die Hintergründe und gehen auf gesellschaftliche Debatten ein. Diskutiert in Livestreams mit uns und bildet euch eure eigene Meinung mit den Fakten, die wir euch präsentieren.

Abonniert unseren Kanal, um nichts mehr zu verpassen. Immer auf dem aktuellen Stand seid ihr auf https://www.zdf.-de/nachrichten

e. Was berichtete SRF bislang über Impfschäden?

Alle gefundenen Beiträge (relevante, insgesamt 4) mit dem Suchbegriff "Impfschäden" auf dem Portal des Schweizer Fernsehens *www.srf.ch*. Die Suche fand am 6. Mai 2024 statt.

Corona-Impfung: Wer haftet bei gesundheitlichen Schäden

Quelle: *https://www.srf.ch/play/tv/10-vor-10/video/corona-impfung-wer-haftet-bei-gesundheitlichen-schaeden? urn=urn:srf:video:7ca6f228-0624-4429-a762-3c04052ec903*

Die Herstellung von Corona-Impfstoffen läuft auf Hochtouren. Wer haftet, wenn der Impfstoff trotz gründlicher Studien plötzlich Impfschäden oder langfristige gesundheitliche Probleme verursacht? Aus rechtlichen Gründen könnte der Staat zur Kasse gebeten werden.

10.12.2020, 4 Min [Abruf vom 6.5.2024]

Impffolge oder nicht? Die mühsame Suche nach Gewissheit

Quelle: *https://www.srf.ch/play/tv/puls-in-gebaerdensprache/ video/nebenwirkung-oder-nicht-covid-geimpfte-im-ungewissen? urn=urn:srf:video:2bc377b3-4379-4b8f-857c-f96d7cf76179*

Wer überzeugt ist, an unerwünschten Folgen einer Impfung zu leiden, fühlt sich von der Medizin oft alleingelassen. Eindeutige Bestätigungen sind selten, Unterstützung die Ausnahme. «Puls» begleitet zwei Familien auf der Suche nach Anerkennung für ihre Leiden.

Beispiel Nesselfieber: Vom Verdacht zur anerkannten Nebenwirkung
Nesselfieber nach dem Covid-Booster? Zu Beginn stiessen viele Betroffene mit dieser Annahme auf Unglauben. Heute ist Urtikaria eine anerkannte Nebenwirkung. «Puls» zeigt, welche Rolle das Meldesystem bei dieser Entwicklung spielte und was getan wird, um den Wissensstand aktuell zu halten.

Kampagne in der Kritik: Wurden Nebenwirkungen heruntergespielt?
Infektiologin Anita Niederer schrieb massgeblich an den Schweizer Impfempfehlungen mit und war auch in den BAG-Videos zur Impfkampagne zu sehen. Grundtenor: «Die Impfung ist sicher.» Wurde die Impfung zu positiv dargestellt, um die Kampagne nicht zu gefährden? «Puls» fragt nach.

«Puls»-Chat – «Impfnebenwirkungen?»
Was tun, wenn ein Verdacht auf Impfnebenwirkungen besteht? Gibt es Schadenersatz bei Impfschäden? Wie sicher ist die Covid-19-Impfung aus heutiger Sicht? Die Fachrunde weiss am Montag von 21.00 bis 23.00 Uhr Rat – live im Chat. Fragen können im Vorfeld schon eingereicht werden.
10.04.2022, 33 Min [Abruf vom 6.5.2024]

Schweiz hat bisher keine Corona-Impfschäden anerkannt

Quelle: *https://www.srf.ch/play/tv/tagesschau/video/schweiz-hat-bisher-keine-corona-impfschaeden-anerkannt? urn=urn:srf:video:45fd676a-58ef-4cee-b6c4-fc9e7cb833f4*

Rund 260 Personen in der Schweiz erlitten im Nachgang zur Covid-19-Impfung so schwere gesundheitliche Beeinträchtigungen, dass sie ein Gesuch auf Entschädigung gestellt haben. Doch keines dieser Gesuche wurde bislang genehmigt. 26.06.2023, 3 Min [Abruf vom 6.5.2024]

Quelle: *https://www.srf.ch/play/tv/nano/video/krank-durch-impfung?urn=urn:srf:video:b4aa4db0-be4e-4c46-9db7-b5af2a8183b5*

Krank durch Impfung?

Impfschäden sind extrem selten, Ihre Anerkennung schwierig. Jetzt werden erstmals Gerichte über eingebrachte Schadenersatzklagen entscheiden. Was wird als Impfschaden anerkannt und was nicht?

Impfschäden – wie nachweisen?

Gleich zwei Gerichte beschäftigen sich ab heute mit Schadenersatzklagen gegen die Hersteller Biontech und Astrazeneca. Die beiden Zivilprozesse gehören zu den ersten gegen Corona-Impfstoffhersteller in Deutschland. Impfkomplikationen oder dauerhafte Impfschäden sind selten, aber es gibt sie. Für die Betroffenen ist es oft schwer, eine eindeutige Diagnose eines Impfschadens zu bekommen. Dies wäre aber wichtig, um Entschädigung oder Schmerzensgeld einzuklagen oder Versorgungsansprüche bei der Gesundheitsbehörde anzumelden.

Mit Gesprächsgast:
David Beck, Wissenschaftsjournalist und Biologe, SWR
04.07.2023, 28 Min [Abruf vom 6.5.2024]

f. Skandalöses Verhalten von Richterin am Arbeitsgericht in Zürich

Quelle: *https://t.me/milankrizanek/47* (8. Mai 2024, 30 min)

Teil 1: "Weil er geschwurbelt hat, ist es so weit gekommen..!" - Kündigung, Lügen & die Impf-Frage
Die Geschichte einer fragwürdigen Kündigung im Zusammenhang mit Corona.

Quelle: *https://t.me/milankrizanek/46* (8. Mai 2024, 33 min)

Teil 2: "Weil er geschwurbelt hat, ist es so weit gekommen..!" - Tonaufnahmen einer geheimen Gerichtsberatung
Die heimlichen Tonaufnahmen einer geheimen und fragwürdigen Gerichtsberatung des Bezirksgerichtes Zürich.
Die Tonaufnahmen belegen, wie die Richterin und ihre Kolleginnen über massnahmenkritische und ungeimpfte Menschen denken und lachen.

Aus obiger Veröffentlichung (via X) ist der folgende Artikel in der Weltwoche entstanden:

Quelle: *https://weltwoche.ch/daily/zuercher-richterin-vorsaetzlich-recht-biegt-einen-klaeger-und-seinen-anwalt-verhoehnt-derweil-sich-ihr/*

«XXX XXX XXX, XXX XXX XXX»: ***Wie eine Zürcher Richterin vorsätzlich das Recht beugt, einen Kläger und seinen Anwalt verhöhnt – derweil sich ihre Crew köstlich amüsiert***

Alex Baur, 09.05.2024 [Abruf vom 12.5.2024]

Was sich Milan Krizanek leistete, ist illegal. Als die Parteien beim Zürcher Arbeitsgericht den Saal während der Urteilsberatung verlassen mussten, liess er ein Aufzeichnungsgerät zurück. So bekam er später mit, was er eigentlich nicht wissen dürfte: die wahren Motive und Überlegungen hinter dem Juristengeschwurbel von Richterin SXXX NXXX (Grüne Partei) und deren beiden Assistentinnen.

Was dabei zum Vorschein kam, mag das Vertrauen in unsere Justiz nachhaltig erschüttern. Thema: missbräuchliche Kündigung bei der Firma Linkgroup. Richterin NXXX lässt sich nicht nur unflätig (sekundiert vom Gelächter und Gekicher ihrer Assistentinnen) über den Kläger Krizanek und dessen Anwalt aus. Sie räumt auch ein, dass es sich bei der mangelhaften Leistung offenkundig um einen durch nichts belegten Vorwand handelt, der das wahre Motiv verdeckt: Der Mann verweigerte die Corona-Impfung. In der weiteren Verhandlung (der Fall wurde mit einem Vergleich abgeschlossen) unterstellt die Richterin trotzdem eine mangelhafte Leistung.

Im O-Ton klingt das dann etwa so: «XXX XXX XXX, XXX XXX XXX.» (kicher, kicher) Aber: «XXX XXX XXX.» Doch Richterin NXXX findet das Gesetz eh falsch: «XXX XXX, XXX XXX XXX.» Und sowieso: «XXX XXX XXX, XXX XXX XXX» (schmunzel, schmunzel). Denn: «XXX XXX XXX.» (quiekendes Gelächter).

Tatsächlich weisen zahlreiche Indizien darauf hin, dass der wahre Grund nach fünf Jahren klagloser Arbeit Krizaneks kritische Haltung gegenüber dem Corona-Regime war (was – zumindest inoffiziell – auch Richterin NXXX anerkennt). Doch von Schwurbeln kann keine Rede sein. Das wurde auch nie offiziell geltend gemacht. Krizanek hielt sich am Arbeitsplatz zum Thema Corona stets bedeckt.

Es war nicht einmal Krizanek selber, der den Prozess angestossen hatte. Es war die Arbeitslosenkasse, die ihm das Taggeld wegen «selbstverschuldeter Kündigung» kürzen wollte. Erst jetzt machte der ehemalige Arbeitgeber Linkgroup – eine PR-Bude übrigens – eine mangelhafte Leistung geltend. Linkgroup bog die Wahrheit so unverfroren zurecht wie Richterin NXXX. Aufgrund der heimlichen Aufzeichnungen, die Krizanek schon in früheren Verhandlungen angfertigt hatte, könnte man es auch schlicht und ergreifend als Lügen bezeichnen.

Nachdem Stricker-TV den Skandal am Mittwoch publik machte, liess das Bezirksgericht Zürich Krizaneks verräterische Tonaufzeichnungen auf den sozialen Kanälen sperren. Mit Erfolg. Ausser bei Elon Musks X (vormals Twitter). Dort waren Richterin NXXX und Krizaneks ehemalige Vorgesetzte zumindest am Donnerstagmorgen noch im O-Ton zu hören. Für alle, die sich selber ein Bild machen wollen:

HIER WAR EINAML EIN LINK*

Ja, die Aufzeichnungen waren illegal, und nein, das sollte man nicht tun. Doch auf welches Recht wollen sich die Richter schon berufen, wenn sie sich selber darüber hinwegsetzen?

*Nachdem uns das Bezirksgericht Zürich mit Hinweis auf das Strafgesetzbuch die Löschung des Artikels verlangt hat, haben wir den Artikel anonymisiert und alle Zitate unkenntlich gemacht.

Anschliessend greift ein Artikel im Tages-Anzeiger das Thema auf:

Quelle: *https://www.tagesanzeiger.ch/abhoer-affaere-an-gericht-impfgegner-veroeffentlicht-heimlich-aufgenommenes-gespraech-einer-richterin-323032364377*

Abhöraffäre an Gericht

Impfgegner veröffentlicht heimlich aufgenommenes Gespräch einer Richterin

Eine illegale Aufnahme sorgt unter Massnahmenkritikern für Furore. Es soll den unfairen Umgang der Schweizer Justiz mit Abweichlern aufzeigen. Das Gericht erstattete Anzeige.

Rico Bandle
Publiziert: 11.05.2024, 23:30 [Abruf vom 12.5.2024]
Die Schweizer Massnahmenkritiker haben einen neuen Helden: Milan Krizanek, ein Webentwickler, der laut eigenen Angaben entlassen wurde, weil er sich nicht gegen Corona impfen lassen [...weiterer Text hinter der Bezahlschranke]

20 Minuten (Teil der TX-Group) schreibt mutmasslich obigen Artikel des Tages Anzeigers für das breite Volk um:

Quelle: *https://www.20min.ch/story/zuerich-impfgegner-abgemahnt-wegen-illegaler-aufnahmen-aus-dem-gericht-103103593*

ZÜRICH, 12. Mai 2024, 11:46 [Abruf vom 12.5.2024]
Impfgegner abgemahnt – wegen illegaler Aufnahmen aus dem Gericht
Ein Massnahmenkritiker veröffentlichte illegale Aufnahmen von Gesprächen im Gerichtssaal. Er will damit belegen, dass ihm aufgrund seiner Ansichten gekündigt wurde.

von Justin Arber
Ein Massnahmenkritiker zog vors Gericht, nachdem ihm vom Arbeitgeber gekündigt wurde – aufgrund seiner Ansichten, meint der Arbeitnehmer.

Darum gehts
- *Milan Krizanek wurde von seinem Arbeitgeber entlassen, er zog vor Gericht, da er als Kündigungsgrund seine Einstellung gegenüber Corona sah.*
- *Vor Gericht nahm er heimlich ein Gespräch der Richterin auf, sie sagte, es gebe keine Beweise für die Behauptungen des Arbeitgebers, er sei aufgrund mangelnder Leistung gekündigt worden.*

- *Die Aufnahmen landeten im Internet, das Bezirksgericht hat deshalb mehrere Impfgegner abgemahnt.*

Webentwickler Milan Krizanek wurde entlassen. Seinen Angaben zufolge aufgrund der Tatsache, dass er sich nicht gegen Corona impfen lassen wollte. Der Arbeitnehmer klagte wegen missbräuchlicher Kündigung und forderte eine Entschädigung in der Höhe von vier Monatslöhnen. Das Kündigungsgespräch sowie die anschliessende Verhandlung vor dem Arbeitsgericht hat er verdeckt aufgenommen und Auszüge davon im Internet veröffentlicht.

Ihm sei bewusst gewesen, dass die Veröffentlichung der Aufnahmen strafrechtliche Konsequenzen nach sich zögen. «Ich hatte aber das Bedürfnis, offenzulegen, wie die Justiz mit Impfkritikern umgeht», sagt er.

Der Inhalt der Aufnahmen

Der «Tages-Anzeiger» schreibt, dass der Inhalt der Aufnahmen umstritten sei. «Man weiss nicht, ob eine Aussage aus dem Zusammenhang gerissen oder etwas Wichtiges weggelassen wurde.» Entstanden seien sie in einer Verhandlungspause [Urteilsberatung], als die Richterin mit der Gerichtsschreiberin und der Auditorin den Fall besprach – ohne Anwesenheit der anderen Verfahrensbeteiligten.

Aus den Tonaufnahmen soll deutlich hervorgehen, dass die Richterin keine Beweise sah, dass der entlassene Arbeitnehmer mangelhafte Leistungen an den Tag legte. Sie wollte sich deshalb auf den Standpunkt stellen, dass das «Geschwurbel» die Leistungen Krizaneks negativ beeinflusst hätten.

Das sagt der Arbeitgeber

Der Arbeitgeber stellte sich auf den Standpunkt, dass mangelhafte Leistung der Kündigungsgrund gewesen sei und nicht die Haltung des Mitarbeitenden zu den Corona-Massnahmen.

Das sagt das Gericht

Jede Person, die die illegal entstandenen Aufnahmen weiterverbreitet hat, wurde vom Bezirksgericht Zürich abgemahnt. Gegen Milan Krizanek als Urheber wurde zudem Strafanzeige eingereicht.

Das Gericht sagt weiter, die Aufnahmen seien «nach dem Gutdünken» des Beschuldigten zusammengesetzt worden. «Dem gesamten Vorwurf fehlt damit jegliche Grundlage.» Personalrechtliche Konsequenzen hat die Richterin demnach nicht zu befürchten.

Das Urteil

Die vom Beschuldigten geforderten vier Monatslöhne als Entschädigung erhielt er nicht. Stattdessen handelte das Gericht einen Vergleich aus, im Zuge dessen er 1500 Franken zugesprochen bekam. Sein ehemaliger Arbeitgeber musste zudem das schlecht formulierte Arbeitszeugnis überarbeiten.

Krizanek meint, er bereue die Aktion nicht. «Etwa ein Drittel der Schweizer Bevölkerung hat sich nicht gegen Corona geimpft – wir sind eine Minderheit, aber eine ziemlich grosse Minderheit.»

Dass die Bezirksrichterin (S. Nabholz, Zürich) von den Medien so geschützt wird ist ein Skandal. Wer die beiden Videos von genau analysiert kann erkennen, wie systemisches Versagen unter Corona am Schluss zur Rechtsbeugung führt. Das wir uns als rechtschaffende Menschen mit illegalen Methoden (heimliche Tonbandaufnahmen) um der Wahrheit willen schützen müssen, spricht Bände.

Anstelle den Skandal aufzuarbeiten und damit wieder Vertrauen in unsere Gerichte aufzubauen werden die Opfer weiter durch die Staatsanwaltschaft zusätzlich verfolgt. Gestützt wird die Justiz durch die Medien: Laut der Berichterstattung von 20 Minuten droht allen Menschen eine Strafe, die Hinweise auf die Original-Nachricht von Milan Krizanek weiter verbreiten. Die Devise lautet wohl: Man bestrafe einen und erziehe ein ganzes Volk. Ein Grund mehr, diesen exemplarischen Vorfall als letztes Mosaiksteinchen in dieses Buch aufzunehmen und es vor dem Vergessen zu bewahren!

Quelle: *https://t.me/milankrizanek/71* (publiziert und abgerufen am 16.5.2024)

Das öffentliche Interesse

- *#CausaNabholz* *https://www.tagesanzeiger.ch/abhoer-af-faere-an-gericht-impfgegner-veroeffentlicht-heimlich-aufge-nommenes-gespraech-einer-richterin-323032364377*
  Das öffentliche Interesse
- *Sonntagszeitung* *https://www.tagesanzeiger.ch/abhoer-af-faere-an-gericht-impfgegner-veroeffentlicht-heimlich-aufge-nommenes-gespraech-einer-richterin-323032364377*
  Impfgegner veröffentlicht heimlich aufgenommenes Gespräch einer Richterin
- *MSN* *https://www.msn.com/de-ch/nachrichten/other/gericht-verbietet-weltwoche-artikel-%C3%BCber-richterin/ar-BB1mpkYw*
  Gericht verbietet «Weltwoche»-Artikel über Richterin
- *20 Minuten* *https://www.20min.ch/story/zuerich-impfgegner-abgemahnt-wegen-illegaler-aufnahmen-aus-dem-gericht-103103593*

Impfgegner abgemahnt – wegen illegaler Aufnahmen aus dem Gericht

- *Watson https://www.watson.ch/schweiz/justiz/444531612-zuercher-gericht-stoppt-weltwoche-artikel-mit-illegaler-aufnahme*
  Zürcher Gericht stoppt «Weltwoche»-Artikel mit illegaler Aufnahme
- *TopOnline https://www.toponline.ch/news/zuerich/detail/news/zuercher-gericht-stoppt-weltwoche-artikel-mit-illegaler-aufnahme-00239172/*
  Zürcher Gericht stoppt «Weltwoche»-Artikel mit illegaler Aufnahme
- *Inside Paradeplatz https://insideparadeplatz.ch/2024/05/15/goldkuesten-justiz-richterinnen-stoppen-weltwoche/*
  Goldküsten-Justiz? Richterin stoppt Weltwoche
- *persoenlich.com https://www.persoenlich.com/medien/gericht-stoppt-artikel-mit-illegaler-aufnahme*
  Gericht stoppt Artikel mit illegaler Aufnahme
- *Weltwoche https://weltwoche.ch/daily/das-bezirksgericht-meilen-hat-vorsorglich-die-loeschung-eines-online-artikels-der-weltwoche-ueber-den-abhoerskandal-um-richterin-simone-nabholz-verfuegt-die-chronologie-einer-zensur/*
  Bezirksgericht Meilen hat vorsorgliche Löschung verfügt

g. Die WOZ will öffentliche Gerichtsberatung

Auf allen Kanälen[31]
Viele heikle Stellen
Nr. 21 – 23. Mai 2024
Am Anfang stand ein Impfgegner, der seinen Job verlor. Was danach passiert ist, wirft kein gutes Licht auf die Zürcher Justiz.
Von Renato Beck [Journalist WOZ]

---

[31] https://www.woz.ch/2421/auf-allen-kanaelen/viele-heikle-stellen/!JF610ENZBZGG

Die Coronapandemie hat eine Figur neu definiert, die bis dahin für politische Unterdrückung und den Widerstand dagegen stand: den Dissidenten. Verschwunden ist dieser bis heute nicht, auch wenn es längst keine Massnahmen zur Eindämmung des Virus mehr gibt. Es tauchen sogar neue Dissidenten auf, zum Beispiel der Webentwickler **Milan Krizanek, der vor gut zwei Wochen auf Telegram und auf der Plattform X mehrere Videos veröffentlichte.** Darin erzählt er von einem Gerichtsfall, in den er involviert war.

Krizanek sitzt auf den Aufnahmen in einem kahlen Raum vor einer schütteren Zimmerpflanze und schildert, wie er seine Stelle bei einer PR-Agentur verloren und danach wegen missbräuchlicher Kündigung geklagt hat. Sein Vorwurf: Er sei nicht wie vorgegeben wegen schlechter Leistung entlassen worden, sondern weil er sich nicht habe impfen lassen. Vor dem Zürcher Bezirksgericht einigten sich Krizanek und sein früherer Arbeitgeber auf eine **Entschädigung von 1500 Franken** und ein positiveres Arbeitszeugnis. Damit könnte die Geschichte erledigt sein – aber hier fängt sie erst richtig an.

Richterliche Drohgebärde

Denn Krizanek hat während einer Verhandlungspause heimlich Gespräche zwischen der Richterin und der Gerichtsschreiberin aufgenommen. In seinen Videos spielt er Ausschnitte davon ab. Tenor: Die Richterin spottet über Krizanek und seine Ansichten. Was er da gehört habe, lasse ihm das Blut in den Adern gefrieren, kommentiert «Weltwoche»-Autor Alex Baur, der auf der Dissidentenpose eine ganze Karriere aufgebaut hat, die Aussagen der Richterin. Baur hat Krizaneks Geschichte aus den Kanälen der Coronaszene geholt und bewirtschaftet sie seither. Sein Artikel wurde nach der Veröffentlichung auf Antrag der Richterin vom Bezirksgericht Meilen per superprovisorischer Massnahme gestoppt. Zuvor hatte schon die Pressestelle des Zür-

cher Obergerichts – das in den Fall gar nicht involviert ist – interveniert und die Löschung des Artikels verlangt. Ein übermotivierter Eingriff der Behörde. Aber nur eine heikle Stelle in der ganzen Angelegenheit.

*Nicht zu bestreiten ist, dass sich Krizanek mit Aufnahme und Veröffentlichung der richterlichen Unterhaltung strafbar gemacht hat. Das Strafgesetz ist dazu eindeutig. Er kann auch schwerlich behaupten, durch die Aufnahme ein Komplott oder eine Straftat aufgedeckt zu haben und damit Whistleblower zu sein. **Zwar wirkt die Richterin in den – selektiv ausgewählten – Gesprächsmitschnitten tatsächlich voreingenommen,** aber letztlich hat sie **eine Entschädigung zu seinen Gunsten vorgeschlagen, also ein Fehlverhalten des Arbeitgebers identifiziert** – und Krizanek hat dem Vorschlag zugestimmt.*

*Anders zu bewerten ist der Durchgriff der Justiz auf die Medien, in diesem Fall auf die «Weltwoche». Problematisch ist, dass Baur die Richterin, wie er selber angibt, erst nach Publikation seines Artikels um eine Stellungnahme bat. **Noch problematischer ist allerdings die superprovisorische Massnahme. Verhängt werden darf diese nur bei einem drohenden «besonders schweren Nachteil» für die Betroffene durch die Veröffentlichung.***

Doch da hatte die Geschichte längst die Runde gemacht. Als das Bezirksgericht die «Weltwoche» zur Löschung zwang, hatte etwa Baurs alter Kollege Rico Bandle bei der «SonntagsZeitung» ausführlich über den Fall berichtet. So bleibt der Eindruck einer Strafaktion gegen die «Weltwoche» – und einer richterlichen Drohgebärde gegen andere Medien.

Mehr Transparenz

Bleibt die Frage, ob die Beratungen des Gerichts nicht generell ans Licht der Öffentlichkeit gehören. Die Antwort: unbedingt.

Wer Urteile fällt (oder Vergleiche vorschlägt), soll seine Argumente transparent und nachvollziehbar machen müssen. So handhabt es übrigens das Bundesgericht, das wichtige Urteilsberatungen sogar filmisch festhält. Das dient auch dem Schutz derjenigen, über die gerichtet wird.

*Erinnert sei an die «Nazifrei»-Prozesse, wo das Basler Strafgericht verdeckt eine einheitliche Straflinie festgelegt hatte. Nachdem die WOZ die **illegalen Absprachen publik gemacht hatte, ordnete das Bundesgericht die Aufhebung zahlreicher Urteile an.** Die «Weltwoche» und all die anderen rechten Justizkritiker:innen interessierte dieser veritable Gerichtsskandal übrigens nicht.*

4. Massnahmenkritischer "Extremismus"

a. Der Bund will mehr Überwachungskompetenzen

In der Szene der Massnahmenkritiker werden die Absichten der "Bundesüberwacher" mit Argusaugen beobachtet. Viele befürchten eine Rundumüberwachung der Bürgerrechtsorganisationen.

Bereits das in Kraft getretene Bundesgesetz über polizeiliche Massnahmen zur Bekämpfung von Terrorismus (PMT) kann eine Person mehrere Monate hinter Gitter bringen, ohne Beschwerdemöglichkeiten an ein Gericht. Am 13. Juni 2021 stimmten 56.6% der beteiligten Stimmberechtigten zu. Zur gleichen Zeit fand auch das erste Referendumsabstimmung zum Covid-19-Gesetz statt.

Quelle: *https://www.bluewin.ch/de/news/wirtschaft-boerse/ nachrichtendienst-soll-potenziell-gewalttaetige-extremisten-ab-hoeren-1225459.html*

Gewaltbereite Rechts- und Linksextreme werden in der Schweiz laut dem Nachrichtendienst des Bundes (NDB) immer aktiver. Nun soll der NDB schärfere Instrumente bekommen. Der Bundesrat hat die Vernehmlassung für eine Revision des Nachrichtendienstgesetzes eröffnet.

19.5.2022 - 10:48

Vor drei Jahren hatte der NDB-Lagebericht festgehalten, dass die Entwicklung beim gewalttätigen Extremismus äusserst bedenklich sei. Verteidigungsministerin Viola Amherd zog damals in Betracht, potenziell gewalttätige Extremisten abhören zu lassen. Ursprünglich war eine Vernehmlassungsvorlage für Sommer 2020 geplant.

Nun handelt der Bundesrat zwei Jahre später. Er plant schärfere Instrumente für die Bekämpfung von gewalttätigem Extremismus. Es geht um zusätzliche Massnahmen zur Früherken-

nung und Verhinderung, wie es in einer Mitteilung vom Donnerstag heisst.
Konkret sollen die genehmigungspflichtigen Massnahmen neu auch zur Aufklärung von schweren Bedrohungen angewendet werden können, die von gewalttätig-extremistischen Aktivitäten ausgehen. Davon betroffen sein können gemäss dem Vernehmlassungsentwurf «Organisationen und Personen, welche die demokratischen und rechtsstaatlichen Grundlagen ablehnen und zum Erreichen ihrer Ziele Gewalttaten befürworten, fördern oder verüben».

Folge des Fichenskandals

Mit den Anpassungen reagiere der Bundesrat auf die seit der Inkraftsetzung des Nachrichtendienstgesetzes gemachten Erfahrungen sowie auf die Entwicklung der Bedrohungslage der vergangenen Jahre, schreibt der Bundesrat. Laut früheren Angaben des Bundesrats ist beim gewalttätigen Linksextremismus eine Verschärfung erkennbar. Beim Rechtsextremismus besteht mittelfristig eine erhöhte Wahrscheinlichkeit für einen Anschlag durch einen entsprechend inspirierten Einzeltäter.
Das Abhören von Telefongesprächen und das Eindringen in Computer ist dem Nachrichtendienst erst seit September 2017 erlaubt. Diese genehmigungspflichtigen Massnahmen darf er heute aber nicht im Bereich des gewalttätigen Extremismus anwenden.

Dass die Möglichkeiten des Nachrichtendienstes bei Extremismus heute eingeschränkt sind, ist eine Folge des Fichenskandals, der Ende der 1980er-Jahre die Schweiz erschütterte. Damals wurde bekannt, dass der Nachrichtendienst Hunderttausende aufgrund ihrer politischen Gesinnung überwachte.

Finanzflüsse analysieren

Eine weitere Neuerung betrifft die Abklärungen über finanzielle Transaktionen, zum Beispiel bei der Finanzierung von Terrorismus oder Spionagenetzwerken. Der NDB hat heute keine Möglichkeit, Informationen von Finanzintermediären über die Finanzierung von sicherheitsrelevanten Personen oder Gruppierungen zu erhalten.

Die Gesetzesrevision sieht dies neu vor: Bei schweren Bedrohungen der Sicherheit der Schweiz kann der NDB künftig auch Finanzflüsse aufklären, indem er bei Finanzintermediären Auskünfte zu Transaktionen anfordern kann. Infrage kommt dies gemäss Mitteilung beispielsweise bei kommerziellen Unternehmen, ideellen Organisationen oder religiösen Einrichtungen, über die begründete Anhaltspunkte vorliegen, dass sie an der Finanzierung von terroristischen, nachrichtendienstlichen oder gewalttätig-extremistischen Umtrieben beteiligt sind.

Neue Regeln für Datenbearbeitung

In die geplante Revision des Nachrichtendienstgesetzes flossen auch Forderungen der Aufsichtsbehörden zu den NDB-Datensammlungen ein. Unter anderem die Aufsichtsbehörde über den Nachrichtendienst des Bundes (AB-ND) ortete in ihrem zweiten Tätigkeitsbericht im März 2020 Verbesserungspotenzial in der Datenbearbeitung. Heute würden gelegentlich zu viele Daten zu lange aufbewahrt oder Berichte unsorgfältig verfasst. Der NDB müsse transparent erklären können, welche Informationen zu Personen weshalb in seinen Datenbanken gesammelt und verwendet würden. Das sei heute zu wenig der Fall.

Das will der Bundesrat ändern. Die Vernehmlassungsvorlage sei beim Datenschutz erheblich fortschrittlicher, heisst es im erläuternden Bericht. «Sie ist gegenüber der jetzigen Regelung technologieneutral, prozessorientiert und deutlich weniger komplex.»

Das Risiko, dass der NDB über nach Gesetz nicht relevante Personen Daten bearbeitet, werde durch die Einführung einer detaillierten Eingangsprüfung entschärft. Dabei würden sämtliche Inhalte anonymisiert, welche entweder keinen Aufgabenbezug aufweisen oder unter die Datenbearbeitungsschranke fallen.

Der NDB hat zudem neu die Pflicht, die kantonalen Vollzugsbehörden zu informieren, wenn diese ihm Berichte zukommen lassen, die Daten aufweisen, die gegen die Datenbearbeitungsschranke verstossen. Diese Daten sind sowohl beim NDB als auch bei den kantonalen Vollzugsbehörden zu vernichten oder zu anonymisieren.

Aufsicht neu geregelt

Weiterer Schwerpunkt der Revision des Nachrichtendienstgesetzes ist die Übertragung der Aufgaben der Unabhängigen Kontrollinstanz für die Funk- und Kabelaufklärung (UKI) an die AB-ND. Die Übertragung der Aufgaben führt laut dem Bundesrat zu einer umfassenderen Einbettung der Kontrolle der Funk- und Kabelaufklärung in die Aufsichtstätigkeiten.

Die Vernehmlassung dauert bis am 9. September 2022. Über die Gesetzesänderungen wird später das Parlament und je nachdem das Volk zu befinden haben.

gg, sda

b. Neue Gefahrenkategorie beim Nachrichtendienst des Bundes Jahresbericht 2022

Im Sommer 2022 erschrak ich, als ich unter dem Kapitel "gewalttätiger Extremismus" einen neue Begriff entdeckte, neben den bekannten, dem Links- und Rechtsextremimus: Coronaextremismus.

Quelle: Nachrichtendienst des Bundes (2022): Sicherheit Schweiz 2022, Lagebericht des Nachrichtendienst des Bundes[32], Seite 48

Ereignisse und Gewaltpotenzial

2021 hat der NDB 202 Ereignisse im Bereich gewalttätiger Links und 38 im Bereich gewalttätiger Rechtsextremismus beobachtet. Seit Juni 2021 bearbeitet der NDB den gewalttätigen Coronaextremismus und stellte seitdem 35 Ereignisse fest. Während beim Rechtsextremismus die Anzahl sich gegenüber 2020 erhöht hat, blieb sie beim Linksextremismus auf hohem Niveau stabil. Die Anzahl Gewalttaten belief sich beim Linksextremismus auf 81, beim Rechtsextremismus stieg die Anzahl mit Gewalt verbundener Ereignisse auf 3 und beim Coronaextremismus waren es 19.

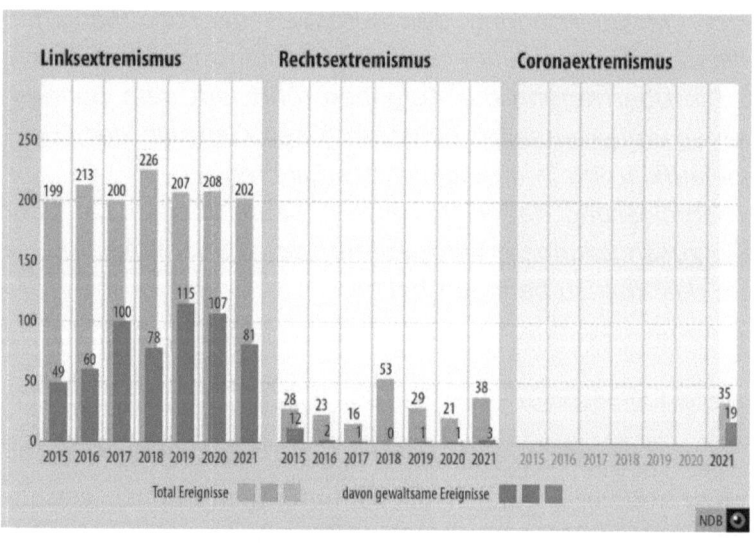

Alle drei Szenen haben ein markantes Bedrohungspotenzial. Die links und die corona extremistische Szene setzen zudem regelmässig Gewalt ein. [...]

---

[32] https://www.newsd.admin.ch/newsd/message/attachments/72368.pdf

Monothematischer Extremismus

Die Bedrohung durch den gewalttätigen monothematischen Extremismus hat im Jahr 2021 zugenommen, insbesondere durch den gewalttätigen Coronaextremismus. Gewalttätige Coronaextremistinnen und -extremisten halten sämtliche behördlichen Massnahmen zur Bekämpfung der Covid 19 Pandemie für unrechtmässig und bekämpfen diese weiterhin, obwohl sie mittlerweile in der Schweiz mit der Rückkehr in die normale Lage gemäss Epidemiengesetz aufgehoben wurden. Innerhalb der Szene gibt es unterschiedliche Gründe für diese Ablehnung: Während einige Personen die Existenz des Virus gänzlich in Frage stellen, gehen andere davon aus, dass die Pandemie geplant wurde. Andere sind lediglich der Ansicht, dass die Massnahmen schädlicher sind als die Pandemie an sich und deshalb gestoppt werden müssen. Innerhalb der Szene kursiert zudem eine Vielzahl unterschiedlicher Verschwörungstheorien, die ins jeweilige Narrativ eingebunden werden. Einig ist sich die Szene darin, dass der Bundesrat zu viel Macht und sich die Schweiz zu einer Diktatur entwickelt hat, die zerstört werden muss. Die gewalttätigen Coronaextremistinnen und -extremisten sehen sich als Widerstandskämpfer gegen diese Diktatur und glauben oft, dass Gewalt die einzige Möglichkeit sei, wieder in die Normalität zurückzukehren. Sie können weder dem gewalttätigen Links- noch dem gewalttätigen Rechtsextremismus zugeordnet werden.

Das einzig erfreuliche am Bericht war, dass Massnahmenkritiker nicht mit dem Kampfbegriff "rechts" diffamiert worden sind. Die Einschätzung, dass hier viele Glauben, nur mit Gewalt lasse sich die Diktatur entfernen, die erschreckte mich allerdings wieder. Vereinzelt habe ich solche Stimmen an Kundgebungen gehört. Diese gibt es jedoch überall. So gibt es mit Sicherheit Menschen, welche andere für Ihr Unglück verantworten und in letzter Konsequenz Morddrohungen an die "Unterdrücker" senden.

c. Nachrichtendienst gibt 2023 Entwarnung...

Quelle: Nachrichtendienst des Bundes (2023): *Sicherheit Schweiz 2023, Lagebericht des Nachrichtendienst des Bundes*[33], Seite 48

MONOTHEMATISCHER EXTREMISMUS

Unter der Bezeichnung „gewalttätiger monothematischer Extremismus" werden derzeit die Aktivitäten der Corona- und der Tierrechtsextremisten behandelt.

Bisher wurde eine Korrelation zwischen den Pandemiemassnahmen und den Aktivitäten der gewalttätigen Coronaextremistinnen und Coronaextremisten in der Schweiz festgestellt. Es ist äusserst wahrscheinlich, dass dieser Zusammenhang bestehen bleibt, solange die Wiedereinführung der Pandemiemassnahmen für diese Szene eine realistische Perspektive bleibt. Mit der Erleichterung und schliesslich Aufhebung der Massnahmen zur Bekämpfung der Covid-19-Pandemie im Februar 2022 gingen aber die Aktivitäten der gewalttätigen coronaextremistischen Szene stark zurück. Ein harter Kern bleibt vornehmlich online aktiv und hat seine Aufmerksamkeit einer breiteren Themenpalette zugewandt – so dem Krieg gegen die Ukraine, der Ukraine Recovery Conference, der Weltgesundheitsorganisation und dem World Economic Forum. Bisher finden sich keine Hinweise, dass die Szene im Rahmen eines internationalen Netzwerks aktiv ist.

Nur wenige mit Gewalt verbundene Ereignisse sind derzeit im Bereich Tierrechtextremismus zu verzeichnen. Nachdem die Szene 2018 zwischenzeitlich für ein Hoch an Aktivitäten und gewaltsamen Aktionen sorgte, greift sie derzeit kaum mehr auf Gewalt zurück.

---

[33] https://www.newsd.admin.ch/newsd/message/attachments/72368.pdf

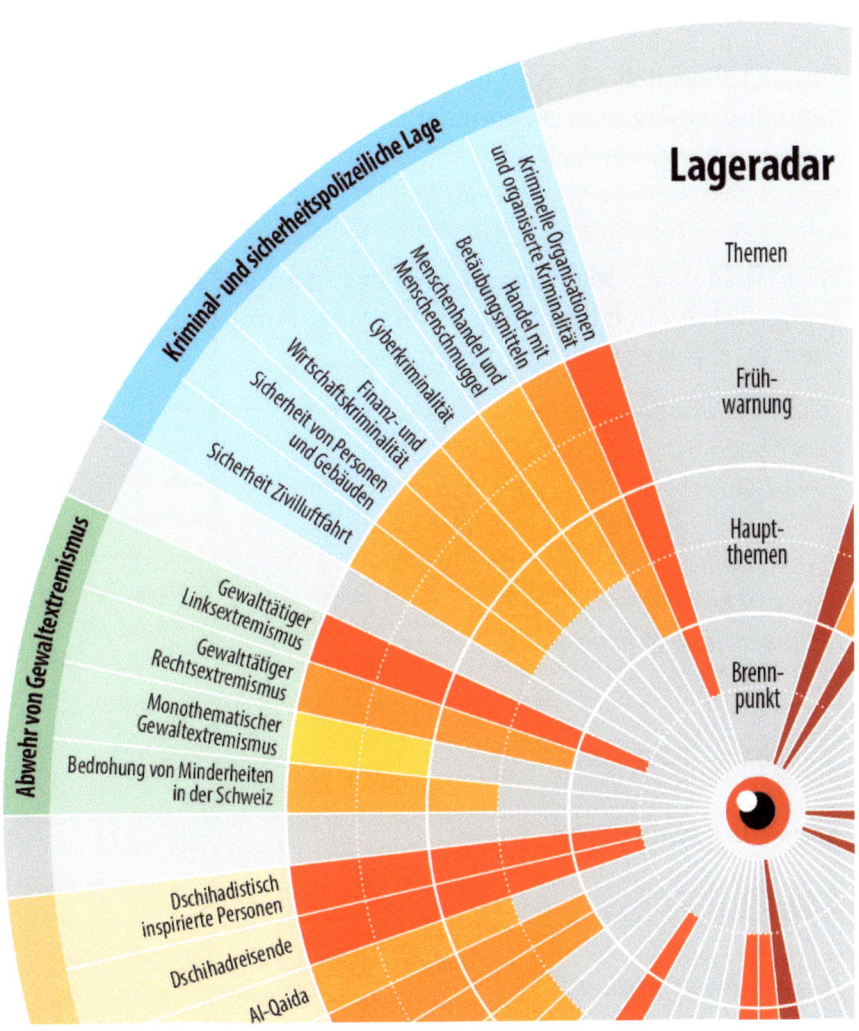

Gemäss dem Lageradar des Nachrichtendienstes (siehe Bild unten) wird der monothematische Extremismus in der Kategorie "Früherkennung" geführt". Gemäss dem Text aus dem Lagebericht wird nur noch von einem harten Kern gesprochen. Ich gehe davon aus, dass der Nachrichtendienst des Bundes damit einen sehr kleinen Kreis von Menschen meint, die höchstwahrscheinlich nicht aktiv mittels Fernüberwachungsinstrumenten verfolgt werden. Um "sicher" zu gehen, wie der Nachrichtendienst mich einschätzt, liess ich ein Auskunftsbegehren gemäss dem neuen Datenschutzgesetz vom 25. September 2023 dem Nachrichtendienst des Bundes zukommen.

d. Auskunftsgesuch von persönlichen Daten

Das Muster des folgenden Schreibens kann auf der Website des eidg. Datenschutzbeauftragten im Word-Format abgerufen werden. Nachfolgend mein Auskunftsgesuch:

Guido Brunner
Lochbach 10
3414 Oberburg

Einschreiben
Nachrichtendienst des Bundes
Papiermühlestrasse 20
CH - 3003 Bern

Lochbach, 23.12.2023

Auskunftsbegehren

Sehr geehrte Damen und Herren

Gestützt auf Artikel 25 des Bundesgesetzes vom 25. September 2020 über den Datenschutz (DSG) bitte ich Sie, mir innerhalb von 30 Tagen nach Erhalt dieses Schreibens schriftlich und kostenlos die folgenden Informationen zu erteilen:

1. Identität und Kontaktdaten des Verantwortlichen;
2. bearbeitete Personendaten als solche;

3. *Bearbeitungszweck;*
4. *Aufbewahrungsdauer der Personendaten oder, falls dies nicht möglich ist, Kriterien zur Festlegung dieser Dauer;*
5. *verfügbare Angaben über die Herkunft der Personendaten, soweit sie nicht bei der betroffenen Person beschafft wurden;*
6. *gegebenenfalls Vorliegen einer automatisierten Einzelentscheidung sowie Logik, auf der die Entscheidung beruht;*
7. *gegebenenfalls Empfängerinnen und Empfänger oder Kategorien von Empfängerinnen und Empfängern, denen Personendaten bekanntgegeben werden,*
8. *bei Bekanntgabe der Personendaten ins Ausland, Staat oder internationales Organ und Garantien nach Artikel 16 Absatz 2 oder Anwendung einer Ausnahme nach Artikel 17 DSG.*

Bitte bestätigen Sie, dass die Auskünfte vollständig und korrekt sind.

Falls Sie mir die Auskünfte nicht erteilen können, bitte ich Sie, nach Artikel 26 Absatz 4 DSG, Ihren Entscheid innerhalb der gleichen Frist zu begründen.

Falls Sie nicht innerhalb der gesetzten Frist antworten oder falls Ihre Antwort unvollständig oder unrichtig ist, behalte ich mir die Möglichkeit vor, den Rechtsweg zu beschreiten.

Wenn Sie Personendaten von einem Auftragsbearbeiter bearbeiten lassen, bleiben Sie auskunftspflichtig.

Ich danke Ihnen im Voraus für Ihr Entgegenkommen.

Freundliche Grüsse
Guido Brunner

e. Nachrichtendienst betrachtet mich nicht als Gefährder

Die Abteilung des Nachrichtendienstes, die mir antwortete, bezeichnete sich gemäss der Fusszeile des Briefes als "Qualitätssicherungsstelle/Datenschutzberatung". Laut Briefabsender und Webauftritt ist der Nachrichtendienst der Schweiz an der Papiermühlestrasse 20 in der Stadt Bern beheimatet.

Eidgenössisches Departement für Verteidigung, Bevölkerungsschutz und Sport VBS
Nachrichtendienst des Bundes NDB
Vizedirektor NDB

Einschreiben
Herr Guido Brunner
Lochbach 10
3414 Oberburg

Referenz/Aktenzeichen: BO071-885
Sachbearbeiter/in: HAIAL
Bern, 19. Februar 2024

Ihr Auskunftsbegehren zur Bearbeitung von Daten über Ihre Person in den Informations- und Speichersystemen des Nachrichtendienstes des Bundes

Sehr geehrter Herr Brunner

Mit Schreiben vom 23. Dezember 2023 haben Sie um Auskunft ersucht, ob der Nachrichtendienst des Bundes (NDB) zu Ihrer Person Daten bearbeitet. Da Sie sich am 17. Januar 2024 mit einer Kopie Ihres Reisepasses ausgewiesen haben, sind die

formellen Voraussetzungen für das Eintreten auf Ihr Ersuchen erfüllt.
In Anwendung von Art. 63 ff. des Bundesgesetzes vom 25. September 2015 über den 25. September 2020 über den Datenschutz (DSG; SR 235.1) haben wir am 17. Januar 2024 die Angaben über Ihre Person mit unseren Informations- und Speichersystemen abgeglichen.

Wir können Ihnen mitteilen, dass Sie kein Ziel der nachrichtendienstlichen Beschaffungsaktivitäten des NDB sind und vom NDB nicht als Bedrohung der inneren oder äusseren Sicherheit eingeschätzt werden.
Ihr Name erschien zum Zeitpunkt des Abgleichs der Angaben zu Ihrer Person dennoch in einem Informationssystem:

1. INDEX NDB
Allgemeine Information zum INDEX NDB: Der INDEX NDB dient einerseits den externen Zugriffsberechtigten (bspw. fedpol, kantonale Nachrichtendienste) zur Feststellung, ob der NDB über eine Person, eine Organisation, eine Gruppierung, einen Gegenstand oder ein Ereignis in IASA NDB oder IASA-GEX NDB Daten bearbeitet. Löschungen in den vorgenannten Informationssystemen führen zur automatischen Löschung der entsprechenden Daten im INDEX NDB[1].

Zum anderen stellt der NDB mit diesem Informationssystem jedem kantonalen Nachrichtendienst eine Datenplattform zur Verfügung, auf der dieser gestützt auf das NDG Daten bearbeiten kann. Die Aufbewahrungsdauer für diese Daten beträgt höchstens 5 Jahre[2]

Zum Zeitpunkt der Einreichung Ihres Gesuches waren über Sie folgende Daten im System INDEX NDB abgespeichert:

Datum: *03.12.2021 bis 06.02.2024*

Dokument:

Ihre Personalien (Name, Vorname, Nationalität und Geschlecht) wurden von der kantonalen Vollzugzugsbehörde BE am 03.12.2021 im Zusammenhang mit einer Wegweisung von einer unbewilligten Demonstration gegen Coronamassnamen erfasst. Die kantonale Vollzugsbehörde klärte in der Folge ihre möglichen Beziehungen zum gewalttätigen Extremismus ab. Ihre Personalien wurden am 06.02.2024 gelöscht, da keine solche Beziehungen festgestellt werden konnten.

Es befinden sich ansonsten <u>keine weiteren Daten</u> über Sie in INDEX NDB.

2. Übrige Informations- und Speichersysteme des NDB

Die Abfrage in den übrigen Informations- und Speichersystemen ergab, dass zum Zeitpunkt des Eingangs Ihres Auskunftsbegehrens in diesen <u>keine</u> Daten über Sie bearbeitet wurden.

Ihr Auskunftsgesuch sowie die damit verbundene Korrespondenz mit Ihnen werden zur Nachvollziehbarkeit in unserem Geschäftsverwaltungssystem GEVER NDB abgelegt. Diese Dokumente können nur von der Datenschutzberatung des NDB eingesehen werden.

Wir hoffen, Ihnen mit diesen Informationen dienen zu können.

Nachrichtendienst des Bundes NDB
[handschriftlich gezeichnet]
Philipp Kronig, Vizedirektor NDB
[Fussnoten]
[1] Art. 34, Abs. 1 VIS-NDB
[2] Art. 34, Abs. 2 VIS-NDB

Anhang zum Schreiben von oben:

Übersicht über die Informations- und Speichersysteme des NDB
Anhang: Übersicht über die Informations- und Speichersysteme des NDB

Der NDB betreibt in Anwendung des Bundesgesetzes vom 25. September 2015 über den Nachrichtendienst (NDG; SR 121) und der Verordnung vom 16. August 2017 über die Informations- und Speichersysteme des Nachrichtendienstes des Bundes (VIS-NDB; SR 121.2) folgende Systeme:

1. IASA NDB (integrales Analysesystem)
2. IASA-GEX NDB (integrales Analysesystem Gewaltextremismus)
3. INDEX NDB (Personen- und Organisationsidentifikation sowie Ablage für kantonale Nachrichtendienste)
4. GEVER NDB (System zur Geschäftsbearbeitung und -kontrolle)
5. Fileablage SiLAN (Filesystem zur Ablage von Dateien in Verzeichnissen)
6. Elektronische Lagedarstellung ELD (Verbreitung von Informationen im Hinblick auf die Steuerung und Umsetzung von sicherheitspolizeilichen Massnahmen)
7. OSINT-Portal (Bereitstellung von Daten aus öffentlich zugänglichen Quellen)
8. Quattro P (Identifikation von besonderen Kategorien von Ausländern, die in die Schweiz einreisen oder aus der Schweiz ausreisen)
9. ISCO (Kontrolle und Steuerung der Funk- und Kabelaufklärung)
10. Restdatenspeicher (Daten, die keinem anderen System zugewiesen werden)
11. Speichersystem für genehmigungspflichtige Massnahmen

12. Operative Datenablage (besonders sensitive Daten aus operativen Beschaffungsmassnahmen, die nicht in die allgemeinen Systeme abgelegt werden können).

Aus dem Antwortschreiben entnahm ich, dass ich offenbar keine "Beziehungen" zum gewaltbereiten Extremismus pflegte. Interessant wäre zu Wissen, was für 5 Ereignisse im Jahre 2022 dem "gewaltbereiten Coronaextremismus" zugeschrieben wurde. Im Vergleich zum Linksextremismus mit 59 gewalttätigen Ereignissen ist der gewalttätige Coronaextremismus um den <u>Faktor</u> 12 (!) kleiner. Ebenfalls gleich viele gewalttätige Ereignisse wie beim Coronaextremismius wurden als rechtsextrem eingestuft, nämlich deren 5.

Ich habe da eine Behauptung, woher diese 59 gewalttägigen Ereignisse kommen: von den antifaschistischen Organisationen. Wir von den coronakritischen Kundgebungsteilnehmern wurden in Bern oft von den "Linksautonomen" bedroht und belästigt. Hätte die Berner Polizei nicht jeweils eine "Mauer" zwischen den "verfeindeten" Kundgebungsteilnehmer/innen aufgebaut, wäre es oft zu Angriffen von den linksautonomen "Reitschulaktivisten" gekommen. In Zürich selber waren es meines Wissens die "Antifa" als Organisation, welche unsere Kundgebungen und Freiheitsspaziergänge an Samstagen in militärischer Manier behinderten.

5. Bundespolizei verweigert Auskunft über eigene Daten

a. Auskunftsbegehren an fedpol

Der schweizerischen Bundespolizei stellte ich ebenfalls ein Auskunftsbegehren gemäss dem erneuerten Datenschutzgesetz vom 1. September 2023. Es war der identische Antrag wie ich dem Nachrichtendienst wie auch der Kantonspolizei des Kantons Bern stellte. Daher verzichte ich auf eine Wiedergabe des Briefes in diesem Buch. Mit dem Begehren glaubte ich einiges um die Vorfälle um das Bundeshaus zu erfahren, da ich neben den vielen Kantonspolizisten im Umfeld des Bundeshauses eben auch mit "fedpol" bezeichnete Menschen gesehen hatte. Darüber wollte ich mehr erfahren. Dies war meine Absicht.

b. Auskunftsgesuch legal unvollständig beantwortet!

Eidgenössisches Justiz- und Polizeidepartement EJPD
Bundesamt für Polizei fedpol, Kriminalprävention und Recht
Abteilung Recht und Massnahmen

Herr
Guido Brunner
Lochbach 10
3414 Oberburg

Ihr Zeichen:
Referenz/Aktenzeichen: O:\KD\RA\DS Auslunfts- und Löschgesuche
Unser Zeichen: Jod / RT-24-ALL-03
Bern, 22. Januar 2024

Auskunftsgesuch vom 23. Dezember 2023 bez. den vom Bundesamt für Polizei (fedpol) betriebenen Informationssystemen von Guido Brunner, geb. 26. Februar 1969 - Verfügung

Sehr geehrter Herr Brunner

In Anwendung von

- Art. 20, 25, 26, 34 des Bundesgesetzes vom 1. September 2023 über den Datenschutz (DSG; SR 235.1);
- Art. 16 und 19 der Verordnung vom 1. September 2003 über den Datenschutz (DSV; SR 235.11);
- Art. 13 der Verordnung vom 26. Oktober 2016 über das automatisierte Fahndungssystem (RIPOL-Verordnung; SR 361.0);
- Art. 50 der Verordnung vom 8. März 2013 über den nationalen Teil des Schengener Informationssystems (N-SIS) und das SIRENE-Büro (N-SIS-Verordnung; SR 362.0);
- Art. 11 der Verordnung vom 15. Oktober 2008 über das informatisierte Personennachweis-, Aktennachweis und Verwaltungssystem im Bundesamt für Polizei (IPAS-Verordnung; SR SR 514.541);
- Art. 34 Abs. 3 sowie Art. 35 Abs. 1, Satz 2 des Bundesgesetzes über die Bekämpfung der Geldwäscherei und der Terrorismusfinanzierung (Geldwäschereigesetz [GwG]; SR 955.0);
- Art. 7, 8 und 18 des Bundesgesetzes vom 13. Juni 2008 über die polizeilichen Informationssysteme des Bundes (BPI; SR 361);
- Art. 8 der Verordnung vom 15. Oktober 2008 über den Nationalen Polizeiindex (Polizeiindex-Verordnung; SR 361.4);
- Art. 5, 13, 21, 23, 35 Abs. 1, 44 ff. des Bundesgesetzes vom 20. Dezember 1968 über das Verwaltungsverfahren (VwVG; SR 172.021); 361.2);

- *Art. 16 der Verordnung vom 21. Juni 2013 über das Nationale Zentralbüro Interpol Bern (Interpol-Verordnung; SR 366.1);*
- *Art. 24a des Bundesgesetzes vom 21. März 1997 über Massnahmen zur Wahrung der inneren Sicherheit (BWIS; SR 120);*
- *Art. 39ff. der Verordnung vom 24. Juni 2020 über den Schutz von Personen und Gebäuden in Bundesverantwortung (VSB; SR 120.72);*
- *Art. 32g des Bundesgesetzes vom 20. Juni 1997 über Waffen, Waffenzubehör und Munition*
(Waffengesetz (WG]; SR 514.54);
- *Art. 65 der Verordnung über Waffen, Waffenzubehör und Munition (Waffenverordnung (WVj; SR 514.541);*
- *Art. 34 Abs. 3 sowie Art. 35 Abs. 1, Satz 2 des Bundesgesetzes über die Bekämpfung der Geldwäscherei und der Terrorismusfinanzierung (Geldwäschereigesetz [GwG]; SR 955.0);*
- *Art. 7, 8 und 18 des Bundesgesetzes vom 13. Juni 2008 über die polizeilichen Informationssysteme des Bundes (BPI; SR 361);*
- *Art. 8 der Verordnung vom 15. Oktober 2008 über den Nationalen Polizeiindex (Polizeiindex-Verordnung; SR 361.4);*
- *Art. 5, 13, 21, 23, 35 Abs. 1, 44 ff. des Bundesgesetzes vom 20. Dezember 1968 über das Verwaltungsverfahren (VwVG; SR 172.021);*

hat das Bundesamt für Polizei (fedpol) zu Ihrem Auskunftsgesuch vom 23. Dezember 2023
festgestellt:

a. Mit E-Mail vom 25. Dezember 2023 haben Sie beim Bundesamt für Polizei (fedpol) eine Eingabe gemacht und um Auskunft zu allenfalls zu Ihrer Person in den von fedpol betriebenen Informationssystemen enthaltenen Daten ersucht.

b. Mit Datum vom 15. Januar haben Sie die Kopie Ihres Schweizer Passes (X5....) nachgereicht. Damit sind alle rechtlichen Voraussetzungen für die Bearbeitung Ihres Gesuches erfüllt.

und erwogen:

c. Wir können Ihnen nach Abfrage unserer Informationssysteme wie folgt Auskunft erteilen:

- Im Schengener Informationssystem sind Sie nicht verzeichnet. Bezüglich allfälliger Ausschreibungen in rein nationalen Systemen anderer Schengenstaaten können wir mangels Einsicht in diese Systeme keine Auskunft erteilen.
- Im nationalen Fahndungsinformationssystem RIPOL (Verzeichnis von gesamtschweizerisch zur Fahndung (national oder international] ausgeschriebenen Personen) sind Sie nicht verzeichnet.
- Im elektronischen Informationssystem HOOGAN (Hooliganismus-Informationssystem) sind Sie nicht verzeichnet.
- Im Informationssystem SIBEDRO (ereignisbezogene Dokumentation sowie eine Datensammlung über gefährdete Personen) sind Sie nicht verzeichnet.
- In der Waffenplattform ARMADA sind Sie nicht verzeichnet.
- Im informatisierten Personennachweis-, Aktennachweis- und Verwaltungssystem IPAS sind Sie nicht verzeichnet.
- Im Geschäfts- und Aktenverwaltungssystem von fedpol sind Sie nicht verzeichnet.
- Im nationalen Polizeiindex sind Sie nicht verzeichnet.
- Die Auskunft bezüglich des Systems Bundesdelikte (NES) wird gestützt auf Art. 8 Abs. 1 des BP| aufgeschoben. Gemäss Art. 8 Abs. 2 des BP| ist die Gesuchstellerin berechtigt, vom Eidgenössischen Datenschutz- und Öffentlichkeitsbeauf-

tragten EDÖB, Feldeggweg 1, 3003 Bern, zu verlangen, dass er prüfe, ob allfällige Daten rechtmässig bearbeitet werden und ob überwiegende Geheimhaltungsinteressen den Aufschub rechtfertigen.

- Die Auskunft bezüglich des Systems der Meldestelle für Geldwäscherei (goAML) wird gestützt auf Art. 35 Abs. 1, Satz 2 i.V. m. Art. 8 Abs. 1 des BP| aufgeschoben. Gemäss Art. 8 Abs. 2 des BPI ist die Gesuchstellerin berechtigt, vom Eidgenössischen Datenschutz- und Öffentlichkeitsbeauftragten EDÖB, Feldeggweg 1, 3003 Bern, zu verlangen, dass er prüfe, ob allfällige Daten rechtmässig bearbeitet werden und ob überwiegende Geheimhaltungsinteressen den Aufschub rechtfertigen.

d. Im vorliegenden Fall können wir Sie dahingehend informieren, dass fedpol keine Kenntnis einer aktiven Interpol-Datenbearbeitung bezüglich Ihrer Person hat. Wir lenken Ihre Aufmerksamkeit jedoch auf die Tatsache, dass fedpol keine umfassende Kenntnis aller Interpol-Daten hat. Es ist möglich, dass Interpol-Daten nur einem beschränkten Adressatenkreis zugehen. Wenn die Schweiz nicht zu diesem Kreis gehört, kann sie von deren Existenz keine Kenntnis haben und folglich darüber nicht Auskunft erteilen. Weiter gilt auch für Interpol-Ausschreibungen das zum SIS Gesagte: Bezüglich allfälliger Ausschreibungen in rein nationalen Systemen anderer Interpol-Staaten können wir mangels Einsicht in diese Systeme keine Auskunft erteilen.

Möchten Sie abschliessend wissen, ob ein anderer Staat eine Strafverfoigung gegen Sie führt, können Sie sich jederzeit mit einem entsprechenden Auskunftsgesuch an das Zentralbüro Interpol desjenigen Staates wenden, von dem Sie annehmen, dass er Sie ausgeschrieben hat. Ausserdem haben

Sie immer die Möglichkeit, Ihr Gesuch an die Commission for the control of INTERPOL's files, 200, quai Charles de Gaulle, 69006 in Lyon zu schicken, welche über eine umfassende Kenntnis aller Interpol-Fahndungen verfügt. Auch diesem Gesuch sind Kopien von guter Qualität von gültigen Ausweispapieren beizuliegen.

e. Es werden keine Kosten auferlegt.

Mit dieser Antwort haben wir Ihr Auskunftsgesuch vollumfänglich beantwortet.

Bundesamt für Polizei (fedpol)
[unterzeichnet mit Falksmile-Unterschrift]
Frau Dominique Jost, MLaw
Abteilung Recht, Bereich Rechtsberatung

Fedpol hat also offenbar seine Auskunftsysteme mit meinem Namen und Geburtsdatum durchforstet und ist mutmasslich bei zwei Registern fündig geworden: System Bundesdelikte und bei der Meldestelle für Geldwäscherei.

Was mich am meisten irritierte, war die "Auskunft", dass diese aufgeschoben würde. Ich könne mich jedoch an den Eidg. Datenschutzbeauftragten gelangen und von diesem verlangen, dass dieser prüft, "ob allfällige Daten rechtmässig bearbeitet wurden und ob überwiegende Geheimhaltungsinteressen den Aufschub rechtfertigen". Diesen Teil der Auskunft betrachtete ich als Rechtsmittelbelehrung, welche nach dem Bundesverwaltungsgesetz immer Bestandteil einer Verfügung sein muss.

Also schrieb ich dem eidg. Datenschutzbeauftragten den Antrag, die Aufschübe aus den beiden Registern zu prüfen.

c. Antrag auf Prüfung Einträge fedpol bezüglich Bundesdelikte und Geldwäscherei

Guido Brunner
Lochbach 10
3414 Oberburg
www.fakepandemie.ch

Einschreiben
Eidgenössischer Datenschutz- und
Öffentlichkeitsbeauftragter EDÖB
Feldweg 1
3003 Bern

Lochbach, 25.01.2024

Gesuch um Kontrolle Auskunftsbegehren fedpol vom 22.01.2024 - Guido Brunner

Sehr geehrte Damen und Herren

Gestützt auf Artikel 25 des Bundesgesetzes vom 25. September 2020 über den Datenschutz (DSG) habe ich ein Auskunftsbegehren gestellt, welches mit einem Vorbehalt ("aufgeschoben") beantwortet wurde. Dies betrifft das System der Bundesdelikte (NES), in meinem Schreiben unter a) gekennzeichnet und die Meldestelle für Geldwäsche (goAML), in meinem Schreiben unter b) gekennzeichnet. Das Auskunftsgesuch (Seite 2) wie auch die Antwort (Seiten 5 bis 7) lege ich zwecks Referenz ebenfalls diesem Schreiben bei.

a) Ich bitte Sie zu prüfen, ob die Daten rechtmässig verarbeitet worden sind. Ich gehe davon aus, dass ich anhand meiner Sichtweise zur sog. Sars-Cov-2-Pandemie als ein Gefährder der

"Inneren Sicherheit" betrachtet werde. *Dieses will ich berichtigt haben, da dies nicht stimmt. Ich glaube nicht, dass wegen meiner Gesinnung ein Geheimhaltungsinteresse bei Auskunftsgesuchen besteht. Was steckt wirklich dahinter?*

Infolge meiner Handlungen wurde ich von der Staatsanwaltschaft in 6 Strafverfahren in Verbindung mit dem angeblichen gefährlichen Virus verwickelt. Bei den 6 abgeschlossenen Strafverfahren in der Schweiz erwirkte ich zwei Freisprüche und wurde mit 4 Schuldsprüchen belegt. Eine Auflistung der Strafverfahren lege ich zu Ihrer Information anbei (Seite 3). Fünf Strafverfahren habe ich im Buch "Zeitdokumente eine Fake-Pandemie - Band 1 Justizversagen" dokumentiert. Zu Ihrer Information lege ich meine bisherigen zwei Bücher anbei.

b) Offensichtlich stehe ich unter Verdacht, Geld zu waschen. Ich kann mir im besten Willen nicht vorstellen, wie das fedpol (bzw. Meldestellen) auf die Idee kommt, dass ich Geld wasche im Sinne des Geldwäschereigesetzes. Ich bitte Sie daher auch die Meldungen im System der Geldwäscherei zu prüfen (goAML).

Für die Kontrolle der fedpol und den Bericht zurück an mich danke ich Ihnen im Voraus. Ich erwarte einen mündlichen oder schriftlichen Bericht ihrer Befunde. Ich bitte Sie ebenfalls Fedpol zu rügen, da die Verfügung nicht handschriftlich unterzeichnet worden ist.

Mit freundlichen Grüssen
Guido Brunner

Anhänge:
- Auskunftsgesuch an fedpol, ohne Unterzeichnung (Seite 2)

- *Auflistung Strafverfahren gegen mich infolge der Sars-Cov-2-Pandemie (Seiten 3 und 4)*
- *Verfügung fedpol vom 22.1.2024 auf Auskunftsgesuch vom 25.12.2023 (Kopie, Seiten 5 bis 7)*
- *Passkopie des Gesuchstellers (Seite 7)*

d. Der Datenschutzstelle sind die Hände legal gebunden...

Auf meinen Prüfantrag erhielt ich zwei Antwortschreiben mit identischen Inhalten vom "Datenschutz Team 2". Aus diesen ging hervor, dass ich seitens der Prüfstelle keine weiteren Auskünfte über das Ergebnis der Kontrolle erhalten würde. Eine Ausnahme gäbe es: Falls ich glaubhaft darlegen könne, dass ein nicht wieder gut zu machender Schaden erwachsen würde infolge von Falschinformationen. Nun, was ist damit gemeint? Ich weiss ja gar nicht warum ich allenfalls wegen Geldwäsche, eines organisierten Verbrechens oder der Terrorfinanzierung registriert werden sollte!

Ich komme mir mehr als nur verarscht vor, eine solche Auskunft zu erhalten. Der Fischenskandal der 8oer-Jahre durchstreifte meine Gehirnwindungen... Nachfolgend das ganze Schreiben, welches sich auf den Brief mit der "Geldwäsche" bezieht.

Eidgenössischer Datenschutz- und Öffentlichkeitsbeauftragter EDÖB, Datenschutz
Datenschutz Team 2

Herr
Guido Brunner
Lochbach 10
3414 Oberburg

Ihr Zeichen:
Unser Zeichen: EDÖB-A-02D73401/4

Sachbearbeiter/in: Frédéric Schönbett
Bern, 30. Januar 2024

Prüfungsgesuch betreffend das Informationssystem zur Bekämpfung der Geldwäscherei des organisierten Verbrechens und der Terrorismusfinanzierung (System goAML) gemäss dem Geldwäschereigesetz und dem Gesetz über die polizeilichen Informationssysteme

Wir beziehen uns auf Ihr Prüfungsgesuch betreffend das Informationssystem zur Bekämpfung der Geldwäscherei, des organisierten Verbrechens und der Terrorismusfinanzierung (Informationssystem goAML) gemäss dem Bundesgesetz über die Bekämpfung der Geldwäscherei und der Terrorismusfinanzierung (Geldwäschereigesetz, GwG; SR 955.0) und dem Bundesgesetz über die polizeilichen Informationssysteme des Bundes (BPI; SR 361).
Gemäss Artikel 35 Absatz 1 GwG in Verbindung mit Artikel 8 BPI ist der Eidgenössische Datenschutz- und Offentlichkeitsbeauftragte für die Behandlung der Prüfungsgesuche betreffend das Informationssystem zur Bekämpfung der Geldwäscherei, des organisierten Verbrechens und der Terrorismusfinanzierung (Informationssystem goAML) zuständig.

Wir weisen Sie auf die Tatsache hin, dass wir Ihnen in Anwendung dieser Bestimmung folgende, stets gleichlautende Antwort erteilen werden, dass entweder in Bezug auf Sie keine Daten unrechtmässig bearbeitet werden, oder dass wir im Falle von Fehlern bei der Datenbearbeitung oder betreffend den Aufschub der Auskunft angeordnet haben, dass das Bundesamt für Polizei (fedpol) diese behebt. Aufgrund dieser Mitteilung werden Sie somit nicht wissen, ob Sie im Informationssystem zur Bekämpfung der Geldwäscherei, des organisierten Verbrechens und der

Terrorismusfinanzierung (Informationssystem goAML) eingetragen sind und, falls ein Eintrag vorhanden sein sollte, werden Sie keine Angaben zu den in der vorgenannten Datensammlung enthaltenen Daten erhalten.

Falls Sie glaubhaft darlegen, dass Ihnen bei einem Aufschub der Auskunft ein erheblicher, nicht wiedergutzumachender Schaden erwächst, können wir anordnen, dass fedpol ausnahmsweise sofort Auskunft erteilen solle, wenn und soweit damit keine Gefährdung der inneren oder der äusseren Sicherheit verbunden ist (vgl. Art. 8 Abs. 7 BPI; beiliegend). In diesem Zusammenhang und wenn Sie es wünschen, haben Sie die Möglichkeit, uns innert 30 Tagen diejenigen Tatsachen mitzuteilen, die es uns ermöglichen zu prüfen, ob die Voraussetzungen der genannten Bestimmung erfüllt sind.

Wir werden Ihre Anfrage behandeln und Ihnen die Ergebnisse unserer Abklärungen baldmöglichst mitteilen.

Freundliche Grüsse
[handschriftlich unterzeichnet]
Frédéric Schönbett
Jurist

Beilage: Artikel 35 Absatz 1 GwG und Artikel 8 BPI

In der Folge telefonierte ich mit dem Sachbearbeiter, der mir einfach den Sachverhalt des Briefes nochmals erklärte. Auch er war nicht glücklich mit der Gesetzgebung, dass er mir keine weiteren Auskünfte geben darf.

[Beilage zum Schreiben von oben]

Bundesgesetz über die Bekämpfung der Geldwäscherei und der Terrorismusfinanzierung (Geldwäschereigesetz, GwG; SR 955.0)

Artikel 35 Absatz 1

Die Bearbeitung von Personendaten durch die Meldestelle richtet sich nach dem Bundesgesetz vom 7. Oktober 1994 über kriminalpolizeiliche Zentralstellen des Bundes. Das Recht auf Auskunft der Privatpersonen richtet sich nach Artikel 8 des Bundesgesetzes vom 13. Juni 2008 über polizeiliche Informationssysteme des Bundes.

Art. 8 Einschränkung des Auskunftsrechts beim System Bundesdelikte [BPI]

[1] Verlangt eine Person Auskunft darüber, ob die Bundeskriminalpolizei (BKP) Daten über sie im System Bundesdelikte nach Artikel 11 bearbeitet, so schiebt fedpol diese Auskunft auf:

a. wenn und soweit betreffend der über sie bearbeiteten Daten überwiegend den Akten zu begründende Interessen der Strafverfolgung an einer Geheimhaltung bestehen; oder

b. wenn über die gesuchstellende Person keine Daten bearbeitet werden.

[2] Fedpol teilt der gesuchstellenden Person den Aufschub der Auskunft mit und weist sie darauf hin, dass sie das Recht hat, vom Eidgenössischen Datenschutz- und Öffentlichkeitsbeauftragten (Beauftragter) zu verlangen, dass er prüfe, ob allfällige Daten über sie rechtmässig bearbeitet werden und ob überwiegende Geheimhaltungsinteressen den Aufschub rechtfertigen.

[3] Der Beauftragte führt die Prüfung durch; er teilt der betroffenen Person mit, dass entweder keine Daten über sie unrechtmässig bearbeitet werden oder dass er im Falle von Fehlern bei der Bearbeitung der Personendaten oder betreffend den Auf-

schub der Auskunft eine Untersuchung nach Artikel 22 des Schengen-Datenschutzgesetzes vom 28. September 20182 (SDSG) eröffnet hat.

4 Stellt der Beauftragte Fehler bei der Datenbearbeitung oder betreffend den Aufschub der Auskunft fest, so ordnet er an, dass fedpol diese behebt.

5 Die Mitteilungen nach den Absätzen 2 und 3 lauten stets gleich und werden nicht begründet. Die Mitteilung nach Absatz 3 kann nicht angefochten werden.

6 Sobald das Geheimhaltungsinteresse dahingefallen ist, spätestens aber nach Ablauf der Aufbewahrungsdauer, erteilt fedpol der gesuchstellenden Person Auskunft, sofern dies nicht mit übermässigem Aufwand verbunden ist. Personen, über die keine Daten bearbeitet wurden, informiert fedpol drei Jahre nach Eingang ihres Gesuchs über diese Tatsache.

e. Ergebnisse der Untersuchung eidg. Datenschutzbeauftragter

Wie im vorigen Schreiben angekündigt erhielt ich lediglich die Meldung, dass die Datenschutzstelle bei fedpol war und meine Einträge eingesehen hatte und prüfte ob die Daten rechtmässig bearbeitet wurden. Falls nicht, werde ich es legal nicht wissen.

Eidgenössischer Datenschutz- und Öffentlichkeitsbeauftragter EDÖB, Datenschutz

Herr Guido Brunner, Lochbach 10, 3414 Oberburg

Ihr Zeichen: [Prüfungsgesuch vom 25. Januar 2024]
Unser Zeichen: EDÖB-A-C1D73401/5
Sachbearbeiter/in:

Bern, 21. März 2024
Prüfungsgesuch betreffend das Informationssystem Bundesdelikte gemäss dem Bundesgesetz über die polizeilichen Informationssysteme des Bundes

Sehr geehrter Herr Brunner

Wir beziehen uns auf Ihr Prüfungsgesuch vom 25. Januar 2024. Wir haben die von Ihnen verlangte Prüfung betreffend das System Bundesdelikte (Informationssystem NES) gemäss Artikel 8 des Bundesgesetzes über die polizeilichen Informationssysteme des Bundes (BPI; SR 361) durchgeführt.

MITTEILUNG:
In Anwendung von Art. 8 Abs. 3, 4 und 5 BPI teilen wir Ihnen mit, dass entweder in Bezug auf Sie keine Daten unrechtmässig bearbeitet werden oder dass wir im Falle von Fehlern bei der Bearbeitung von Personendaten oder betreffend den Aufschub der Auskunft angeordnet haben, dass das Bundesamt für Polizei (fedpol) diese behebt.

RECHTSMITTEL:
Diese Mitteilung kann gemäss Artikel 8 Absatz 5 BPI nicht angefochten werden.

Wir hoffen, Ihnen mit diesen Angaben gedient zu haben.

Freundliche Grüsse
[handschriftlich unterzeichnet]
Florian Harms
Leiter Datenschutz
Beilage: Artikel 8 BPI [gleiche Beilage wie Schreiben vom 30. Januar 2024]

6. Berner Polizei gibt Auskunft über Journaleinträge

a. Kantonspolizei Bern legt Journaleinträge offen[34]

Kantonspolizei Bern
Der Kommandant-Stellvertreter

Waisenhausplatz 32
3001 Bern
+41 31 638 xx xx
www.police.be.ch

2024.SIDKAPO.110/pjnw

Einschreiben
Herr Guido Brunner
Lochbach 10
3414 Oberburg

8. Februar 2024

Entscheid der Kantonspolizei Bern vom 8. Februar 2024 betreffend Akteneinsichtsgesuch i.S. Brunner Guido, geb. 26. Februar 1969

I. Gesuchgegenstand

Mit Eingabe vom 15. Januar 2024 hat Herr Brunner Guido (nachfolgend Gesuchsteller) um Auskunft über sämtliche bei der Kantonspolizei Bern vorhandenen Daten zu seiner Person ersucht.

---

[34] Fussnoten des Briefes sind direkt mit eckigen Klammern im Text eingesetzt, da nur Nennung des Gesetzes mit der Nummer aus der systematischen Rechtssammlung

II. Erwägungen
1 Formelles

Die Datenbearbeitung durch die Kantonspolizei Bern richtet sich in Anwendung von Art. 141 des Polizeigesetzes (PolG [BSG 551.1]) nach dem kantonalen Datenschutzgesetz (KDSG [BSG 152.04]), soweit das PolG nicht etwas anderes bestimmt. Bundesrecht und spezialgesetzliche Bestimmungen gehen dem KDSG ebenfalls vor (Art. 141 Abs. 1 PolG).

1.1 Zuständigkeit Auskunft

Gemäss Art. 21 Abs. 1 KDSG ist die Auskunft bei der verantwortlichen Behörde zu verlangen, welche Daten über die gesuchstellende Person in einer Datensammlung bearbeitet. Die Kantonspolizei bearbeitet Daten über die Gesuchsteller und tritt hinsichtlich Auskunft vollumfänglich auf das Gesuch ein.

Der Kantonspolizei Bern liegen zur gesuchstellenden Person folgende Akten vor:

a) Einträge im Polizeijournal:

- Journaleintrag Nr. 20211014.0463 vom 14. Oktober 2021: Kundgebung nochmals nach Bern, Gesuchsteller als betroffene Person
- Journaleintrag Nr. 20210923.0244 vom 23. September 2021: Kundgebung «Bern wir kommen», Gesuchsteller als beschuldigte Person
- Journaleintrag Nr. 20211001.0412 vom 1. Oktober 2021: Treffen der Verfassungsfreunde mit Freiheitsboten, Gesuchsteller als betroffene Person
- Journaleintrag Nr. 20211019.0532 vom 19. Oktober 2021: politische Veranstaltung in Sachen Covid-19-Zertifikat durch «Freunde der Verfassung», Gesuchsteller als betroffene Person

- *Journaleintrag Nr. 20200516.0157 vom 16. Mai 2020: Schachbrett, Gesuchsteller als beschuldigte Person*
- *Journaleintrag Nr. 20200530.0147 vom 30. Mai 2020: Mahnwache Schachbrett, Gesuchsteller als beschuldigte Person Rialto-Ereignis Nr. 711124 vom 9. Mai 2020: Demonstration (unbewilligt) (Kurzsachverhalt), Gesuchsteller als beschuldigte Person*
- *Rialto-Ereignis Nr. 710885 vom 16. Mai 2020: Demonstration (unbewilligt) (Kurzsachverhalt), Gesuchsteller als beschuldigte Person*

b) Anzeigerapporte:
- *Anzeigerapport vom 8. Juni 2020 an die Staatsanwaltschaft Bern-Mittelland: Demonstration (unbewilligt), Gesuchsteller als beschuldigte Person*
- *Anzeigerapport vom 3. Juli 2020 an die Staatsanwaltschaft Bern-Mittelland: Demonstration (unbewilligt), Gesuchsteller als beschuldigte Person*

1.2 Zuständigkeit Akteneinsicht
Gemäss Artikel 21 Absatz 1 und 4 KDSG kann jede Person bei der verantwortlichen Behörde Einsicht in ihre Daten verlangen. Die Kantonspolizei Bern ist gemäss den allgemeinen datenschutzrechtlichen Grundsätzen für ihre eigenen Datensammlungen betreffende Einsichtsgesuche zuständig, soweit nicht spezialgesetzliche Regelungen etwas Anderes bestimmen. Bei den spezialgesetzlichen Regelungen ist in erster Linie das Einführungsgesetz zur Zivilprozessordnung, zur Strafprozessordnung und zur Jugendstrafprozessordnung (EG ZSJ [BSG 271.1]) relevant. Gemäss Artikel 3 Absatz 1 und 3 EG ZSJ gelten bei hängigen Strafverfahren für die Akteneinsicht die Bestimmungen der Strafprozessordnung (StPO [SR 312.0]), bei abgeschlosse-

nen Verfahren ist diejenige Behörde zuständig, welche das Verfahren geführt hat.

1.2.1 Zuständigkeit Einsicht in Akten zu Strafverfahren

Die Zuständigkeit für die Einsicht in Akten von Strafverfahren richtet sich nach den spezialgesetzlichen Grundlagen in Art. 3 Abs. 1 und 2 des Einführungsgesetzes über die Zivil-, Straf- und Jugendstrafprozessordnung (EG ZSJ [BSG 271.0]). Bei hängigen Strafverfahren gelten demnach für die Akteneinsicht die Bestimmungen der Strafprozessordnung (StPO [SR 312.0]), bei abgeschlossenen Verfahren ist diejenige Behörde zuständig, welche das Verfahren geführt hat. Sobald also polizeiliche Daten für ein Strafverfahren verwendet wurden, ist die Staatsanwaltschaft resp. die Jugendanwaltschaft oder allenfalls ein Strafgericht für die Einsicht in die Daten zuständig. Die Kantonspolizei Bern tritt auf Einsichtsgesuche betreffend Strafverfahrensakten nicht ein und leitet diese zuständigkeitshalber an die Staatanwaltschaft oder allenfalls die Strafgerichte weiter.

Die unter Ziffer II. 1.1 b) aufgeführten Anzeigerapporte bilden resp. bildeten Teil eines Strafverfahrens. Die Kantonspolizei Bern tritt in Bezug auf diese Akten nicht auf das Akteneinsichtsgesuch ein. Das Gesuch wird in Bezug auf die nachfolgenden Aktenstücke an die Staatsanwaltschaft des Kantons Bern, Region Bern-Mittelland, zur Beurteilung überwiesen (vgl. Schreiben in der Beilage).

1.3 Zuständigkeit Einsicht in Einträge im Polizeijournal und System Rialto

Bei Einträgen im polizeilichen Informationssystem Rialto und im Polizeijournal handelt es sich um interne Arbeitsmittel, welche zur Dokumentierung der polizeilichen Arbeit dienen. Die darin enthaltenen Informationen sind nicht direkt gerichtsverwertbar. Gerichtsverwertbare Informationen erfolgen in der Form eines

Rapports. Wenn die im Rialto dokumentierten Ereignisse nicht Gegenstand eines Strafverfahrens sind oder waren, gelangen die spezialgesetzlichen Bestimmungen des EG ZSJ nicht zur Anwendung und es liegt gestützt auf die Bestimmungen des KDSG in der Zuständigkeit der Kantonspolizei, über die Einsicht in die Rialtoeinträge zu entscheiden. Die Journaleinträge Nr. 20200516.0157 und Nr. 20200530.0147 sowie die Rialto-Ereignisse Nr. 711124 und Nr. 710885 betreffen denselben Sachverhalt wie die Anzeigerapporte vom 8. Juni 2020 und 3. Juli 2020 an die Staatsanwaltschaft Region Bern-Mittelland. Um die Zuständigkeit der Staatsanwaltschaft betreffend die Einsichtsgewährung in die Strafakten nicht zu umgehen, tritt die Kantonspolizei Bern in Bezug auf diese Journaleinträge sowie Rialto-Ereignisse nicht auf das Gesuch ein (vgl. Erörterungen unter 1.3.).

Die weiteren unter Punkt 1.1. a) aufgeführten Journaleinträge sind nicht Gegenstand von Strafverfahren, weshalb diese betreffend auf das Begehren um Einsicht eingetreten wird.

2 Materielles

2.1 Akteneinsicht allgemein

Die materielle Beurteilung von Gesuchen um Akteneinsicht richtet sich nach dem KDSG (vgl. Art. 141 Abs. 1 PolG). Gemäss Art. 21 Abs. 1 KDSG steht jeder Person das Recht zu, bei der verantwortlichen Behörde Auskunft zu verlangen, welche Daten über sie in einer Datensammlung behandelt werden. Die betroffene Person hat zudem ein Recht auf Einsicht in die Daten, wenn nicht wichtige und überwiegende öffentliche Interessen oder besonders schützenswerte Interessen Dritter entgegenstehen (Art. 21 Abs. 4 KDSG). Gegenstand der Einsicht bilden demgemäss nur die Daten der gesuchstellenden Person selbst. Werden in den Akten zu der gesuchstellenden Person Drittper-

sonen erwähnt, so sind diese zu anonymisieren resp. zu schwärzen.

2.2 Einsicht in Rialto- und Journaleinträge im Besonderen

Rialto - wie auch das Polizeijournal - ist ein Informationssystem der Kantonspolizei Bern, in welchem alle polizeilich relevanten Daten bearbeitet werden. Für polizeiliche Vorfälle ab einer gewissen Relevanz wird jeweils ein sogenanntes Ereignis im Rialto angelegt. Dazu werden die Personalien der Beteiligten, das Datum des Ereignisses, das Datum und die Umstände des Meldeeingangs, der oder die rapportierende Polizeimitarbeitende und eine Kurzzusammenfassung des Sachverhaltes erfasst. In Journaleinträgen zum Rialto-Ereignis beschreiben die Mitarbeitenden der Kantonspolizei Bern in kurzer und prägnanter Form ihre Handlungen und Wahrnehmungen bei den einzelnen Einsätzen und allenfalls Angaben zum weiteren Vorgehen. In dieser Form ermöglicht Rialto im Ereignisfall sowohl die rasche Orientierung des Lagezentrums zuhanden der Korpsleitung, als auch die rasche Orientierung der Medienstelle und weiterer Mitarbeitender der Kantonspolizei Bern. Zudem dient es der laufenden Verbesserung und Weiterentwicklung der polizeilichen Arbeitsmethoden und damit der Qualitätssicherung. Bei den Journaleinträgen zu einem Rialto-Ereignis handelt es sich um ein rein internes Arbeitsmittel. Die darin enthaltenen Informationen sind nicht direkt gerichtsverwertbar. Gerichtsverwertbare Informationen erfolgen in der Form eines Rapportes an die Staatsanwaltschaft.

Das Rialto-Ereignis enthält neben der Dokumentation der Ereignisse aus Sicht der Mitarbeitenden auch Hinweise auf die Einsatztaktik der Kantonspolizei Bern. An deren Geheimhaltung besteht mit dem Interesse des Polizeiwesens an der Geheim-

haltung seiner Arbeitsweise und -methoden ein überwiegendes öffentliches Interesse. Deshalb gibt die Kantonspolizei Bern in Anwendung von Artikel 21 Absatz 4 KDSG praxisgemäss lediglich die Originaltexte des Kurzsachverhalts und der jeweiligen Journaleinträge bekannt, ohne die einsatztaktischen Elemente. Befinden sich in den Journaleinträgen zusätzliche einsatztaktische Hinweise, werden diese geschwärzt.

Ebenso werden Daten von Drittpersonen geschwärzt, da nur die Daten der gesuchstellenden Person selbst zur Einsicht offenstehen (vgl. Art. 21 Abs. 4 KDSG).

III. Erteilung der Akteneinsicht

Gestützt auf die unter Ziff. II 2.2 erörterten rechtlichen Grundlagen wird dem Gesuchsteller Einsicht in die ihn betreffenden Journaleinträge gewährt (vgl. Beilage). Anlässlich den Journaleinträgen Nr. 20211014.0463, Nr. 20210923.0244 sowie Nr. 20211019.0532 zugrundeliegenden Ereignissen (Teilnahme an einer unbewilligten Kundgebung) wurde der Gesuchsteller lediglich einer polizeilichen Personenkontrolle unterzogen. Abgesehen von den Personalien befinden sich keine weiteren Ausführungen zum Gesuchsteller in diesen Einträgen, weshalb diese lediglich auszugsweise bekannt gegeben werden.

IV. Kosten

In Anwendung von Artikel 32 der Verordnung über die Gebühren der Kantonsverwaltung (Gebührenverordnung, GebV) werden keine Gebühren erhoben.

V. Demnach wird verfügt

1. Die Aktenauskunft wird erteilt.

2. Betreffend die unter Ziffer II. 1.1. a) erwähnten Akten wird die Akteneinsicht teilweise gewährt, soweit darauf eingetreten wird.

3. *Das Akteneinsichtsgesuch wird betreffend die unter Ziffer II 1.1. b) erwähnten Akten zuständigkeitshalber an die Staatsanwaltschaft des Kantons Bern, Region Bern-Mittelland, weitergeleitet.*

4. *Für die Bearbeitung des Akteneinsichtsgesuchs werden keine Gebühren erhoben.*

5. *Zu eröffnen an:*
   - Herr Guido Brunner, Lochbach 10, 3414 Oberburg

Freundliche Grüsse
[handschriftlich gezeichnet]
Stefan Lanzrein
Kommandant-Stellvertreter

Beilagen
- *Kopie Weiterleitungsschreiben an Staatsanwaltschaft Bern-Mittelland*
- *Begleitschreiben Beantwortung Fragen*
- *Journaleintrag Nr. 20211014.0463 vom 14. Oktober 2021: Kundgebung nochmals nach Bern, Gesuchsteller als betroffene Person*
- *Journaleintrag Nr. 20210923.0244 vom 23. September 2021: Kundgebung «Bern wir kommen», Gesuchsteller als beschuldigte Person*
- *Journaleintrag Nr. 20211001.0412 vom 1. Oktober 2021: Treffen der Verfassungsfreunde mit Freiheitsboten, Gesuchsteller als betroffene Person*
- *Journaleintrag Nr. 20211019.0532 vom 19. Oktober 2021: politische Veranstaltung in Sachen Covid-19-Zertifikat durch «Freunde der Verfassung», Gesuchsteller als betroffene Person*

Rechtsmittelbelehrung

Gegen diesen Entscheid kann innert einer Frist von 30 Tagen ab Erhalt bei der Sicherheitsdirektion des Kantons Bern, Kramgasse 20, 3011 Bern, schriftlich Beschwerde erhoben werden (Art. 67 des Gesetzes über die Verwaltungsrechtspflege, VRPG; BSG 155.21). Die Beschwerde ist im Doppel einzureichen und muss einen Antrag, die Angaben von Tatsachen und Beweismitteln, eine Begründung sowie eine Unterschrift enthalten.

b. Die Staatsanwaltschaft hat Akten bereits vernichtet

Gemäss der Auskunft der Kantonspolizei sollte mir die Staatsanwaltschaft Auskunft geben über die Anzeigenrapporte von den beiden Kundgebungen vom 9. Mai 2020 (angezeigt am 3. Juli 2020) und vom 16. Mai 2020 (angezeigt am 9. Juli 2020).

Gemäss Schreiben der Staatsanwaltschaft vom 13. Februar 2024 wurden die Akten vom Anzeigenrapport des 3. Juli 2020 wegen Verjährung bereits vernichtet. Diese Geschichte ist um vierten Kapitel des ersten Bandes (Justizversagen) ab der Seite 89 beschrieben. Gut so, dann bleibt diese Geschichte der Nachwelt erhalten.

Im gleichen Schreiben erklärt die Staatsanwaltschaft, dass ich den Vorfall vom 16. Mai (abgeblockte "Kundgebung" auf der Allmend) beim Regionalgericht Bern-Mittelland, Strafabteilung, Amtshaus. Hodlerstrasse 7, 3011 Bern, zu richten habe. Dieser Strafbefehl ist im ersten Band "Zeitdokumente einer Fake-Pandemie (Corona) Medien spalten - Widerstand vereint" im ersten Kapitel auf der Seite 21 auszugsweise abgebildet. Nachfolgend integral das Schreiben der Staatsanwaltschaft. Auch hier: Der Fall bleibt in den "Akten", zwischen zwei Buchdeckeln der Nachwelt erhalten.

Staatsanwaltschaft des Kantons Bern
Region Bern-Mittelland
Hodlerstrasse 7
3011 Bern
Telefon ...

Herr
Guido Brunner
Lochbach 10
3414 Oberburg

Bern, 13. Februar 2024

Ihr Gesuch um Einsicht in Polizeiakten

Sehr geehrter Herr Brunner

Mit Ihrem Schreiben vom 15. Januar 2024 haben Sie bei der Kantonspolizei Bern um Einsicht in Polizeiakten ersucht. Das Gesuch wurde uns mit Schreiben vom 8. Februar 2024 weitergeleitet, wovon Sie eine Kopie erhalten haben.

Bei der Staatsanwaltschaft Bern-Mittelland sind Sie im Zusammenhang mit den von der Kantonspolizei aufgeführten Verfahren folgendermassen registriert:

- Als beschuldigte Person im Verfahren BM 20 24384 (Anzeigerapport vom 8. Juni 2020) wegen Ungehorsams gegen amtliche Verfügungen. Infolge Einsprache gegen den Strafbefehl vom 9. Juli 2020 wurde das Verfahren dem Regionalgericht Bern-Mittelland, Strafabteilung, zur weiteren Folgegebung übermittelt.

Gemäss Art. 101 StPO (Schweizerische Strafprozessordnung)
und Art. 3 Abs. 2 EG ZSJ (bernisches Einführungsgesetz zur
Zivilprozessordnung, zur Strafprozessordnung und zur Ju-
gendstrafprozessordnung) hat diejenige Behörde über die
Einsichtnahme in Akten zu entscheiden, die das Verfahren
führt oder geführt hat. Entsprechend haben Sie Ihr Gesuch
an das Regionalgericht Bern-Mittelland, Strafabteilung, Amt-
haus, Hodlerstrasse 7, 3011 Bern, zu richten.

- Gemäss unserer Geschäftskontrolle wurde mit dem Anzeige-
rapport vom 3. Juli 2020 eine Übertretung angezeigt. Dieses
Verfahren ist gemäss Art. 109 und 98 lit. a StGB verjährt und
die Akten wurden vernichtet. Entsprechend können dazu kei-
ne weiteren Auskünfte erteilt werden.

Besten Dank für Ihre Kenntnisnahme.

Freundliche Grüsse
[handschriftlich unterzeichnet]
H. Wenger, Leitender Staatsanwalt

c. Zwei Veranstaltungen anlässlich Zertifikatspflicht 2021 wurden beobachtet

Anhand der Journaleinträge der Kantonspolizei konnte ich feststellen, dass ein "Picknick auf der Strasse" von der Polizei am 1.
Oktober 2021 beobachtet wurde. Zu dieser Zeit war die Zertifikatspflicht bereits in der dritten Woche für Restaurants, Freizeit-
und Kultureinrichtungen und Versammlungen in Innenräumen
verpflichtend. Daher hatten die Verfassungsfreunde Burgdorf und
die Freiheitsboten Emmental gemeinsam zum monatlichen Treffen im Freien eingeladen. Wenn wir schon nicht ins Restaurant
gehen durften, dann assen wir eben "demonstrativ" in Fussgän-

gerzone der Burgdorfer Altstadt, der Marktgasse. Im Polizei-Journal wurde am 1. Oktober 2021 um 17:38 Uhr dazu eingetragen:

Aufruf in einschlägigen WhatsApp-Chats von Corona-Massnahmegegner zum "Treffen der Verfassungsfreunde mit Freiheitsboten" am Freitag, 1.10.2021, ab 1900 Uhr, zum Picknick draussen auf der Schmiedegasse Burgdorf. Es ist mit einem friedlichen "Protest-Picknick" zu rechnen. Die Schmiedegasse ist jeden Tag um die betreffende Uhrzeit für den motorisierten Verkehr gesperrt. Wie viele Personen dem Aufruf folgen werden ist schwierig abzuschätzen. Gemäss Aufruf wird um ca. 2000 Uhr nach Hasle bei Burgdorf, in eine "gute Stube", verschoben. Der Aufruf erfolgt durch "Guido und ..."
Beim Organisator "Guido" dürfte es sich um Brunner Guido, 26.02.1969, 3414 Oberburg, Lochbach 10 / ABI 2x Demonstration unbewilligt handeln.

Bei der Stadt Burgdorf ist keine Gesuch für diesen Anlass eingegangen. Den Verantwortlichen der Stadt tolerieren die Aktion, solange sie friedlich verläuft. Picknicken ist in der sowieso gesperrten Schmiedegasse nicht verboten.

Um 20:55 wird ein Text eröffnet und um 21:38 mutiert:

Ohne Gesuch - Stadt toleriert Aktion
Massnahmen gemäss Mail (im Ereignis unter zusätzliche Infos abgelegt)

Um 21:42 wird ein weiterer Text eröffnet:

Ab ca. 1915 Uhr formierte sich in der Schmiedengasse, Höhe Spielwarengeschäft Buchmann, eine Gruppe von ca. 10 Personen. Sie breiteten Wolldecken und Sitzunterlagen aus und liessen sich zum Picknicken nieder.

Tröpfchenweise kamen weiter Personen (u.a. Familien mit Kindern) dazu, insgesamt nahmen 22 Personen am «Picknick» teil. Das Ganze verlief friedlich und ohne Zwischenfälle. Die Teilnehmenden hatten weder Transparente noch Plakate dabei. Die Gruppe sprach auch keine Passanten an. Ab 2045 Uhr löste sich die Gruppe allmählich auf.

Guido Brunner, Leiter Verfassungsfreunde Burgdorf, war vor Ort.

Wie mit den Verantwortlichen der Stadt Burgdorf abgesprochen, wurde das "Picknick" in diesem Rahmen toleriert.

Vor Ort

[...mutmasslich geschwärzte Namen von Angehörigen der Polizeitruppe, welche mich am Anschluss des Treffens in der Oberstadt auf der Emmentalstrasse kontrollierte, ca. 1 km vom Veranstaltungsort entfernt...]

Bis zur Kenntisnahme des obigen Polizeirapportes war ich nicht sicher, in welcher Form wir überwacht wurden. Die Kontrolle war offensichtlich motiviert um den "Aufrufer" des tolerierten Picknicks auf der Metzgergasse in Burgdorf zu identifizieren.

*

Für einen weiteren Anlass aus meiner organisatorischen Feder wurde meine Person in Akten der Kantonspolizei erfasst: Am 19. Oktober 2021 organisierte ich im Namen der Verfassungsfreunde Burgdorf in der Markthalle einen Anlass mitten in der Zertifikatspflicht. "Ist der soziale Frieden in der Schweiz noch zu retten?" lautete der Titel der kontradiktatorischen politischen Veranstaltung und wurde ausserhalb der Telegram-Blase in den beiden Wochenzeitungen und via den Veranstaltungskalender der Stadt Burgdorf beworben. Damals fanden sich um die 110 Menschen in der Markthalle in Burgdorf ein zu einem Podium mit den zwei Referenten zum oben genannten Thema ein: Der joviale Grossrat Michael Ritter von den grünliberalen (Geschichtslehrer am Gymasium in Burgdorf) und der bedächtige Grossrat Michel Seiler (und Leiter der heilpädagogischen Institution Staerrenegg), ein Urgestein der Grünen im Emmental. Offenbar weilte der Informant der Meldung für die Polizei der Veranstaltung nicht bei, da der Eintrag bereits um 18:20 Uhr geschlossen wurde. Die Veranstaltung begann um 19:00 Uhr. Von den 110 Anwesenden dürfte schätzungsweise nur um die 10 bis 20 Menschen für die Massnahmen sein, welche im Namen des Covid-19-Gesetzes standen (Einschränkungen). Ich getraue mir diese Schätzung, da ich sehr viele bekannte Gesichter aus der massnahmenkritischen Szene als Veranstalter begrüssen durfte.

d. Zwei weitere Wegweisungen ohne Anzeige

In eine weitere protokollierte Personenkontrolle geriet ich am 15. Oktober 2021, der berühmten Einkesselung von um die 500 kontrollierten Kundgebungsteilnehmern. Diese Kundgebung ist im Kapitel 7f im zweiten Band von den Zeitdokumenten auf der Seite 138 beschrieben.

Nicht zuletzt wurde die Personenkontrolle vom 23. September 2021 im Polizeisystem eingetragen: Dies war auf dem Weg zu einer der ersten Kundgebungen nach der Einführung der Zertifikatspflicht. Meine Absicht war es damals, Blumen bzw. Grünzeug von Stauden am Bundeshauszaun auf dem Bundesplatz zu befestigten. Dieses Vorhaben kostete mich damals (um 17:45 Uhr) eine Wegweisung, ohne mit dem Grünschmuck bis zum Bundeshauszaun vordringen zu können. In Anbetracht der damals bereits 4 laufenden Strafverfahren verzichtete ich auf eine weitere "Heldentat": Die Sammlung dieser Berner Donnerstagsdemo beobachtete ich daher von der Dachterrasse meines Lieblingsrestaurants Tibits. Da ich den beiden Wegweisungen "brav" folgte, wurden mir keine weiteren Strafverfahren eröffnet, da die Polizei diese offenbar aus rechtlichen Gründen nicht zur Anzeige bringen konnte und im Fall der Einkesselung nicht wollte/konnte.

7. Nationalratswahlen 2023 ohne Sitzgewinn der Bürgerrechtsbewegungen

Quelle: *https://www.weiser-weg.ch/guido-brunner-in-den-nationalrat* (Kapitel a-d)

a. Elemente aus meiner Wahlkampagne

- *Interview Buch Justizversagen, Alp Obere Gestelen vom 24. August 2023[35] (29.8.2023, 39 Minuten, Orbit3)*
- *Kurzversion auf Youtube[36] (29.8.2023, 6 Minuten, Orbit3)*
- *Smartspider (10.9.2023, Smartvote)*

Am 22. Oktober 2023 sind Nationalratswahlen. Ich stelle mich zur Wahl, da mir die Aufarbeitung der Corona-Zeit ein Herzensanliegen ist! Welche Positionen ich und Aufrecht Bern sonst noch vertreten, und wer ich sonst noch bin: Darum geht es nachfolgend.

b. Meine Positionen und mein Menschenbild

Quelle: *https://www.weiser-weg.ch/guido-brunner-in-den-nationalrat*

Selbstverantwortung
Grundsätzlich glaube ich an das Gute im Menschen und dass wir uns als Menschheit in einer freiheitlichen Grundordnung am besten entfalten können, im Einklang mit der Natur. Ich bin überzeugt, dass wir göttliche Geschöpfe sind und mehr als nur einmal auf unserem wunderbaren Erdplaneten zu Besuch sind.

---

[35] https://rumble.com/v3cmvwm-guido-brunner-auf-der-alp.html?mref=1owuum&mc=7cp2p

[36] https://m.youtube.com/watch?si=7-z1YzjAudhx07a_&v=xSQDN_MwB7Q&feature=youtu.be

Die materiellen Grundlagen sind uns geliehen und daher sollten wir sorgfältig damit umgehen.

Transparenz, Grundrechte und Staatsgewalten

Für das Zusammenleben in der Gesellschaft erachte ich es als wichtig, die erforderlichen Entscheide in grösstmöglicher Transparenz zu fällen. Wer Macht übernimmt, muss sich der Machtkontrolle durch die Bürger/innen stellen. Dazu gehören insbesondere öffentliche zugängliche Register (Grundstücke, Firmen, steuerliche Einschätzung).

Staatliche Aufgabenerfüller haben sich besonders transparent zu verhalten, wie es auch das Öffentlichkeitsprinzip vorsieht. Die Grundrechte sind nicht verhandelbar, sind ewig gültig und dienen der Abwehr allfällig übergriffiger Staatsgewalten seitens Regierungen, Politik und der Justiz.

Gemäss obigen Grundsätzen gehe ich von mündigen Staatsbürger/innen aus, die sich mit einem Minimum an Regeln gehen, gemäss dem Rechtsprinzip: "Was du nicht willst was man dir tut, das füge auch keinem anderen zu". Oder anders formuliert: "Es kann zwar nicht jeder tun was er will, es sollte aber niemand etwas tun müssen, was er nicht will".

Aufarbeitung Corona-Zeit

Neben der Transparenz in Politik und Wirtschaft setze ich mich für eine seriöse Aufarbeitung der staatlichen und privaten Übergriffe gegenüber rechtschaffenen Menschen ein. Dazu erachte ich die Aufarbeitungsinitiative[37] als einen tauglichen Weg. Die im Februar 2023 gestartete Volksinitiative verlangt eine sondergerichtliche Untersuchung, ob die Massnahmen während der Coronakrise zielführend, verhältnismässig und damit auch verfassungskonform waren. Impfopfer sollen fair entschädigt

---

[37] https://www.aufarbeitungsinitiative.ch/

werden und Unschuldige sollen rehabilitiert werden. Korruption soll verfolgt werden.

c. Visionen gegen totalitäre Tendenzen

Quelle: *https://www.weiser-weg.ch/guido-brunner-in-den-nationalrat*

Begrenzung der Konzernmacht

Bereits seit mehr als 30 Jahren stelle ich fest, dass die Konzerne immer mächtiger werden und als Gegenreaktion die Staatsgebilde ebenfalls immer grösser werden. In Europa ist dies spürbar mit der stetigen Ausweitung der Regelbefugnisse der Europäischen Union. Die führte 2020/2021 soweit, dass die nicht vom Volk gewählte Repräsentation der europäischen Kommission, Ursula von der Leyen, Vertragsverhandlungen über Millionen Impfstoffdosen für die gesamte Bevölkerung der EU mittels SMSen massgeblich beeinflusste. Es darf nicht sein, dass ein einzelner Mensch über umstrittene Medizinprodukte für beinahe ganz Europa wacht und damit viele interne und externe Verhandlungsstandards der EU missachtet.

Daher plädiere ich grundsätzlich für eine Machtbegrenzung von Konzernen über zwei Messgrössen: Anzahl der Beschäftigen und der konsolidierten Bilanzsumme. Wenn in einer Firma diese noch zu definierenden Grenzen überschritten würden, müsste eine Aufteilung der Firma verfügt und vollstreckt werden.

Bildung und Familie

Weiter soll die freie Schulwahl eingeführt werden. Die Eingriffsmöglichkeiten des Staates in familiäre Angelegenheiten soll zurückgebunden werden. Der Verwaltungsstaat muss entschlackt werden.

d. Dafür will Aufrecht Bern in den Nationalrat

- *Mein Profil bei Aufrecht Bern*[38]
- *Homepage Nationalratswahlen Aufrecht Bern*[39]

*Positionen aus dem Flyer an alle Wahlberechtigten im Kanton Bern (**Liste 37**):*

AUFRECHT BERN IST LOBBYFREI!

- *Wir vertreten keine Interessen von Verbänden oder Industriesektoren wie Pharma, Energie, Banken...*
- *Wir stehen für Werte wie Selbstbestimmung und Eigenverantwortung, Menschenrechte sowie dezentrale Lösungen statt Zentralismus.*

Aufarbeitung der Corona-Zeit

- *Aufrecht Bern fordert eine Aufarbeitung der Corona-Zeit durch eine unabhängige Kommission.*
- *Waren die Massnahmen verhältnismässig?*
- *Gab es Korruption?*
- *Wie werden „Impf"-geschädigte unterstützt?*
- *Was sind die Erkenntnisse für die nächste Pandemie?*
- *Keinen Pandemievertrag mit der WHO. Die Schweiz darf keine Regierungskompetenz der korrumpierenden WHO abgeben.*
- *Wir fordern Reformen bei der WHO*

Wie viel Digitalisierung darf es sein?

- *Bargeld ist Freiheit und soll erhalten bleiben. Bargeld fördert die Unabhängigkeit u.a. von Sozialkredit-Systemen wie in China.*

---

[38] https://www.aufrecht.be/guidobrunner/

[39] https://www.aufrecht.be/guidobrunner/

- *Kein Digital-Zwang, keine Ausgrenzung von Menschen ohne Smartphone und Internet gegenüber Behörden und Grundversorgern.*
- *Dem Ausbau der Digitalisierung wie Impfpass, E-ID mit gesunder Skepsis begegnen.*
- *Aufklärung über die gesundheitsschädigenden 5G-Antennen.*

Zurück zur Neutralität
- *Seit 1815 ist die Schweiz neutral.*
- *Unser Land soll wieder die Vermittlerrolle übernehmen und einen Ort der Verhandlung sein.*
- *Wir fordern die Wiederherstellung der Neutralität und wir stellen uns gegen die Beteiligung an Sanktionen und eine weitere Einbindung in die NATO.*
- *Wir wollen gute Beziehungen mit allen Ländern pflegen.*

Abbau von Bürokratie und Gebührenlast
- *Förderung des Wirtschaftsstandorts Schweiz und der Landwirtschaft.*
- *Im Fokus steht der Abbau der Bürokratie und Abgaben.*

e. Weitere Vorstellung auf der persönlichen Website

Quelle: *https://www.weiser-weg.ch/guido-brunner-in-den-nationalrat*

Wer bin ich?
Personalien

Name:	Guido Brunner[40]
Ausbildung:	Tiefbauzeichner EFZ und Raumplaner FH
Geburtsjahr:	1969
Sternzeichen:	Fische, Aszendent Jungfrau
Familie:	Vater dreier Töchter, im Alter zwischen 20 und

---

[40] https://www.weiser-weg.ch/biografisches

	24 Jahren
Tätigkeit:	*Buchautor, z.Z. Alpsenn im Berner Oberland*
liiert:	*mit Fabienne R. seit 2021*
Hobbies:	*Wandern, Radfahren, Lesen, Fotografieren*
	spirituelles Heilen, Männerberatung

Autor Buchreihe Zeitdokumente einer Fake-Pandemie

Die Erlebnisse rund um die Verfassungsfreunde, Gerichtsver-fahren und die Zeit der Zertifikatspflicht habe ich in einer Trilo-gie niedergeschrieben. Im ersten veröffentlichen Band Justiz-versagen[41] beschreibe ich meine Erfahrungen aus sechs Straf-verfahren wegen der Teilnahme an Kundgebungen und dem Nichttragen der Gesichtsmaske im öffentlichen Raum.

Schock infolge Coronakrise

Die Ereignisse der drei Jahre veränderte meine Sicht auf unsere Schweiz von Grund auf. War ich vor dem Jahre 2020 noch ein glühender Verfechter eines sozialen Ausgleichs durch den Staat, so bin ich heute sehr skeptisch gegenüber dem Gewalt-monopol des Staates eingestellt. Die faktische Kaperung des Staates durch die Pharmamafia schockte mich. Deswegen en-gagierte ich mich in zwei Referenden gegen das Covid-19-Ge-setz. Ich musste feststellen, dass die Leitmedien gleichgeschal-tet waren und sind und der Bundesrat eine Gesundheitsdiktatur installierte und bis Ende März 2022 durchregierte. Die Zertifi-katspflicht spaltete unsere Gesellschaft im Herbst/Winter 2021/2022, nachhaltig.

Bücher, die mein Weltbild prägen
Menschenbild, Liebe

* *Rutger Bregman: (2020), Im GRUNDE GUT, Eine neue Ge-schichte der Menschheit, Verlag rororo, D*

---

[41] https://www.weiser-weg.ch/buchreihe-fake-pandemie

- *Barry Long: (2001), SEXUELLE LIEBE, Auf göttliche Weise, Verlag Neue Erde, D*
- *Diana und Michael Richardson: (2014), Zeit für Männlichkeit, Mehr Kompetenz in Sachen Sex und Liebe zwischen Mann und Frau, Verlag Innenwelt, D*

Medien, Kontrollwahn, Big-Tech

- *Ulrike Guérot: (2022), Wer schweigt, stimmt zu. Über den Zustand unserer Zeit. Und darüber, wie wir leben wollen, Verlag Westend, D*
- *Rainer Mausfeld: (2018), WARUM SCHWEIGEN DIE LÄMMER?, Wie die Elitedemokratie und Neoliberalismus unsere Gesellschaft und unsere Lebensgrundlagen zerstören, Verlag Westend, D*
- *Edward Snowden: (2019), Permanent Record, Meine Geschichte, Verlag S. Fischer, D*
- *Mirinda Devine: (2022), Hunter Bidens Laptop from Hell, Die Zensur der Internet-Giganten und die schmutzigen Geheimnisse des Joe Biden, Verlag Kopp, D*

Geld, Pharma, Korruption, Satanismus

- *Norbert Häring: (2016), Die Abschaffung des Bargelds und die Folgen, Der Weg in die Totale Kontrolle, Verlag Quadriga, D*
- *Robert F. Kennedy Jr: (2022), DAS WAHRE GESICHT DES DR. FAUCI, Bill Gates, die Pharmaindustrie und der globale Krieg gegen die Demokratie und Gesundheit, Verlag Kopp, D*
- *Ulla Fröhling: (2015), VATER UNSER IN DER HÖLLE, Inzest und Missbrauch eines kleinen Mädchens in den Abgründen einer satanistischen Sekte, 480 Seiten, mvn-Verlag, D*

f. Analyse persönliche Anschreiben in sozialen Medien

Quelle: *https://t.me/guido_Brunner/14*

Unterstütze mich mit einer Wahlempfehlung

Bestelle den Flyer via guido.brunner@bluewin.ch oder Brief und versende die Wahlempfehlung an Bekannte!

Mindestbestellmenge: 10 Stück (Format A6=Postkarte), Postadresse erforderlich.

www.guido-brunner.ch

Quelle: *https://t.me/c/1941745632/84*

Aufruf mit der Bitte um Postkartenversand (Analyse)

Meldung

Die Reaktionen bei 50 persönlich angeschriebenen Menschen davon ca. 40 bekannt aus der Coronazeit. Ich bat um persönliche Postkartenversände mit meinem Standardslogan "Aufarbeitung Coronazeit, ohne wenn und aber": (https://t.me/guido_Brunner/14)

Ergebnis

1 x finanzielle Zuwendung (ausgewanderter Freund nach Tansania)

1 x Weiterleitung der Nachricht an Bekannte im Kanton Bern (vom Leiter Aufarbeitungsinitiative, Kanton Zürich)
1 x Telefongespräch mit Hardcoreaktivist auf der Strasse
1 x Emoi mit Herz

Bewertung
Ich habe mir ehrlich etwas mehr davon erhofft...
Es scheint, als ginge der harte Strassenwiderstand nicht mehr wählen.

Methodisches
Die Anfragen gingen vorgestern um die Mittagszeit raus. Um die 15 Menschen haben die Nachricht noch gar nicht gelesen, davon 10 auf Telegram und 5 auf Threema.

Ausblick
Bin gespannt, ob von diesem Viertel aller Angeschriebenen noch was kommt! Ich lasse mich gerne eines besseren belehren, ob doch noch eine substanzielle Unterstützung aus dem Strassenwiderstand kommt.

g. Ergebnisse der Nationalratswahlen im Kanton Bern

Quelle: *https://www.bernerzeitung.ch/nationalraete-kanton-bern-sp-und-svp-gewinnen-sitze-gruene-und-fdp-muessen-federn-lassen-718979620998*

Nationalräte Kanton Bern
SP und SVP gewinnen Sitze – Grüne und FDP müssen Federn lassen
Damit hatte niemand gerechnet: Nicht nur die Grünen, sondern auch die Freisinnigen müssen im Kanton Bern einen Sitz abgeben.

Brigitte Walser*
Publiziert: 23.10.2023, 00:05

Bern machte es wieder einmal spannend. Er gab als letzter Kanton die Resultate der Nationalratswahlen bekannt. Bis spät in den Abend hinein mussten die Kandidierenden warten, bis auch die Stimmen in der Stadt Bern ausgezählt waren und Klarheit herrschte. Um 22.20 Uhr war es so weit.

Was Staatsschreiber Christoph Auer dann im Berner Rathaus verkündete, entsprach dem nationalen Trend, enthielt aber auch einige Überraschungen.

Die Wahlbeteiligung lag bei 49,7 Prozent, 2019 war sie leicht tiefer bei 47,4 Prozent. Gewählt haben die Bernerinnen und Berner 14 Männer und 10 Frauen aus insgesamt 776 Kandidierenden.

SVP gewinnt einen Sitz

Die SVP kann einen Sitz zulegen, obwohl drei ihrer bisher sieben Nationalräte nicht mehr zur Wahl antraten. Neu gewählt wurden Katja Riem aus Kiesen, Thomas Knutti aus Weissenburg und Ernst Wandfluh aus Kandergrund. Sie sind alle Mitglieder des Grossen Rats. Ebenfalls gewählt wurde Werner Salzmann, der aber grosse Chancen hat, wieder in den Ständerat gewählt zu werden. Nachrutschen würde dann Hans Jörg Rüegsegger, er landete auf dem ersten Ersatzplatz.

Bestätigt wurden Lars Guggisberg, Erich Hess, Nadja Umbricht Pieren und Manfred Bühler, der den Berner Jura vertritt.

SVP und SP legen zu, Grüne und FDP verlieren

Stimmbeteiligung: 49,7 %, Total 24 Sitze

Der Wähleranteil der SVP stieg nur minim um 0,9 Prozentpunkte auf 30,9 Prozente. Aber die Partei ging dieses Mal mit der

FDP eine Listenverbindung ein, nachdem sie vor vier Jahren alleine gekämpft hatte, das dürfte ihr genützt haben. Die SVP stellt künftig die jüngste Berner Nationalrätin. Katja Riem ist 26 Jahre alt.

SP macht einen Sitz und Wähleranteile gut

Für eine Überraschung sorgte die SP. Sie konnte nicht nur einen Sitz zulegen, sondern besetzte diesen auch mit einer weiteren Frau. Die Partei zieht somit mit vier Frauen und einem Mann in die grosse Kammer ein. Neu gewählt wurde Grossrätin Ursula Zybach aus Spiez. Leer aus gingen die beiden Favoriten für den zusätzlichen Sitz Ueli Schmezer und Adrian Wüthrich. Bestätigt wurden Matthias Aebischer, Tamara Funiciello, Nadine Masshardt und Flavia Wasserfallen. Letztere liegt im Ständeratswahlkampf nach dem ersten Wahlgang an erster Stelle und hat somit gute Chancen, noch in die kleine Kammer zu wechseln. Nachrutschen würde dann Andrea Zryd, sie liegt auf dem ersten Ersatzplatz.

Ihren Wähleranteil konnte die SP von 16,8 auf 20,7 Prozent steigern.

WÄHLERANTEIL NATIONALRAT, SCHLUSSRESULTAT

Partei	Wähleranteil	(%)Gewinn/Verlust
SVP	30,9%	+0,9%
SP	20,7%	+3,9%
GPS	10,8%	-2,8%
GLP	10,5%	+0,8%
Mitte	8,1%	-1,8%
FDP	7,5%	-0,9%
EVP	4,3%	+0,1%
EDU	3,9%	+1,5%
Sonst.	3,4%	-1,5%

[Aufrecht   1.0%
Piraten   0,9%
Bürgerliche   0,6%
Massvoll   0,5%
Schweizer D.   0,4%
Los Normalos   0,1%
Jutzi   0,0%][42]

Grüne müssen einen Sitz wieder abgeben

Bei den kantonalen Wahlen vor einem Jahr triumphierten die Grünen noch und konnten ihren Wähleranteil steigern. Jetzt müssen sie Federn lassen, wenn auch nicht so viele wie nach ersten Hochrechnungen befürchtet worden war. Der Wähleranteil sank von 14,1 auf 10,8 Prozent. Konnten die Grünen vor vier Jahren ihre Sitze von zwei auf vier verdoppeln, müssen sie jetzt wieder einen abgeben. Es traf jenen von Natalie Imboden, die erst 2022 in den Nationalrat nachgerutscht war.

FDP nur noch mit einem Vertreter

Eine böse Überraschung erlebten die Freisinnigen. Die Listenverbindung mit der SVP scheint ihnen geschadet zu haben. Die Partei kann den Sitz der zurücktretenden Christa Markwalder nicht halten. Christian Wasserfallen ist künftig der einzige Berner Vertreter der FDP im Nationalrat. Er ist im Kanton der Amtsälteste und startet in die fünfte Legislatur.
Sandra Hess, die im Ständeratswahlkampf den guten vierten Rang erreicht hat, schaffte die Wahl in den Nationalrat nicht. Die Partei, hatte vor vier Jahren noch einen Wähleranteil von 8,4 Prozent, dieser liegt nun bei 7,5 Prozent.

---

[42] Die Stimmenanteile "Sonst" sind vom Autor aus den Rohdaten der Staatskanzlei Bern aufgeschlüsselt worden. Aus Rundungsgründen ergibt das Total 3.5% anstelle von 3.4%

Grünliberale weiterhin zu dritt

Die Grünliberalen können aufatmen. Sie behalten den dritten Sitz, den sie vor vier Jahren knapp hinzugewinnen konnten. Kathrin Bertschy, Jürg Grossen und Melanie Mettler sind wieder gewählt. Die GLP konnte den Wähleranteil leicht von 9,7 auf 10,5 Prozent steigern.

Die Mitte kann zwei Sitze halten

Bei der Mitte kommt es zu einem Wechsel. Zwar behält sie ihre zwei Sitze, doch einmal mehr schaffte Heinz Siegenthaler die Wahl nicht auf Anhieb. Er wurde vom Berner Gemeinderat Reto Nause übertrumpft, der einen aktiven Wahlkampf betrieben hatte und nun den zweiten Mitte-Sitz besetzen kann.
Lorenz Hess wurde bestätigt. Der Wähleranteil der Partei ist von 9,9 Prozent auf 8,1 Prozent gesunken.

EVP und EDU bleiben im Nationalrat

Stabil blieben die EVP und die EDU. EVP-Politiker Marc Jost schaffte die Wiederwahl und auch Andreas Gafner von der EDU bleibt im Nationalrat. Die EDU ging wiederum zahlreiche Listenverbindungen mit Kleinstparteien ein, darunter die Bewegungen Mass-voll und Aufrecht, die aber chancenlos blieben.

* Brigitte Walser ist Redaktorin im Ressort Bern und schreibt vor allem über gesundheits- und sozialpolitische Themen.

*

Wahlanalyse: Mehr GLP-Stimmen nach links als nach rechts

Quelle: *https://www.bernerzeitung.ch/wahlanalyse-mehr-glp-stimmen-nach-links-als-nach-rechts-942626581422* (2. Hälfte)

Publiziert: 31.10.2023, 17:13

[...]

Relativ viele SVP-Stimmen für Impfskeptiker

Die Mitte wird gemäss dieser Grafik ihrer Selbstdarstellung gerecht: Von 20 Prozent ihrer Panaschierstimmen profitierte die SP, von 23 Prozent die SVP. Dass die FDP (15 Prozent) weniger Mitte-Panaschierstimmen erhielt als die SVP, könnte damit zusammenhängen, dass sich die zur Mitte gewandelte BDP im Jahr 2008 von der SVP abspaltete. Von dieser SVP gingen je 23 Prozent der Panaschierstimmen an FDP und Mitte, erstaunliche 14 Prozent aber auch an die EDU und 13 Prozent an übrige Parteien, dabei zur Hauptsache an die Impfskeptiker von Mass-voll und Aufrecht.

Der Hauptharst der FDP-Panaschierstimmen (33 Prozent) floss zur SVP, die nächsthöheren Zahlen gab es für die Mitte (24 Prozent) und die GLP (18 Prozent). Wie eigentlich immer in solchen Darstellungen zeigt sich auch hier die Verbundenheit von EVP und EDU, die je über 20 Prozent ihrer Panaschierstimmen untereinander austauschten. Am nächsten steht der EDU aber die SVP, die von 46 Prozent der Panaschierstimmen dieser Partei am rechten Rand profitierte.

[Autor] Rudolf Burger ist Politologe, Lehrbeauftragter an der Universität Bern und ehemaliger stellvertretender Bund-Chefredaktor.

Foto [aus Online-Artikel von oben]*: Raphael Moser*

Die Parteien am rechten Rand konnten nicht reüssieren. Sie waren in erster Linie Stimmenlieferanten für die Listenpartnerin EDU.

8. Aufarbeitungsanläufe und Grundrechtsinitiative

a. Petition Frühling2020 an Bundesversammlung

Quelle: *https://fruehling2020.com/*

Petition ausserparlamentarische unabhängige Untersuchungskommission Frühling2020

Sehr geehrte Frau Nationalratspräsidentin,
Sehr geehrter Herr Ständeratspräsident,
Sehr geehrte Mitglieder der Bundesversammlung,

Die Unterzeichnenden [55'000] fordern eine ausserparlamentarische unabhängige Untersuchungskommission Frühling2020 zur Aufarbeitung der vom Bundesrat am 28. Februar 2020 erklärten besonderen und der am 16. März 2020 ausgerufenen ausserordentlichen Lage gemäss Epidemiengesetz.
Die unabhängige Untersuchungskommission soll insbesondere die Verhältnismässigkeit der getroffenen Massnahmen gemäss Artikel 5 und 36 Abs. 3 der Bundesverfassung prüfen. Sie soll vom Bundesrat ernannt werden. Die Mitglieder dieser Kommission sind Fachleute der Medizin, Pflegewissenschaft, Ethik, Rechtswissenschaft, Ökonomie sowie der Medien- und Kommunikationswissenschaft. Sie dürfen keine Interessenvertreter sein und müssen frei von Bindungen sein, die ihre Unabhängigkeit beeinträchtigen. Das Mandat der obengenannten Untersuchungskommission wird für die einzelnen Fachbereiche präzisiert, gegebenenfalls erweitert und zeitlich befristet.

Unsere Forderungen

Die ausserparlamentarische unabhängige Untersuchungskommission:

- *untersucht, ob gemäss Art. 36 Abs. 3 der Bundesverfassung die Einschränkung der Grundrechte verhältnismässig war. Sie prüft auch, ob die angerufenen Art. 7 des Epidemiengesetzes und insbesondere Art. 185 der Bundesverfassung die Grundlage bilden konnten, um in der COVID-19-Krise die Bundesverfassung und die Bundesgesetze abzuändern.*
- *prüft, ob der Bundesrat vorgängig zur besonderen und ausserordentlichen Lage gemäss Epidemiengesetz eine Risikoanalyse durchgeführt hat und welche Kriterien untersucht wurden.*
- *untersucht die bundesrätlichen Entscheide und verordneten Massnahmen bezüglich Evidenz, jeweilig aktuellem Erkenntnisstand zu COVID-19, Wirtschaftlichkeit und Verhältnismässigkeit.*
- *beauftragt ein von Bund und Swissmedic unabhängiges Labor zur Untersuchung der eingesetzten Tests zur Feststellung einer COVID-19-Infektion. Diese Tests müssen in Bezug auf ihre Aussagekraft, insbesondere ihre Spezifität und Sensitivität, unter Berücksichtigung des anzunehmenden Durchseuchungsgrads der Schweizer Bevölkerung überprüft werden. Die Gesamtkosten für alle in der Schweiz eingesetzten Tests müssen transparent gemacht werden.*
- *stellt fest, wie die von den Behörden und Medien erstellten Hochrechnungen und Statistiken zustande kamen und ob sie praxisbezogenen epidemiologischen Standards genügten.*
- *untersucht, wie der Bedarf an Spitalbetten berechnet und im Verlauf an die Gegebenheiten angepasst wurde. Die Belegungszahlen der Spitäler während der besonderen und ausserordentlichen Lage gemäss Epidemiengesetz muss eruiert werden.*
- *prüft, ab welchem Zeitpunkt und wie die moderate Gefährlichkeit von COVID-19 mit in die Entscheidungen einbezogen wurde.*

- *stellt fest, ab wann und wie die Reproduktionszahl vom CO-VID-19 mit in die Entscheide eingeflossen ist und welche epidemiologischen und virologischen Erkenntnisse vorliegen, die es rechtfertig(t)en, gewisse Massnahmen lange Zeit aufrechtzuerhalten.*
- *schafft Transparenz, ob die Beratergremien und der Bundesrat verschiedene Fachpersonen mit unterschiedlichen Meinungen angehört haben und Austausch mit Ländern ohne Lockdown bestand und besteht.*

Fachpersonen der Rechtswissenschaft, Ethik, Ökonomie und Medien- und Kommunikationswissenschaft definieren vorgängig zur Wahl der ausserparlamentarischen unabhängigen Untersuchungskommission Frühling 2020, welche Aspekte im jeweiligen Fachgebiet in Bezug auf die besondere und ausserordentliche Lage gemäss Epidemiengesetz untersucht werden sollen.

Wir möchten, dass sowohl in der Gesellschaft als auch in der Fachwelt ein Austausch darüber stattfinden kann, was geschehen ist. Die Einseitigkeit und Absolutheit der transportierten Informationen und Gesundheitsvorstellungen hat der Polarisierung in unserer Gesellschaft Vorschub geleistet. Wir möchten in Zukunft andere Antworten finden, als die jetzt umgesetzten.
Wir unterzeichnen für ein würdevolles Menschsein, Eigenverantwortung und Selbstbestimmung! Wir unterzeichnen für eine Schweiz, die zurück zu Ausgewogenheit, Demokratie und Vielfalt findet. Der Einfachheit halber wird im Text von „COVID-19" gesprochen, auch „SARS-CoV-2" oder „neues Corona-Virus" genannt.

Laufzeit der Petition: 18. Juni 2020 bis 18. April 2021 [Einreichungsdatum: 22. April 2021]

b. Offener Brief der Bürgerrechtsbewegungen

Quelle: *https://fruehling2020.com/wp-content/uploads/ 2024/03/Offener-Brief-Buergerbewegungen-CH-Aufarbeitung-Pandemie-Entscheide-1.3.2022.pdf*

1. März 2022

Offener Brief von Menschen aus den Bürgerbewegungen Schweiz

Kein Frühling ohne Frühlingsputz!

Die Aufarbeitung der Pandemie-Entscheide ist zwingend

Das Aufatmen nach den Lockerungen des Bundesrates ist überall spürbar. Ende gut, alles gut? Wir meinen nein. Es ist dringend, nach zwei Jahren Pandemiemodus einen Zwischenhalt einzulegen und das Vergangene einer gründlichen Analyse zu unterziehen. Wir wünschen uns eine Gesellschaft, die gestärkt aus der Krise hervorgeht und sich dem Diskurs und der Rich-

tungsfrage stellt. In der grössten globalen Krise der Nachkriegszeit sind sehr viele Menschen erschüttert worden und die gesellschaftlichen Umwälzungen sind tiefgreifend. Das ganze Ausmass der durch die Massnahmen entstandenen Schäden ist noch nicht absehbar. Vieles deutet zudem darauf hin, dass weiterhin intensiv an Massnahmen gearbeitet wird, die bisher keinen belegbaren Nutzen erbracht haben und gegen Verfassung und Menschenrechte verstossen.

Deshalb fordern wir die Einsetzung einer unabhängigen, ausserparlamentarischen Untersuchungskommission APUK zur Untersuchung der Pandemie – Entscheide. Jetzt!

Weshalb es eine Untersuchung braucht

Allein die Tatsache, dass innerhalb von zwei Jahren mindestens 60 Milliarden Steuerfranken[i] für Massnahmen ausgegeben und Garantien und Bürgschaften von weiteren 42 Milliarden eingegangen wurden, rechtfertigt eine breit angelegte Untersuchung. 10'000 Menschen haben am 12. Februar beim Eidg. Finanzdepartement ein Klagebegehren[ii] gegen die Corona-Politik der vergangenen zwei Jahre eingereicht und fordern Schadenersatz.

Bis heute fehlen jegliche wissenschaftliche Beweise, dass SARS-Cov-2 im Vergleich zu den alljährlich im Winterhalbjahr zirkulierenden Corona- und Influenzaviren[iii] für grosse Bevölkerungsteile gefährlich und die Massnahmen somit verhältnismässig und gerechtfertigt waren. Nach allen heute vorliegenden Erkenntnissen handelt es sich bei der SARS-CoV-2 - Pandemie um eine Testpandemie. Diese generiert ihre «Fallzahlen» primär mittels äusserst fehlerhaftem und falsch eingesetztem PCR-Test für ein einzelnes Virus mit moderater Gefährlichkeit.[iv]

Zusammenfassend fordern wir, dass die APUK alle Entscheidungsgrundlagen, alle daraus abgeleiteten Entscheide und jede einzelne Massnahme minutiös auf ihre Verhältnismässigkeit, wissenschaftliche Evidenz, medizinische Relevanz und ihre Verfassungs- und Rechtmässigkeit untersucht wird.

Insbesondere müssen die Spitalbettberechnungen sowie der massive Spital- und Intensivbettenabbau in den Jahren 2020/21 erklärt werden. Alle Tests und Testverfahren sowie die daraus generierten «Fallzahlenstatistiken» gehören gründlich untersucht. Die mit den Pharmafirmen abgeschlossenen Verträge müssen der Bevölkerung offengelegt werden. Zulassungsverfahren der COVID-19 – Impfstoffe (bzw. der völlig neuartigen mRNA-Geninjektionen) sowie deren Nebenwirkungen müssen zwingend analysiert und transparent gemacht werden. Mögliche Interessenkonflikte von Entscheidungstragenden müssen schonungslos aufgezeigt werden. In diesem Zusammenhang wird es unter anderem wichtig sein, die Rolle der «Covid-19 Task Force» zu klären.[v]

Es muss offengelegt werden, ob und wie im Verlaufe der vergangenen zwei Jahre vorgängig zur Einführung der jeweiligen Massnahmen Risikoanalysen durchgeführt wurden (Kohortenstudien SARS-CoV-2, wirtschaftliche, soziale und rechtliche Risikoanalysen z.B. auch bezüglich Einführung der G-Regelungen[vi]).

Ebenfalls sehr wichtig ist die Überprüfung, ob das Parlament seiner Aufsichtspflicht gemäss Art. 169 und 170 der Bundesverfassung laufend nachgekommen ist und auf welche Entscheidungsgrundlagen es sich dabei abgestützt hat.

Eine Parlamentarische Untersuchungskommission PUK, wie sie teilweise angestrebt wird, ist nicht ausreichend. Die Entscheide sollen nicht von denselben Parlamentarier/innen und Interessengruppen untersucht werden, die die Entscheide mitverursacht oder mitgetragen haben.

Sind die Lockerungen ein trojanisches Pferd?

Aus dem Abschlussbericht der COVID-19 – Taskforce[vii] vom 15.2.2022 wird deutlich, wohin die Reise gehen soll: Testungen, Genom-Monitoring der Bevölkerung, Immunmonitoring[viii], saisonale Maskenpflicht und regelmässige Impfungen sollen zur neuen Normalität werden.

Unklar ist, was mit den bisherigen Daten der COVID-Zertifikate geschieht. Klar scheint hingegen, dass die digitale Überwachung der Bürgerinnen und Bürger in den vergangenen zwei Jahren einen weiteren Schritt hin in Richtung zu einer Verschmelzung von biologischer und digitaler Identität gemacht hat[ix].

Die Bestellung von weiteren Millionen COVID-Impfdosen[x] ohne seriöse Überprüfung der bisherigen (provisorischen) Zulassungen und Nebenwirkungen, erachten wir als skandalös. Bis heute wurde bei genauer Analyse der Zulassungsstudien kein Nutzen belegt[xi].

Sehr beunruhigend sind die jüngsten Bestrebungen der Weltgesundheitsorganisation WHO, ein weltweit völkerrechtlich rechtsverbindliches Instrument zur zukünftigen Pandemie- Bekämpfung zu schaffen, welches die Verfassung von Ländern jederzeit aushebeln kann[xii]. Die Schweiz ist eng in diesen Prozess eingebunden.

Bundesrat und Parlament haben die Freiheit und Verpflichtung, autonom von der WHO zu handeln. Der Bund darf zwecks Bekämpfung mässig gefährlicher Erreger keine Sonderkompetenzen beanspruchen[xiii]. Zudem hat sich der Bundesrat in seiner Botschaft zur Revision des Epidemiengesetzes 2010 dafür ausgesprochen, dass die Anordnungen der WHO nicht automatisch übernommen werden[xiv].

Wir wollen eine Schweiz, die freier wird von der Willkür von macht- und geldkorrumpierten Organisationen!

Wir ruhen nicht, bis eine Untersuchung durchgeführt wird.

Nebst dem Juristen-Komitee[xv] fordert auch die Bürgerbewegung Aufrecht Schweiz[xvi] Aufarbeitung und Strafgericht. Bereits im April 2021 haben 55'557 Bürger/innen die Petition Frühling2020 für eine APUK unterzeichnet. Die 10 Forderungen sind immer noch aktuell: www.fruehling2020.com.

Sobald die APUK ihre Arbeit aufgenommen hat, erwarten die Unterzeichnenden eine regelmässige ungeschönte, transparente und öffentliche Information über die Ergebnisse und die öffentlichen Anhörungen. Wir, die hier vertretenen Organisationen, stehen für eine aktive und konstruktive Zusammenarbeit zur Verfügung.

Wir werden nicht eher ruhen, bis dass, die durch die Krise aufgeworfenen Fragen, untersucht worden sind und der gesellschaftliche Diskurs in Gang gekommen ist.

[i] *https://de.statista.com/statistik/daten/studie/1209627/umfrage/staatlichen-ausgaben-im-zuge-der-corona-krise-in-der-schweiz*

[ii] *Klagebegehren von Wir Menschen vom 12.2.2022: https://wirmenschen.ch/wp-content/uploads/2022/02/2022-01-12-Klagebegehren-EFD-anonymisiert.pdf*

[iii] *Bundesamt für Gesundheit: https://www.bag.admin.ch/bag/de/home/suche.html#Saisonbericht%20Grippe*

Verschiedene Corona-Viren sind jährlich für 5-15% der grippalen Infekte und damit verbundenen Atemwegserkrankungen beim Menschen mitverantwortlich. Siehe frühere Saisonbericht Grippe 2018/19: S. 13 und 14. Ab Frühjahr 2020 wurde die Grippestatistik zugunsten einer reinen COVID-19-Statistik eingestellt. Abruf Internetseite am 19.3.2020.

[iv] *Grand Jury Tag 3 - PCR Test (deutsche Übersetzung); Fachleute aus Wissenschaft, Medizin und Recht beleuchten den PCR-Test: https://odysee.com/@GrandJury:f/Grand-Jury-Tag-3-de-ok:b 14. Februar 2022*

v RE-CHECK; Catherine Riva, Serena Tinari; „Wissenschaft im Pandemie-Modus: Der seltsame Fall der Swiss National COVID-19 Science Task Force"; https://www.re-check.ch/wordpress/fr/wissenschaft-pandemie-task-force 19.2.2021

vi Deklaration von über 300 Schweizer Juristinnen und Juristen: «2G-Zertifikatspflicht ist verfassungswidrig» vom 24.12.2021: https://juristen-komitee.ch/declaration-2g/

vii Abschlussbericht der COVID-19 – Taskforce, «Aspekte zum Umgang mit SARS-CoV-2 in den kommenden 12 Monaten» vom 15.2.2022: https://sciencetaskforce.ch/wp-content/uploads/2022/02/2022.02.15Medium_Term.pdf

viii Tagesanzeiger vom 20.2.2022: https://www.tagesanzeiger.ch/die-immunitaet-der-bevoelkerung-soll-kuenftig-ueberwacht-werden-674300171035

ix RE-CHECK; Catherine Riva, Serena Tinari | Jannes van Roermund; «Function creep» im Pandemie-Modus: der seltsame Fall der Covid-19- Zertifikate – Zusammenfassung / Artikelserie November, Dezember 2021: https://www.re-check.ch/wordpress/fr/function-creep-covid-19-zertifikate-zusammenfassung/

x SRF News vom 5.11.2021; Überblick über verimpfte und bestellte COVID-19 – Impfstoffe: https://www.srf.ch/news/schweiz/ueberblick-die-wichtigsten-corona-impfstoffe-informationen-auf-einen-blick-2

xi ALETHEIA Offener Brief an Swissmedic vom 8.7.2021: https://aletheia-scimed.ch/IMG/pdf/2021-07-08_offener_brief_an_swissmedic_sofortige_sistierung_covid-19_impfstoffe_webversion-2.pdf

xii Internationaler Vertrag zu Pandemieprävention und -vorsorge in Vorbereitung: https://www.consilium.europa.eu/de/policies/coronavirus/pandemictreaty

xiii Bundesverfassung Art. 118 II lit. b

xiv Botschaft zur Revision des Epidemiengesetzes 2010: https:// fedlex.data.admin.ch/eli/fga/2011/43; S. 364; Art. 6, Abs. 2 lit. B EpG

xv Stellungnahme des Juristen Komitees vom 19.2.2022: https://juristen-komitee.ch/wp-content/uploads/ 2022/02/2022-02-19_Stellungnahme-CB-auf-BR-DE.pdf

xvi Medienmitteilung Aufrecht Schweiz vom 18.2.2022: https:// aufrecht-schweiz.ch/aufarbeitung-dringend-noetig/

c. Aufarbeitungsinitiative als Lichtschimmer

Quellen der Abschriften: Unterschriftsbogen mit Logo Verfassungsfreunde

Im Bundesblatt veröffentlicht am 28.02.2023, Sammelfrist bis am 28.8.2024 (1 ½ Jahre Sammelfrist).

Von Inhalt der Initiative bin ich sehr überzeugt, da eine Aufarbeitung scheinbar nicht in die Gänge kommt. Die bisherigen Untersuchungen des Bundesrates und des Parlaments (Geschäftsprüfungskommissionen GPK) lassen einen Mantel des Schweigens über diese Zeit fallen. Eine Aufarbeitung seitens der offiziellen Politik findet nicht statt: Siehe dazu die Medienmitteilungen des Bundesrates zur Stellungnahme des Bundesrates zum Bericht der GPK (Anhang Kapitel 5h) wie auch die Vernehmlassung zur Revision des Epidemiengesetzes (29.11.23 - 22.3.2024, Anhang, Kapitel 5i)

Das will die Aufarbeitungsinititiative

Eine umfassende Aufarbeitung der Corona-Zeit durch eine ausserparlamentarische und vom Volk gewählte Kommission

- *Abklären ob Massnahmen zielführend, verhältnismässig und verfassungskonform waren*
- *Abklären ob es Verbrechen wie z. B. Korruption, etc. gab*

- *Abklären ob bessere Behandlungsmöglichkeiten oder Vorsorge verhindert wurden*
- *Faire Entschädigung und Unterstützung für Impfopfer und andere Geschädigte*
- *Amnestie für Unschuldige & Erkenntnisse für die nächste Pandemie*

Initiativkomitee

Das Komitee kann die Initiative mit dem absoluten Mehr der stimmberechtigten Mitglieder zurückziehen, falls ein guter Gegenvorschlag vom Parlament eingebracht würde. Dies ist aktuell kaum zu erwarten.

Peter Burch, Im Chnebler 2, 8602 Wangen, Hedwig Hauswirth, Bäpur 7, 8618 Oetwil am See, Vera Schenk, Kastelsstr. 91, 2540 Grenchen, Roland Lüthi, Metzgermattstrasse 4, 3380 Wangen a/A, Sarah Dohr, Rte. de St. Légier 15d, 1800 Vevey, Aline Santamaria, Waldaustr. 21, 8606 Nänikon, Alcide Rüefli, Hasenmattstr. 4, 2540 Grenchen, Alexandra Brunet, Neumatt 3, 5712 Beinwil am See, Patrick Hofer, Wildsbergstr. 52, 8606 Greifensee.

Eidgenössische Volksinitiative «Aufarbeitung der Hintergründe der Covid- 19-Pandemie (Aufarbeitungsinitiative)»
Die Bundesverfassung wird wie folgt geändert:
Einfügen vor dem Gliederungstitel des 6. Titels:
5. Kapitel: Behörden zur Aufarbeitung der Hintergründe der Covid-19-Pandemie

Art. 191d Gründung einer schweizerischen Untersuchungskommission

Zur Untersuchung der Hintergründe der Covid-19-Pandemie wird eine ausserparlamentarische schweizerische Untersuchungskommission gegründet.

Art. 191e Allgemeine Aufgaben der Kommission

1 Die Kommission nimmt ihre Arbeit nach Annahme der Artikel 191d–191r durch Volk und Stände so schnell wie möglich auf und untersucht die Hintergründe der von der Weltgesundheitsorganisation ausgerufenen Covid-19-Pandemie.

2 Sämtliche Kosten, die der Kommission in Zusammenhang mit ihrer Aufgabenerfüllung entstehen, gehen zulasten der Schweizerischen Eidgenossenschaft.

3 Zu den Aufgaben der Kommission gehört insbesondere die Beantwortung der nachfolgenden Fragen:

a. Können die angewandten Tests, welche die Grundlage der Covid-19-Massnahmen in der Schweiz bilden oder bildeten, sicher zwischen Sars-CoV-2-Viren und anderen Viren unterscheiden oder ist eine solche sichere Unterscheidung nicht nachgewiesen?

b. Können oder konnten die angewandten Tests mit Sicherheit das infektiöse Sars-CoV-2-Virus von nicht vermehrungsfähigen Bruchstücken des Virus unterscheiden?

c. Wurden die angewandten Tests immer nach gleichen Vorgaben, zum Beispiel bezüglich der Anzahl Amplifikationen, durchgeführt und waren die Tests geeicht und validiert?

d. Kann nachgewiesen werden, dass asymptomatische, sich gesund fühlende Personen epidemiologisch signifikant für die Verbreitung von Sars-CoV-2-Viren sind oder waren, oder hatten die Entscheidungsträgerinnen und Entscheidungsträger die Massnahmen ohne hinreichende wissenschaftliche Grundlagen angeordnet?

e. Wie viele Intensivpflegekapazitäten waren nach 2019 im Vergleich zu den Vorjahren tatsächlich vorhanden und wie war deren Auslastung im Vergleich zu früheren Jahren?

f. Waren die Massnahmen notwendig und geeignet, um eine Überlastung von Intensivpflegekapazitäten zu verhindern, und waren die dadurch bewirkten Einschränkungen der Grundrechte und Menschenrechte, insbesondere wirtschaftliche und soziale Schäden, angemessen im Vergleich zum beweisbaren Nutzen?

g. Sind die zu Beginn des Jahres 2020 prognostizierten Sterblichkeitsraten aufgrund von Sars-CoV-2-Viren und die anderen Vorhersagen zum Verlauf der Covid-19-Pandemie eingetreten? Falls nicht: Konnten sich die verantwortlichen Personen auf damals tatsächlich existierende, wissenschaftlich hinreichende Grundlagen für die getätigten Prognosen stützen?

h. Wurde die Bevölkerung der Schweiz in transparenter Weise laufend über die bekannten Auswirkungen der Covid- 19-Impfungen aufgeklärt oder gibt es Beweise dafür, dass die Bevölkerung der Schweiz fahrlässig oder vorsätzlich unzutreffend oder unzureichend informiert wurde? Gab es in irgendeiner Form Verstösse gegen den Nürnberger Codex?

4 Die Kommission ist verpflichtet, einen Bericht über das Ergebnis der Untersuchungen zu den Hintergründen und den tatsächlich vorgefallenen Sachverhalten im Zusammenhang mit der Covid-19-Pandemie, insbesondere auch nach Artikel 191q, zu erstellen und zu veröffentlichen.

Art. 191f Besondere Aufgaben der Kommission für eine würdige Entschädigung von Personen mit Covid-19-Impfschäden

1 Die Kommission stellt die Covid-19-Impfschäden unabhängig und uneingeschränkt fest und wahrt dabei die Interessen der geschädigten Personen. Jede Person ist der Kommission gegen-

über auskunftspflichtig. Vereinbarungen zu Beschaffungen von Covid-19-Impfstoffen sind bei Annahme der Artikel 191d–191r durch Volk und Stände sofort vollständig und unverändert durch den Bundesrat zu veröffentlichen. Die Kommission informiert die Öffentlichkeit transparent über die Arten von Impfschäden und ihr tatsächliches Ausmass in Zahlen.

2 Die Hersteller der Impfstoffe sind für die Impfschäden und die damit zusammenhängenden Kosten zu 100 Prozent ersatzpflichtig. Subsidiär haften am Hersteller beteiligte oder bisher beteiligte natürliche und juristische Personen, soweit sie durch die Beteiligung bereichert sind. Anderslautende Vereinbarungen, Erlasse oder Entscheide sind nichtig.

Art.191g Besondere Aufgaben der Kommission bei Indizien für Straftatbestände

1 Die Kommission teilt Indizien für Straftatbestände nach Schweizer Recht, die sie während ihrer Untersuchungen erlangt, den ordentlichen Strafbehörden mit. Für Verfahren betreffend Personen, welche Massnahmen im Zusammenhang mit der Covid-19-Pandemie erlassen haben oder massgeblich auf die entsprechende Entscheidungsbildung Einfluss hatten oder an der Umsetzung der Massnahmen beteiligt waren, sowie für Verfahren im Zusammenhang mit der Covid-19-Impfung ist zwingend das Spezialgericht nach Artikel 191h zuständig.

2 Die Kommission kann aber auch bei Verdacht auf Vergehen oder Verbrechen nach freiem Ermessen Beweise neben den ordentlichen Strafbehörden erforschen und eine Beurteilung durch das Spezialgericht verlangen.

Art. 191h Gründung eines Spezialgerichts

Zur Beurteilung der von der Kommission untersuchten Sachverhalte wird ein Spezialgericht gegründet; dieses ist zwingend zuständig für Verfahren betreffend Personen, welche Massnah-

men im Zusammenhang mit der Covid-19-Pandemie erlassen haben oder massgeblich auf die entsprechende Entscheidungsbildung Einfluss hatten oder an der Umsetzung der Massnahmen beteiligt waren, sowie für Verfahren im Zusammenhang mit der Covid-19-Impfung. Es besteht nach dem Vorbild des Bundesstrafgerichts aus einer erstinstanzlichen Strafkammer, einer Beschwerdekammer sowie einer abschliessend urteilenden Berufungskammer und ersetzt die Zuständigkeit der ordentlichen Gerichte. Ist in einer Strafsache sowohl die ordentliche Gerichtsbarkeit als auch die Gerichtsbarkeit des Spezialgerichts gegeben, so werden die Verfahren in der Hand der Kommission vereinigt.

Art. 191i Verfolgungsverjährung und Vollstreckungsverjährung

Die Verfolgungsverjährung und die Vollstreckungsverjährung treten bei Verbrechen und Vergehen in Zusammenhang mit der Covid-19-Pandemie nicht ein und die Antragsfrist für einen Strafantrag beträgt sechs Monate nach Veröffentlichung des Untersuchungsberichts der Kommission.

Art.191j Zusammensetzung der Kommission

1 Die Kommission besteht zu Beginn ihrer Arbeit aus sieben Mitgliedern. Das Komitee der am 28. Februar 2023 im Bundesblatt veröffentlichten Volksinitiative «Aufarbeitung der Hintergründe der Covid-19-Pandemie (Aufarbeitungsinitiative)» und die Bundesversammlung schlagen dem Volk jeweils sieben Personen zur Wahl vor. Es dürfen nur Personen vorgeschlagen werden, die weder Amtsträgerinnen und Amtsträger sind oder waren noch am Erlass von Covid-19-Massnahmen beteiligt waren.

2 Mindestens jeweils zwei vom Initiativkomitee und von der Bundesversammlung vorgeschlagene Personen sind mittels der

meisten Stimmen zu wählen. Scheidet eine Person aus, wird eine Ersatzperson vom Initiativkomitee oder von der Bundesversammlung ernannt, je nachdem, von wem die ausgeschiedene Person vorgeschlagen wurde.

3 Der Bundesrat stellt sicher, dass die Kommission nach Annahme der Artikel 191d – 191r durch Volk und Stände innert sechs Monaten durch das Volk gewählt wird.

4 Die Kommission kann je nach Umfang der Arbeit weitere Mitglieder durch das Volk wählen lassen.

Art.191k Organisation der Kommission

Die Kommission ist in ihrer Organisation und Aufgabenerfüllung frei.

Art. 191l Immunität der Kommission

1 Die Mitglieder der Kommission sind hinsichtlich ihrer im Rahmen der Aufgabenerfüllung vorgenommenen Handlungen keiner Gerichtsbarkeit unterworfen. Diese Immunität steht ihnen auch nach Abschluss ihrer Amtstätigkeit zu.

2 Gegen ein Kommissionsmitglied kann ein Strafverfahren nur mit Ermächtigung der Mehrheit der restlichen Kommissionsmitglieder eingeleitet werden.

Art. 191m Strafrechtliche Immunität

Die Immunität aller Personen, insbesondere der Mitglieder der Exekutiven, Legislativen und Judikativen aller Staatsebenen, ist für mögliche Straftatbestände in Zusammenhang mit der Covid-19-Pandemie aufgehoben.

Art. 191n Verhinderung von gesundheitsfördernden Behandlungen

Die Kommission klärt ab, ob der Einsatz von gesundheitsfördernden Behandlungsmethoden und wirksamen Medikamenten oder besserer Prophylaxe verhindert wurde und ob dadurch vermeidbare schwerere Krankheitsverläufe oder Todesfälle verursacht wurden.

Art. 191o Amnestie
Sollten natürliche oder juristische Personen für das Nichtbefolgen von Covid-19-Massnahmen, die widerrechtlich sind, bestraft worden sein, wird die Strafe erlassen und es erfolgt eine vollumfängliche Entschädigung für Prozess- und Anwaltskosten durch den Staat.

Art. 191p Öffentlichkeit der Untersuchungen
1 Die Kommission und das Spezialgericht informieren die Öffentlichkeit mit regelmässigen Pressemitteilungen und TV-Ausstrahlungen möglichst transparent über den Verlauf der Untersuchungen und Gerichtsverhandlungen, soweit dies mit dem Untersuchungszweck vereinbar ist.
2 Die Schweizerische Radio- und Fernsehgesellschaft ist verpflichtet, jede Information der Kommission sowie des Spezialgerichts zu Hauptsendezeiten auf den Hauptkanälen bedingungslos und unzensuriert auszustrahlen.
3 Die Kommission sowie das Spezialgericht können ihre Informationen frei und vollständig auffindbar auf ihrer Internetseite veröffentlichen.

Art. 191q Überprüfung der Grundlagen für Covid-19-Massnahmen
1 Falls die Kommission in ihrem Unteruchungsbericht einen der folgenden Sachverhalte feststellt, sind die im Zusammenhang mit der Covid-19-Pandemie erlassenen Massnahmen als widerrechtlich zu werten:
a. Es wurde nicht mit schweizweit geeichten und validierten Covid-19-Tests gearbeitet, beispielsweise aufgrund unter-

schiedlicher Vorgaben je nach Labor bezüglich der Anzahl Amplifikationen, oder die eingesetzten Covid-19-Tests waren nicht geeignet, um replizierbare Sars-CoV-2-Viren festzustellen, die Tests bezogen sich nur auf kleine Teile, beispielsweise Fragmente von Viren anstelle von ganzen infektiösen Viren, oder die Tests konnten nicht zwischen dem Sars-CoV-2-Virus und anderen Viren, beispielsweise anderen Coronavirenstämmen, unterscheiden und die mit diesen Tests erstellten Zahlen oder Ergebnisse dienten als eine Grundlage für die Feststellung der Covid-19-Pandemie.

b. Bei über 50 Prozent der vom Bundesamt für Gesundheit (BAG) als Covid- 19-Tote gezählten Verstorbenen kann das BAG nicht nachweisen, dass die betreffenden Verstorbenen tatsächlich natürlich kausal am Sars-CoV-2-Virus verstorben sind, und nicht ausschliessen, dass in Wirklichkeit andere tödliche Krankheiten als ebenso mögliche Todesursache vorlagen.

c. Es gab Länder oder Regionen innerhalb eines Staatsgebietes, beispielsweise amerikanische Bundesstaaten, mit über 500 000 Einwohnerinnen und Einwohnern und mit einer der Schweiz vergleichbaren oder grösseren Bevölkerungsdichte, die 2020 oder 2021 keine oder kaum Covid-19-Massnahmen wie die Maskenpflicht erlassen hatten, die aber dennoch keine schlechteren Zahlen bezüglich Covid-19-Sterblichkeit und Hospitalisationen im Vergleich zur Schweiz aufwiesen oder bei denen es im Vergleich zu den Jahren vor Ausrufung der Covid-19-Pandemie zu keiner statistisch signifikanten Übersterblichkeit kam. Oder es gab Bundesstaaten wie beispielsweise Florida, Texas, South Dakota und weitere, welche über mehrere Monate betrachtet keine oder weniger strenge Massnahmen erlassen hatten und tiefere oder nicht signifikant höhere Zahlen bezüglich Covid-19-Sterblichkeit und Hospitalistionen hatten als vergleichbare Bundesstaaten.

d. Niemand in der Schweiz kann innert einer Frist von maximal zwölf Monaten ein gereinigtes Sars-CoV-2-Isolat der Virenstämme von 2020 oder 2021 nach den Henle-Koch-Postulaten, einschliesslich der Kontrollexperimente, vorweisen.

e. Es gab während der Covid-19-Pandemie in der Schweiz keine signifikante Übersterblichkeit innerhalb einer Zeitperiode von zwölf Monaten bis zu dem Zeitpunkt, als über sechzig Prozent der Bevölkerung zweimal geimpft waren, im Vergleich mit den Durchschnittswerten der letzten zehn Jahre unter der Berücksichtigung der Zuwanderung sowie der Altersstruktur der Bevölkerung und der damit zu erwartenden Todesfälle und der damit zusammenhängenden Sterblichkeit.

2 Sollten sich die auf nationaler oder kantonaler Ebene ergriffenen Massnahmen gemäss der rechtlichen Würdigung der Kommission in ihrem Untersuchungsbericht für widerrechtlich oder verfassungswidrig oder unverhältnismässig oder gar willkürlich erweisen, so haften die Personen, die die Massnahmen erlassen oder massgeblich daran mitgewirkt haben, mit ihrem Vermögen solidarisch mit dem Kanton oder Bund für die entstandenen Schäden und sie werden strafrechtlich verfolgt.

3 Die Verjährungsfrist für Schadenersatz- wie auch Genugtuungsansprüche im Zusammenhang mit der Covid-19-Pandemie beträgt 20 Jahre.

Art. 191r Ergänzende Bestimmungen zum Spezialgericht

1 Zu Richterpersonen des Spezialgerichts ernannt beziehungsweise gewählt werden können an Gerichten des Bundes, der Kantone oder Bezirke aktuell oder ehemals tätige Richterinnen und Richter mit fundierter Erfahrung in der Führung von Strafverfahren und Kenntnissen in den drei Amtssprachen. Zu Gerichtsschreiberinnen und Gerichtsschreibern gewählt werden können Juristinnen und Juristen mit fundierter Erfahrung im

Strafrecht und Kenntnissen in den drei Amtssprachen. Das Komitee der Aufarbeitungsinitiative und die Bundesversammlung schlagen dem Volk Personen zur Wahl vor. Der Bundesrat stellt sicher, dass die Richterinnen und Richter nach Annahme der Artikel 191d – 191r durch Volk und Stände innert sechs Monaten durch das Volk für eine Amtsdauer von fünf Jahren gewählt werden.

2 Das Spezialgericht regelt seine Organisation und Verwaltung selbst. Es richtet seine Dienste ein und stellt das nötige Personal an. Es führt eine eigene Rechnung. Die Richterinnen und Richter des Spezialgerichts werden wie ordentliche Bundesrichterinnen und -richter mit einer 100-Prozent-Stelle entlöhnt.

3 Sämtliche Kosten, die dem Spezialgericht nach freiem Ermessen für seine Aufgabenerfüllung entstehen, gehen zulasten der Schweizerischen Eidgenossenschaft.

d. Souveränitätsinitative «Für den wirksamen Schutz der verfassungsmässigen Rechte»

Quelle: *https://grundrechte-ja.ch/*

Eidgenössische Volksinitiative «Für den wirksamen Schutz der verfassungsmässigen Rechte (Souveränitätsinitiative)»; *veröffentlicht im Bundesblatt am 17. Oktober 2023.*

Die Bundesverfassung[1] wird wie folgt geändert:

Art. 54a[2] Verhältnis von Völkerrecht und nationaler Souveränität

[1] *Die Schweiz geht keine völkerrechtlichen Verpflichtungen ein, welche die rechtsetzenden, rechtsanwendenden oder rechtsprechenden Behörden von Bund, Kantonen oder Gemeinden infolge unmittelbarer Anwendbarkeit oder erforderlicher Umsetzung im*

nationalen Recht verpflichten, in den Schutzbereich von Grundrechten oder übrigen verfassungsmässigen Rechten natürlicher oder juristischer Personen einzugreifen, insbesondere durch sicherheits-, wirtschafts-, gesundheits- oder umweltrechtliche Vorschriften präventiver oder repressiver Natur.

2 Sie geht zudem keine völkerrechtlichen Verpflichtungen ein, welche die schweizerischen Verwaltungs- oder Gerichtsbehörden direkt oder indirekt verpflichten, sich nach der Rechtsanwendung oder Rechtsprechung ausländischer oder inter- oder supranationaler Behörden oder Gerichte, ausgenommen des Internationalen Gerichtshofs und des Internationalen Strafgerichtshofs, zu richten oder sich einem Schiedsgericht zu unterwerfen.

3 Steht eine völkerrechtliche Verpflichtung im Widerspruch zu den Vorgaben nach Absatz 1 oder 2 oder tritt ein solcher nachträglich ein, so sind sämtliche erforderlichen Gegenmassnahmen zu ergreifen, jeweils unter Einhaltung des Gebots der schonenden Rechtsausübung. Wo immer möglich, bringt die Schweiz in Bezug auf einzelne Bestimmungen Vorbehalte an, welche deren Geltung ganz oder teilweise ausschliessen oder deren Inhalt modifizieren. Sind im konkreten Fall keine solchen Vorbehalte zulässig, so kündigt die Schweiz ohne Verzug den zugrunde liegenden völkerrechtlichen Vertrag oder tritt aus der entsprechenden internationalen Organisation oder supranationalen Gemeinschaft aus.

4 Die Absätze 1–3 sind nicht anwendbar auf:
a. die Konvention vom 4. November 1950[3] zum Schutze der Menschenrechte und Grundfreiheiten;
b. völkerrechtliche Verträge des internationalen Privatrechts, einschliesslich des Zivilverfahrensrechts;

c. völkerrechtliche Verträge über die internationale Rechtshilfe in Zivil- und Strafsachen;

d. völkerrechtliche Verträge in den Bereichen des Flug-, Strassen-, Schienen- oder Schiffsverkehrs, des Freihandels, des Asylrechts, des Steuerrechts und des Zollrechts;

e. nichtmilitärische Sanktionen der Vereinten Nationen; und

f. die zwingenden Bestimmungen des Völkerrechts.

Art. 190 Massgebendes Recht

[1] Bundesgesetze und völkerrechtliche Verträge, deren Genehmigungsbeschluss referendumsfähig gewesen ist, sind für das Bundesgericht und die anderen rechtsanwendenden Behörden massgebend, soweit dieser Artikel keine abweichenden Vorgaben enthält.

[2] Völkerrechtliche Bestimmungen, welche entgegen den Vorgaben in Artikel 54a Absätze 1–3 weiterhin in Kraft sind, insbesondere weil die Bundesversammlung oder der Bundesrat es bislang unterlassen haben oder dauerhaft unterlassen, die in Artikel 54a Absatz 3 vorgesehenen Gegenmassnahmen zu ergreifen, dürfen bei der Rechtsanwendung nicht berücksichtigt werden.

[3] Die völkerrechtlichen Verträge gemäss Artikel 54a Absatz 4 werden von allen rechtsanwendenden Behörden auf ihre Konformität mit den in der Bundesverfassung enthaltenen Grundrechten frei überprüft.

Art. 197 Ziff. 15[4]

15. Übergangsbestimmung zu den Art. 54a (Verhältnis von Völkerrecht und nationaler Souveränität) und 190 (Massgebendes Recht)

Mit ihrer Annahme durch Volk und Stände werden die Artikel 54a und 190 auf alle bestehenden und künftigen Bestimmun-

gen der Verfassung sowie auf alle bestehenden und künftigen völkerrechtlichen Verpflichtungen von Bund, Kantonen und Gemeinden unmittelbar anwendbar.

*[1] **SR 101***
[2] Die endgültige Nummerierung dieses Artikels wird nach der Volksabstimmung von der Bundeskanzlei festgelegt; dabei stimmt diese die Nummerierung ab auf die anderen geltenden Bestimmungen der Bundesverfassung und nimmt diese Anpassung im ganzen Text der Initiative vor.
*[3] **SR 0.101***
[4] Die endgültige Ziffer dieser Übergangsbestimmung wird nach der Volksabstimmung von der Bundeskanzlei festgelegt.

Initiativkomitee

Quelle: Unterschriftsbogen

Das Initiativkomitee, bestehend aus nachstehenden Urheberinnen und Urhebern, ist berechtigt, diese Volksinitiative mit absoluter Mehrheit seiner noch stimmberechtigten Mitglieder zurückzuziehen:
***Präsidium:** Nicolas A. Rimoldi, Postfach, 8604 Volketswil und Dr. rer. nat. Roland Bühlmann, Grossacker-strasse 1, 5644 Auw.*
***Mitglieder:** Jean-Luc Addor, Chemin du Grand Roé 21, 1965 Savièse; Franz Böni, Tuffbachweg 4, 3706 Leissigen; Philippe Burger, Mätteliweg 20, 7252 Klosters Dorf; Petra Burri, Stockackerstrasse 17, 3128 Rümligen; Michelle Cailler, av Maurice Troillet 63, 1950 Sion; Marlo Della Giacoma, Allmendstrasse 229, 4058 Basel; Marcel Eugster, Hüttenmattweg 92, 4655 Rohr; Andreas Gafner, Egg 406, 3765 Oberwil; Alex Gantner, Staubergasse 9, 8124 Maur; Andreas Glarner, Am Falter 5, 8966 Oberwil-Lieli; Laura Grazioli, Bützenenweg 16, 4450 Sissach; Philipp Gut, Föhrenweg 8, 5600 Lenzburg; Urs Hans,*

Neubrunn 1672, 8488 Turbenthal; David Heggli, Jägerstrasse 22, 8200 Schaffhausen; Karin Joss, Rebweg 23, 8108 Dällikon; Dr. sc. nat. ETH Barbara Müller, Horbenstrasse 4, 8356 Ettenhausen; Dr. sc. techn. Josef Nemecek, Sagi 8, 8833 Samstagern; Lorenzo Quadri, Via San Gottardo 20A, 6900 Lugano; Lukas Reimann, Ulrich-Röschstrasse 13, 9500 Wil; Jerôme Schwyzer, Niedermattweg 3, 5034 Suhr; Michael Straumann, Doldertal 16, 8032 Zürich; Artur Terekhov, Kirchweg 36, 8102 Oberengstringen; David Trachsel, Schürmatt 1, 4303 Kaiseraugst; Daniel Walti, Lescha sura 10, 7423 Sarn; Dr. iur. Markus Zollinger, Dorfstrasse 53, 8105 Watt.

e. Strafanzeige gegen korrupte Kommissionspräsidentin der EU

Quelle: *https://www.nzz.ch/international/umstrittener-impfstoff-deal-nun-ermitteln-europas-korruptionsjaeger-gegen-ursula-von-der-leyen-ld.1824589*

Umstrittener Impfstoff-Deal: Nun ermitteln Europas Korruptionsjäger gegen Ursula von der Leyen

2021 vereinbarten die Kommissionschefin und der Pfizer-CEO Albert Bourla einen Impfstoff-Deal in Milliardenhöhe. Womöglich wurden dabei relevante Nachrichten gelöscht. Europäische Staatsanwälte gehen dem Fall nach – dies zu einem kritischen Zeitpunkt für von der Leyen.

Daniel Steinvorth, Brüssel
03.04.2024, 05.30 Uhr 4 min

Ursula von der Leyen hätte es wohl selber in der Hand, allen Gerüchten und Anschuldigungen in der sogenannten Pfizer-Affäre den Nährboden zu entziehen. Doch die Lippen der Kommissionspräsidentin bleiben seit Jahren versiegelt.

«Uns liegen keine spezifischen Informationen vor, was die EPPO untersuchen könnte», sagte am Dienstag eine Sprecherin der Kommission. Punkt, aus. Mehr gab es in der bemerkenswerten Angelegenheit, dass die Europäische Staatsanwaltschaft (EPPO) erstmals direkt gegen von der Leyen wegen möglicherweise strafbaren Fehlverhaltens ermittelt, von offizieller Seite nicht zu sagen.

Das Nachrichtenportal «Politico» hatte zuvor berichtet, dass die Behörde mit Sitz in Luxemburg den Fall von der Staatsanwaltschaft in Lüttich übernommen habe. Die Belgier hatten bereits Anfang 2023 eine Ermittlung gegen von der Leyen wegen «Einmischung in öffentliche Ämter, Vernichtung von SMS, Korruption und Interessenkonflikten» eingeleitet, nachdem eine Zivilklage eingereicht worden war.

Klagen von allen Seiten

Der Kläger, ein belgischer Lobbyist, fand, dass die Kommissionschefin vor aller Augen die Transparenzregeln der EU verletzt habe. Und mit dieser Überzeugung war er nicht allein: Seiner Klage schlossen sich wenig später die polnische und die ungarische Regierung an. Parallel dazu klagten ausserdem eine Gruppe von EU-Abgeordneten und die «New York Times» vor dem Europäischen Gerichtshof gegen von der Leyen – in beiden Fällen wegen mutmasslichen Verstosses gegen die Grundrechtecharta der EU.

Bei den Vorwürfen geht es um die turbulente Zeit der Impfstoff-Beschaffung während der Corona-Pandemie. Ende 2020 hatten die Mitgliedstaaten beschlossen, dass die EU gemeinsam Vakzine beschaffen sollte. Die Kommission bestellte direkt bei den Herstellern, und sie konzentrierte sich dabei auf den amerikanischen Pharmariesen Pfizer.

Zwei Mal führten Teams der Kommission (in denen Vertreter der Mitgliedstaaten und Sachverständige sassen) die Verhand-

lungen mit Pfizer. Die Verhandlungen für den dritten Liefervertrag aber übernahm von der Leyen im Frühjahr 2021 persönlich, ohne dafür ein entsprechendes Mandat zu haben. Dabei ging es um die Lieferung von 1,8 Milliarden Impfstoffdosen mit einem geschätzten Auftragsvolumen von 35 Milliarden Euro aus EU-Steuergeldern.

Von der Leyen rühmte sich damals ihres guten Drahtes zu Albert Bourla, dem Pfizer-Vorstandsvorsitzenden. Das vertraute sie der «New York Times» an, die im April 2021 erstmals über die vertraulichen Gespräche zwischen der Kommissionschefin und Bourla berichtete. Über mehrere Monate hatten beide per SMS über das Geschäft verhandelt. Als die «New York Times» eine Einsicht in den Schriftverkehr verlangte, weigerte sich die Kommission, den Inhalt offenzulegen.

Auch die EU-Ombudsfrau Emily O'Reilly und der Europäische Rechnungshof wollten wissen, was in den Textnachrichten stand. Doch von der Leyens Behörde speiste sie mit der Information ab, dass keine Dokumente gefunden worden seien, die in ihren Geltungsbereich fielen. Resigniert stellte O'Reilly fest: «Die Antwort der Kommission auf meine Untersuchungsergebnisse hat weder die grundlegende Frage beantwortet, ob die fraglichen Textnachrichten existieren, noch Klarheit darüber geschaffen, wie die Kommission auf eine Anfrage nach jeglichen anderen Textnachrichten reagieren würde.»

Hat von der Leyen etwas zu verbergen? Eigentlich galt der Deal mit Pfizer auf dem Höhepunkt der Pandemie als grosser Triumph für die lange glücklos agierende Kommissionschefin. Die schiere Menge der bestellten Impfstoffdosen sorgte jedoch im Nachhinein für Aufsehen. Pfizer lieferte so viel Vakzine, dass allein im letzten Jahr Dosen im Wert von mindestens 4 Milliarden Euro vernichtet werden mussten. Zugleich war der Preis trotz der hohen Abnahmemenge im dritten Liefervertrag um wundersame 25 Prozent pro Dosis angestiegen.

Lästige Geschichte

Die Kommission hatte Pfizer das Quasi-Monopol für den Impfstoffmarkt übergeben, was nach EU-Wettbewerbsregeln mindestens fragwürdig war. Schon 2022 kündigte die EPPO an, die Praxis der Vakzinbeschaffung generell zu prüfen. Der «Politico»-Bericht ist jedoch ein Hinweis, dass sich die Staatsanwaltschaft nun auch explizit mit von der Leyens Textnachrichten beschäftigt.

Die EPPO ist eine unabhängige Einrichtung mit weitreichenden Befugnissen, die für den Schutz der finanziellen Interessen der EU ins Leben gerufen wurde. Ihre Leiterin, die Rumänin Laura Kövesi, ist eine resolute Korruptionsjägerin, die nicht in dem Ruf steht, unter politischem Druck einzuknicken.

Für von der Leyen kommt der Bericht zu einem unangenehmen Zeitpunkt. Die Deutsche bewirbt sich gerade um eine zweite Amtszeit als Kommissionspräsidentin und ist auf Unterstützung aus den Hauptstädten angewiesen. Immerhin kündigte Polens Premier Donald Tusk jüngst an, sich aus der gemeinsamen Klage mit Ungarn zurückzuziehen. Polens Vorgängerregierung und die Regierung von Viktor Orban hatten eine Chance gesehen, es von der Leyen, die beide Länder für Rechtsverstösse anprangert, mit gleicher Münze heimzuzahlen.

9. Aufarbeitungskongresse, RKI-Protokolle

a. RKI-Protokolle belegen politischen Beschluss der Pandemiehochstufung in Deutschland

Quelle: *https://multipolar-magazin.de/artikel/rki-protokolle-1*

„Es soll hochskaliert werden"

Multipolar hat die bislang geheim gehaltenen Protokolle des Corona-Krisenstabs des Robert Koch-Instituts (RKI) freigeklagt. Daraus wird klar: Die im März 2020 verkündete Verschärfung der Risikobewertung von „mäßig" auf „hoch" – Grundlage sämtlicher Lockdown-Maßnahmen und Gerichtsurteile dazu – gründete, anders als bislang behauptet, nicht auf einer fachlichen Einschätzung des RKI, sondern auf der politischen Anweisung eines externen Akteurs – dessen Name in den Protokollen geschwärzt ist.

PAUL SCHREYER, 18. März 2024, 14 Kommentare, PDF

*Die Stimme von Lothar Wieler klang gewohnt sonor und unaufgeregt, als er am **17. März 2020** vor laufenden Kameras eine Entscheidung verkündete, die zur Grundlage sämtlicher Lockdown-Maßnahmen werden und damit das Leben in Deutschland für mehrere Jahre auf den Kopf stellen sollte:*
*„**Wir werden heute die Risikoeinschätzung für die Gesundheit der Bevölkerung in Deutschland ändern. Wir werden sie ab heute als hoch einschätzen.** Der Grund ist ganz einfach. Sie sehen die Dynamik. (...) Der Hintergrund für die geänderte Risikoeinschätzung sind die weiter steigenden Fallzahlen (...)."*
Die Hochstufung der Risikoeinschätzung war, wie sich bald zeigen sollte, das rechtliche Fundament sämtlicher Corona-Maßnahmen. Alle Gerichte, die Klagen von Betroffenen gegen die

Maßnahmen ablehnten, beriefen sich in der Folge darauf. Tenor: Die Risikoeinschätzung des RKI – als vom Infektionsschutzgesetz benannter zuständiger Fachbehörde – stelle man als Gericht nicht in Frage. Wenn das RKI sage, die Gefahr sei hoch, dann sei das so, die entsprechenden politisch beschlossenen Maßnahmen somit berechtigt.

Unplausible Begründung

Dass Wielers knappe Begründung für die Hochstufung („Dynamik", „steigende Fallzahlen") unplausibel war, hatte Multipolar bereits Ende März 2020 recherchiert. Denn nicht nur die Fallzahlen hatten sich im März verdreifacht, sondern auch die Anzahl der durchgeführten Tests – was das RKI wenige Tage nach einer entsprechenden Anfrage unseres Magazins, am 26. März 2020 im Kleingedruckten seines Lageberichtes auch einräumte, damals jedoch von kaum jemandem bemerkt.

*Konkret: Die tatsächliche Steigerung der Virusverbreitung, bezogen auf die Anzahl der Tests, betrug kurz vor dem Lockdown lediglich einen Prozentpunkt. **Zwischen dem 9. und 15. März 2020 wurden sechs Prozent der in Deutschland Untersuchten positiv auf das Virus getestet, zwischen dem 16. und 22. März sieben Prozent (RKI- Lagebericht vom 26.3.2020, S. 6)**. Dieser Anstieg um einen Prozentpunkt stellte das sogenannte „exponentielle Wachstum" der Epidemie dar, von dem damals in Politik und Medien alle sprachen. Am **22. März verkündete Bundeskanzlerin Angela Merkel den Lockdown mit der Begründung, das Coronavirus verbreite sich „weiter mit besorgniserregender Geschwindigkeit".***

Dass es sich bei dieser Interpretation um eine Irreführung handelte, dürfte den Fachleuten im RKI mit Lothar Wieler und seinem Stellvertreter Lars Schaade an der Spitze klar gewesen sein. Was also steckte tatsächlich hinter der Anhebung der Risi-

koeinschätzung? Welche Diskussionen hatten dazu im RKI stattgefunden, welche Argumente wurden intern ausgetauscht? Kurzum: Worauf gründete die Entscheidung?

Der Rechtsstreit

Entsprechende Nachfragen blockte das RKI konsequent ab. Nach einer ersten Klage von Multipolar im November 2020 zur Durchsetzung des presserechtlichen Auskunftsanspruchs erging im März 2021 ein Beschluss des Verwaltungsgerichtes Berlin, wonach die Behörde zumindest die Namen der höherrangigen Mitglieder des RKI- Krisenstabes offenlegen musste. Darauf folgend stellte Multipolar über die renommierte Berliner Anwaltskanzlei Partsch & Partner eine Anfrage nach dem Informationsfreiheitsgesetz. Das RKI zögerte eine Antwort in die Länge, so dass wir Ende 2021 auf Einsicht in die Protokolle des RKI-Krisenstabes klagten. Nach jahrelangem Tauziehen der Anwälte entschied das RKI in einer überraschenden Kehrtwende 2023, die Protokolle freizugeben, allerdings mit umfangreichen Schwärzungen.

Multipolar wird das Konvolut aus mehr als 200 Protokollen im Gesamtumfang von über tausend Seiten aus dem Zeitraum Januar 2020 bis April 2021 in Kürze veröffentlichen. (Update 20.3.: Die Dokumente sind inzwischen veröffentlicht.) Aktuell klagen wir vor dem Verwaltungsgericht Berlin auf Aufhebung der Schwärzungen. Eine Verhandlung dazu wird dort am 6. Mai stattfinden.

Das Verfahren kostete unser Magazin bislang etwa 15'000 Euro. Wir finanzieren es aus den Kleinspenden unserer Leser – und sind für weitere Unterstützung dankbar.

Die Protokolle

Nach Sichtung der nun freigegebenen Protokolle wird deutlich: Eine interne fachliche Diskussion zur Risikoeinschätzung gab es *anfänglich, die Hochstufung im März erfolgte jedoch abrupt und wurde offenbar von außerhalb des RKI initiiert. Der gesamte wissenschaftliche Beratungsprozess war erkennbar durch politischen Druck überlagert.*

Zur Einordnung im Folgenden ein Rückblick auf die Ereignisse. Am Montag, dem 24. Februar 2020, Italien meldete insgesamt fünf Tote, berichtete die Tagesschau: „Nach dem Auftreten des neuartigen Coronavirus in Italien sieht die Bundesregierung eine veränderte Lage für Deutschland. Gesundheitsminister Spahn rechnet damit, dass sich das Virus auch hierzulande ausbreiten könnte." Im Protokoll des RKI-Krisenstabes vom gleichen Tag heißt es, das Risiko für die deutsche Bevölkerung bleibe nach wie vor „gering".

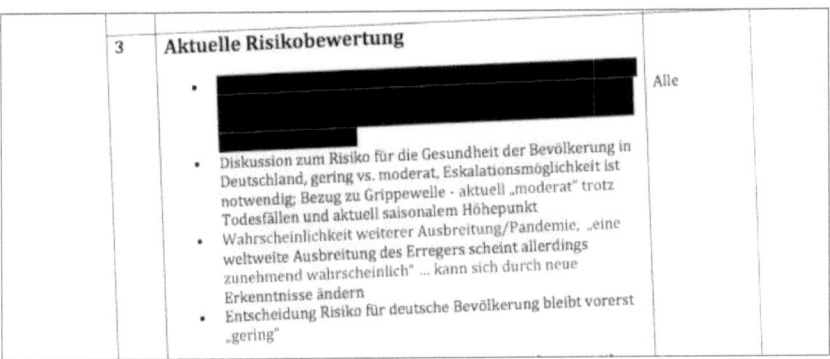

Auszug aus dem Protokoll des RKI-Krisenstabs vom 24. Februar 2020

In vollständigem Widerspruch dazu erklärte **Heiko Rottmann-Großner***, ein hoher Mitarbeiter von Spahn mit exzellenten Kontakten in die US-amerikanische Pandemiemanagement-Szene, am gleichen Tag gegenüber mehreren Staatssekretären des Innenministeriums,* **man müsse nun „die Wirtschaft lahmlegen"** *und Vorkehrungen für Ausgangssperren von unbestimmter Dauer treffen. Der Spahn-Vertraute hatte ein Jahr zuvor als* *deutscher Vertreter an einem hochrangig besetzten Pandemie-Planspiel teilgenommen[43], das von privat finanzierten US- Institutionen organisiert worden war.*

Seitens der WHO wurde nun ebenfalls der Druck erhöht, wie die Tagesschau am 25. Februar berichtete: „Die Weltgesundheitsorganisation drängt die Regierungen weltweit, sich auf den Ausbruch von Corona vorzubereiten." Am 26. Februar erklärte Spahn dann: „Wir befinden uns am Beginn einer Corona-Epidemie in Deutschland." Ausgangspunkt waren sieben neue Fälle in Deutschland, bei denen der Infektionsweg nicht mehr nachvollzogen werden konnte. Am gleichen Tag vermerkt das interne RKI-Protokoll, man habe die Homepage aktualisiert, „jetzt Risiko für Allgemeinbevölkerung in Deutschland 'niedrig bis mäßig', passt besser zu aktueller Einschätzung".

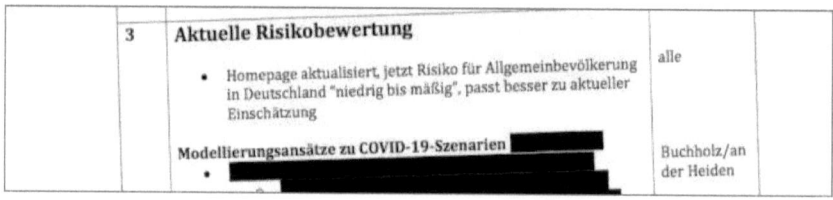

Auszug aus dem Protokoll des RKI-Krisenstabs vom 26. Februar 2020

Auf tagesschau.de startete am gleichen Tag ein Liveblog, der über Monate und Jahre nicht mehr endete. Die ersten Überschriften lauteten: „WHO drängt zur Vorbereitung", „Patient in NRW in kritischem Zustand" und „Angst vor Pandemie drückt Dax".

Das RKI stimmte zu diesem Zeitpunkt noch nicht in diesen Chor mit ein. Am Freitag, dem 28. Februar, beschwichtigte RKI-Vizechef Lars Schaade vielmehr vor laufenden Kameras:

---

[43] Event 201, 18. Oktober 2019, New York, USA

„Meine Einschätzung wäre, dass sich das in etwa bewegt in der Schwere wie eine starke bis sehr starke Grippewelle."
Am gleichen Tag betrat Bill Gates die öffentliche Corona-Arena. Auf seinem Blog erschien der Beitrag „Wie auf Covid-19 zu reagieren ist", unter anderem Titel auch im New England Journal of Medicine veröffentlicht, einer der angesehensten und meistgelesenen medizinischen Fachzeitschriften der Welt. Gates ermahnte darin, dass aufgrund einer ungewöhnlich hohen Covid-19-Todesrate nun die Impfstoffentwicklung massiv beschleunigt und mit öffentlichen Geldern unterstützt werden müsse. Man benötige rasch „Milliarden von Dollar" von den Regierungen, um die Impfstoffe zur Zulassungsreife zu bringen. Eine Sterberate in der Größenordnung der normalen Grippe – wie sie das RKI zu der Zeit vermutete – passte nicht in dieses Bild.
Am Montag, dem 2. März, verschärfte das RKI die Risikoeinschätzung von „gering bis mäßig" auf „mäßig". Der entsprechende Abschnitt im Protokoll vom 2. März ist nahezu vollständig geschwärzt.

Auszug aus dem Protokoll des RKI-Krisenstabs vom 2. März 2020

Weiter unten im Protokoll wird im Abschnitt „Labordiagnostik"
erwähnt, dass die Arbeitsgemeinschaft Influenza am RKI „bis-
lang über 140 Proben" auf Corona getestet habe, jedoch seien
„alle negativ" gewesen.
Am gleichen Tag erschien Jens Spahn mit großer Besetzung auf
der Bundespressekonferenz. Erstmals tauchte auch Christian
Drosten neben ihm auf, außerdem RKI-Chef Wieler sowie wei-
tere Professoren. Der Minister bekannte offen, dass „der Auftritt
heute Teil einer verstärkten Kommunikationsoffensive" sei. Es
laufe bereits eine Anzeigenkampagne in allen großen Zeitun-
gen, auch eigens von der Regierung produzierte Radiospots
würden gesendet, außerdem „bespiele" man „auf allen Ebenen"
die Social-Media-Kanäle.
Am nächsten Tag vermerkte das RKI-Protokoll: „gestern 80
Proben getestet, alle negativ".

6	**Labordiagnostik**	
	• **Kontamination:** Es gibt Probleme mit Zulieferern von Primern (Kontrollen sind betroffen), mind. 3 Firmen sind von Kontamination betroffen. Es wird nicht allgemein bekannt gegeben, um welche Firmen es sich handelt. Die Firmen selbst sind in der Pflicht Kunden zu informieren. Keine Aufgabe RKI	ZBS1 FG17
	• **AGI Sentinel:** gestern 80 Proben getestet, alle negativ.	

Auszug aus dem Protokoll des RKI-Krisenstabs vom 3. März
2020
Am 6. März: „gestern 213 Proben getestet, alle negativ".

Koordinierungsstelle des RKI		Agenda der 2019nCoV-Lage-AG	
████████████████			
ToDo: Evaluierung Selbstabstriche (FG36)			FG17
• AGI Sentinel: gestern 213 Proben getestet, alle negativ			
• Serologie ist im Moment noch nicht validiert.			
• Das Verhältnis von replikationsfähigen Viren zu genomischer RNA in den Proben soll untersucht werden.			FG36

Auszug aus dem Protokoll des RKI-Krisenstabs vom 6. März
2020

Am 11. März hieß es zur Risikobewertung: „kein Anpassungs-bedarf". An diesem Tag verkündete die WHO eine Pandemie. Am Folgetag vermerkte das Protokoll: „Die Risikobewertung wurde durch die Information, dass die WHO eine Pandemie er-klärt hat, ergänzt. Die angepasste Risikobewertung wird online gestellt. Finanziell, praktisch etc. ändert sich nichts." Weiter unten dann: „AGI Sentinel Surveillance: kein neuer Fall"

wird zeitnah veröffentlicht		
3	**Aktuelle Risikobewertung**	alle
	○ Das Rapid Risk Assessment des ECDC hat eine ähnliche Einteilung der Risikodifferenzierung wie das RKI.	
	○ Die Risikobewertung wurde durch die Information, dass die WHO eine Pandemie erklärt hat ergänzt. Die angepasste Risikobewertung wird online gestellt. Finanziell, praktisch etc. ändert sich nichts. Es gibt allerdings internationale Fonds (z.B. für pandemic preparedness) die dadurch mobilisiert werden.	
	ToDo: Bitte Dokumente bei Bedarf anpassen, sodass nun „pandemische Welle/Pandemie" anstatt Ausbruch oder Epidemie steht.	
4	**Kommunikation**	

Auszug aus dem Protokoll des RKI-Krisenstabs vom 12. März 2020

Die Woche endete am Freitag, dem 13. März, mit der lapidaren Feststellung: „Aktuelle Risikobewertung bleibt bestehen". Das Risiko für die Bevölkerung wurde vom RKI also weiterhin, trotz medialer Aufregung und trotz der Feststellung einer Pandemie durch die WHO, als lediglich „mäßig" erachtet. Man blieb im Ro-bert Koch-Institut auf dem Boden der Tatsachen – noch.

Am gleichen Tag machte die WHO weiteren Druck. „WHO-Chef: Europa ist jetzt Epizentrum", meldete die Tagesschau und führ-te aus: „Europa ist laut WHO-Chef Tedros Adhanom Ghebreye-sus zum Epizentrum der Coronavirus-Pandemie geworden. Je-des Land, das glaube, von großen Coronavirus-Ausbrüchen wie in anderen Staaten verschont zu bleiben, mache einen tödlichen Fehler."

Am Sonnabend, dem 14. März erschien die neue Ausgabe des Spiegel unter der Überschrift „Sind wir bereit?" mit einem Not-

fallmediziner in Schutzkleidung auf dem Cover, der zwischen den Planen eines Lazarettzeltes stand. An diesem Tag begann die Stadt Berlin in überraschender Geschwindigkeit und Härte damit, chinesische Massnahmen zu kopieren. Der Senat beendete per einfacher Verfügung das öffentliche Leben in der Hauptstadt. Alle Kneipen, Clubs, Messen, Kinos und Theater wurden zur Schließung gezwungen – auch die Kirchen. Die Stadtregierung verbot sämtliche Versammlungen von mehr als 50 Menschen, darunter jegliche politischen Demonstrationen.

An diesem Wochenende passierte auch etwas mit dem RKI. Den wesentlichen Hinweis darauf liefert das Protokoll vom Montag, dem 16. März, in dem es heißt: „Am Wochenende wurde eine neue Risikobewertung vorbereitet. Es soll diese Woche hochskaliert werden. Die Risikobewertung wird veröffentlicht, sobald [geschwärzt] ein Signal dafür gibt."

		der WHO bezogen.	
2	**Erkenntnisse über Erreger**		alle
		○ Nichts zu berichten	
3	**Aktuelle Risikobewertung**		VPräs
		○ Am WE wurde eine neue Risikobewertung vorbereitet. Es soll diese Woche hochskaliert werden. Die Risikobewertung wird veröffentlicht, sobald ▮▮▮▮▮ ein Signal dafür gibt.	
4	**Kommunikation**		

Auszug aus dem Protokoll des RKI-Krisenstabs vom 16. März 2020

„Es soll diese Woche hochskaliert werden" – offenbar ein politischer Beschluss, kein wissenschaftlicher, zudem abrupt und überraschend, ohne jede Andeutung in den vorhergehenden Protokollen und ohne dass grundlegende Kennzahlen sich maßgeblich geändert hätten. Das Protokoll vermerkt, dass „VPräs" diese Information dem Krisenstab präsentierte, also RKI-Vizepräsident Lars Schaade. Man warte nur noch auf das „Signal" zur Umsetzung, das der im Protokoll geschwärzte Ak-

teur geben würde. Vielleicht war das Jens Spahn, vielleicht auch jemand anderes. Am nächsten Tag jedenfalls verkündete Wieler die Hochstufung.

Klar scheint: Wenn, wie das Protokoll vermerkt, am Wochenende vom 14. zum 15. März „eine neue Risikobewertung vorbereitet" worden ist – und dies innerhalb des RKI geschehen sein soll –, dann müsste es beim RKI selbstverständlich auch Dokumente dazu geben: die Risikobewertung selbst sowie sämtliche Kommunikation und Beratung dazu. Dem ist aber nicht so. Die Kanzlei Raue, die das RKI im von Multipolar angestrengten Verfahren vertritt, streitet es in einem Schreiben vom September 2023 an das Verwaltungsgericht Berlin im Namen ihres Mandanten sogar rundheraus ab:

„Nach Abschluss dieser Prüfung bleibt es dabei, dass keine weiteren Dokumente vorhanden sind, die sich mit der Änderung der Risikobewertung am 17. März 2020 von 'mäßig' auf 'hoch' befassen. (...) Informationen, die nicht vorhanden sind, kann die Beklagte nicht herausgeben."

Das Fazit aus all dem: Die Behauptung, das RKI habe die Hochstufung – und damit die Grundlage für Lockdown und Ausnahmezustand – auf Basis wissenschaftlicher Beratungen getroffen, ist nicht länger haltbar. Die Hochstufung erfolgte abrupt, ohne dokumentierten Diskussions- und Beratungsprozess, auf Anweisung eines ungenannten Akteurs.

Das heißt auch: Es ist nun klar, dass die Gerichte in Deutschland, die sich bei ihren Urteilen zur Rechtmäßigkeit der Corona-Maßnahmen darauf verließen, dass die Risikoeinschätzung des RKI wissenschaftlich basiert war – und diese Risikoeinschätzung in den jeweiligen Verfahren eben nicht kritisch überprüften –, einen Fehler begangen haben, dessen Anerkenntnis und Aufarbeitung weiterhin ausstehen.

b. Archiv geschwärzte RKI-Protokolle

Quelle: *https://multipolar-magazin.de/artikel/rki-protokolle-2*

Mehr als tausend Passagen geschwärzt: Multipolar veröffentlicht freigeklagte RKI-Protokolle im Original

Die von unserem Magazin freigeklagten Protokolle des Krisenstabs des Robert Koch-Instituts (RKI) werden nun für alle zugänglich gemacht. Die mehr als 200 Dokumente sind in erheblichem Umfang durch das RKI geschwärzt. Gegen die Schwärzungen klagen wir aktuell. Wir laden alle interessierten Journalisten zur Mitrecherche ein.

REDAKTION, 20. März 2024, 25 Kommentare, PDF

Wie Multipolar auf Grundlage der bislang geheim gehaltenen Papiere bereits berichtete, *beruhte die im März 2020 vom RKI verkündete Verschärfung der Risikobewertung von „mäßig" auf „hoch" – Grundlage sämtlicher Lockdown-Maßnahmen und Gerichtsurteile dazu – anders als bislang behauptet nicht auf einer fachlichen Einschätzung des Instituts, sondern auf der politischen Anweisung eines externen Akteurs – dessen Name in den Protokollen geschwärzt ist.*

Für eine weitere gründliche Auswertung der mehr als 200 Protokolle mit einem Gesamtumfang von über 1.000 Seiten ist nun die Mitarbeit weiterer Journalisten und Rechercheure erforderlich. Die Protokolle umfassen den Zeitraum von Januar 2020 bis April 2021, da unser Antrag nach dem Informationsfreiheitsgesetz, auf dem die spätere Klage beruhte, im Mai 2021 gestellt wurde. Der Antrag lautete:

Hiermit beantragen wir gemäß § 1 IFG, Art. 10 EMRK, namens und in beigefügter Vollmacht (...), Einsicht in Form der Erstellung von Kopien in alle Informationen, gleich in welcher Verkörperung:

- *Sämtliche Protokolle, Tagesordnungen, Teilnehmerlisten und sonstiger Notizen des RKI-Corona-Krisenstabes seit seiner Gründung – laut RKI am 6.1.2020 – bis zum 30.4.2021;*
- *Alle Dokumente, Notizen und Schriftwechsel (ausgenommen Entwürfe) der Behörde, die sich im Vorfeld des ersten Zusammentretens mit der Planung und Einberufung des Krisenstabes befassen;*
- *Insbesondere sämtlicher Dokumente und Notizen (ausgenommen Entwürfe), die sich mit der Änderung der Risikobewertung am 17.3.2020 von „mäßig" auf „hoch" befassen, darunter auch Schriftwechsel innerhalb des RKI sowie zwischen dem RKI und dem Bundesgesundheitsministerium sowie ggf. weiterer Behörden der Bundesregierung.*

Nach Nichtbeantwortung und Klageerhebung folgte ein langes Tauziehen unserer Rechtsanwälte der Kanzlei Partsch und Partner mit den Anwälten des RKI der Kanzlei Raue. Nach dem Austausch zahlreicher Schriftsätze beider Seiten mit dem Verwaltungsgericht Berlin ermahnte dieses im Februar 2023 die gegnerische Seite, mit der Bearbeitung zu einem Ende zu kommen und kündigte an, „der Klage wegen der bislang nicht erfolgten passagengenauen Darlegung von Ausschlussgründen voraussichtlich umfassend" stattzugeben.

Daraufhin legte das RKI im April 2023 die Protokolle stark geschwärzt vor – offenbar auch, um ein Urteil des Gerichtes zu vermeiden. Schätzungsweise mehr als tausend Passagen wurden geschwärzt. Die Kanzlei Raue übersandte dazu ein mehr als 1.000-seitiges PDF-Dokument, in dem jede einzelne dieser Schwärzungen – zumeist formelhaft – begründet wird.

Die Schwärzungen gehen soweit, dass teilweise sogar die simple Teilnahme von Gesundheitsminister Jens Spahn an einer Krisenstabssitzung verheimlicht wird (Protokoll vom 3. Februar 2020, Schwärzung des ersten Namens auf der Teilnehmerliste), obwohl sogar das Ministerium selbst dessen Teilnahme damals (mit Foto) auf Twitter öffentlich machte.

Im Juli 2023 klagten wir gegen die Schwärzungen. Die Anwälte des RKI beharrten im September gegenüber dem Gericht auf deren Angemessenheit, woraufhin unsere Anwälte im November antworteten. Die Gegenseite widersprach im Dezember erneut. Im Januar 2024 teilte das Gericht schließlich einen Termin zur mündlichen Verhandlung und Beweisaufnahme mit. Dieser ist anberaumt für Montag, den 6. Mai 2024 um 9:30 Uhr im Dienstgebäude des Verwaltungsgerichts Berlin, Kirchstraße 7. (Aktenzeichen VG 2 K 278/21)

Unsere Redaktion hatte ursprünglich geplant, mit der Veröffentlichung der Protokolle abzuwarten, bis ein Urteil des Gerichtes vorliegt. Nachdem Anfang dieses Jahres jedoch der Gerichtstermin bekannt gegeben wurde, entschieden wir, die Publikation vorzuziehen. Wir hoffen, das Gericht entscheidet im Sinne größtmöglicher Transparenz, so dass bestenfalls im Mai die weniger bis gar nicht mehr geschwärzten Protokolle vorliegen – was als wesentlicher Schritt zur weiteren, überfälligen, Aufarbeitung der Coronakrise zu werten wäre.

Bis dahin laden wir alle interessierten Journalisten und Rechercheure ein, das Material gründlich zu sichten und ihre Erkenntnisse zu teilen.

Abschließend: Das Verfahren kostete unser Magazin bislang etwa 15.000 Euro. Wir finanzieren es aus den Kleinspenden unserer Leser – und sind für weitere Unterstützung dankbar.

- *RKI-Protokolle zum Download[44]*
- *1.059-seitiges PDF mit Begründung der Schwärzungen zum Download[45]*

---

[44] https://my.hidrive.com/share/2-hpbu3.3u

[45] https://my.hidrive.com/lnk/OkOYzLU9a

c. Protokolle Taskforce Bundesamt für Gesundheitswesen (BAG)

Quelle: *https://www.bag.admin.ch/bag/de/home/krankheiten/ krankheiten-im-ueberblick/coronavirus/covid-19/bisherige-materialien/taskforce-protokolle.html*

Das BAG hat die Arbeiten zu Covid-19 ab Januar 2020 bis April 2022 in einer Task Force organisiert. In der Taskforce waren neben dem Bundesamt für Gesundheit verschiedene weitere Bundesstellen vertreten, um die Covid-19-Pandemie zu bewältigen.
Die Protokolle sind mit Schwärzungen versehen und nur in deutscher Sprache verfügbar.

- Publiziert im April und Mai 2024, teilweise geschwärzt
- Sitzungen des BAG-Krisenstabes vom Januar 2020 bis April 2022

d. Symposium "Corona - Fakes und Fakten" in Bern

Quelle Programm: *https://www.symposium-2024.ch/*

Videos: *https://t.me/symposium2024*, *https://www.youtube.com/@Symposium24*, *https://rumble.com/c/c-6132888*

Corona – Fakes und Fakten
1. Schweizer Symposium zum gesundheitspolitischen Rückblick und Ausblick 2024
6./7. April 2024 EVENTfabrik Bern

Programm
Samstag, 6. April 2024 (mit Livestream)
*08:45 Begrüssung, allgemeine Informationen, Einführung ins Symposium, Dr. med. **Daniel F. Beutler**, Organisator, Hausarzt, alt Grossrat Kanton Bern*

Medizin und Wissenschaft

Moderation: Dr. med. **Thomas Binder**, Facharzt Kardiologe FMH, Doctors 4 COVID Ethics, Aletheia

09:00 Einführung in das Thema

09:15 Prof. Dr. med. **Paul Vogt**, Herzchirurg, Klinik Hirslanden «Fakten-freie Ideologie und Militarisierung der Medizin: ein Desaster»

09:35 med. pract. **Niek Rogger**, M.A. Philosophie, Arzt, Verein Post-Vakzin-Syndrom Schweiz «Die mRNA-Technologie und ihre Opfer»

09:50 Prof. Dr. **Konstantin Beck**, Gesundheitsökonom Universität Luzern «Die Spuren der Corona-Polik in der aktuellen Gesundheit der Bevölkerung»

10:10 Podiums- und Publikumsdiskussion

10:30 Pause

Recht

Moderation: Andrea Staubli, Rechtsanwältin und Mediatorin, ABF Schweiz

11:00 Einführung in das Thema

11:10 Rechtsanwalt **Philip Kruse**, LL.M., Experte für Wirtschafts- und Verfassungsrecht «Stand der rechtlichen COVID-Aufarbeitung in der Schweiz und Ausblick auf die neuen WHO-Verträge und deren Auswirkungen auf unsere Demokratie und Verfassung»

11:50 **Ralph Studer**, Jurist, Stiftung Zukunft CH «Revision des Epidemiengesetzes (EpGes) im Lichte der bisherigen Rechtspraxis unter dem neuen WHO-Regime»

12:10 Podiums- und Publikumsdiskussion

12:30 Mittagspause

Politik

Moderaton: Grossrat **Samuel Kullmann**, Politologe, EDU
13:30 Einführung in das Thema
13:40 Alt Bundesrat **Ueli Maurer**, ehem. Vorsteher Eidg. Finanzdepartement «Wer regierte die Schweiz in der COVID-Krise?»
14:00 Stadträtin **Simone Machado**, Juristin, GAP
«Als linke Politikerin im ideologischen Spannungsfeld»
14:15 Alt Kantonsrat **Urs Hans**, Biobauer, «Public Eye on Science» «Als grüner Poliker im ideologischen Spannungsfeld»
14:30 Podiums- und Publikumsdiskussion
15:00 Pause

Gesellschaft

Moderation: Dr. **Bernhard Sollberger**, Psychologe, Publizist, Glücksforscher
15:30 Einführung in das Thema
15:50 Dr. med. **Catja Wyler van Laak**, Psychiatrie u. Psychotherapie FMH, spez. Forensik «Die andere Seite – zur Massenpsychologie gestern und heute»
16:10 **Jérôme Schwyzer**, Lehrer, Präsident Lehrernetzwerk Schweiz «Bildung in der Krise – Krise in der Bildung»
16:30 Podiums- und Publikumsdiskussion
16.45 **Katja Brändle**, Vizepräsidentin Verein Post-Vakzin-Syndrom Schweiz Vorstellung des Vereins, Testimonials
17:00 Pause

Medien

Moderation: **Prisca Würgler**, Lehrerin, Verlegerin «DIE FREIEN»
17:30 Einführung in das Thema
17:45 **Martin Hasler**, ehem. Mitarbeiter SRG SSR, Buchautor «Im Hexenkessel der Bundeshaus-Medien»

*18:00 Dr. **Philipp Gut**, Historiker, Journalist, Medienexperte, GUT Communications «Was war bloss mit den Medien los?»*
*18:15 **Sonja L. Bauer**, Journalistin, Berner Landbote «Was war bloss mit den Journalisten los?»*
18:30 Podiums- und Publikumsdiskussion
19:00 Apéro riche (musikalische Unterhaltung mit Sam Moser aus Zürich)

Ausblick, Visionen, Aktionen – die Runde der «Macher»
20:00 Vorstellung der Kampagnen-Organisation CitizenGO (Kurzvideo)
*Moderation: Dr. phil. **Daniel Regli**, Historiker, Publizist, Bürgerforum Schweiz*
20:10 Podiums- und Publikumsdiskussion mit:
*- Verein WIR (**Christian Oesch**)*
*- Aufrecht Bern (**Martin Winkler**)*
*- Bündnis Urkantone (**Josef Ender**)*
*- Verfassungsfreunde (Dr. **Roland Bühlmann**)*
*- Aktionsbündnis freie Schweiz (**Marcus Riva**)*
*- Human Life International (Pfr. Dr. **Roland Graf**)*
21:20 Zusammenfassung, Fazit, Verdankungen
21:30 Ende
22:00 Türschliessung

Reportage: *https://transition-tv.ch/sendung/stand-der-dinge-am-11-april/* (Minuten 14:00 bis 21:35)

e. Alt-Bundesrat Ueli Maurer ruft auf zum Brückenschlag

Quelle: *https://www.nzz.ch/schweiz/ueli-maurer-fordert-respekt-vor-den-schwurblern-und-leugnern-und-umgekehrt-wir-brauchen-den-dialog-in-unserem-land-ld.1825268*

«Sie sind nicht zufrieden», sagt Ueli Maurer und blickt ins Publikum, «und ich bin auch nicht zufrieden»
In Bern trafen sich Ärzte, Impfgegner, Juristen, Corona-Skeptiker und ein Alt-Bundesrat zum grossen Pandemie-Symposium. Manche wollen die jüngste Vergangenheit verstehen, andere gemeinsam wütend sein – und mindestens einer hat seine politische Agenda dabei.

Nadine A. Brügger
07.04.2024, 16.03 Uhr 7 min

«Wer kritisch war, wurde aussortiert», sagt Alt-Bundesrat Ueli Maurer beim Symposium «Corona – Fakes und Fakten» in Bern.
Peter Klaunzer / Keystone
Den gesamten Samstagmorgen über steht er vorne links; weisses Hemd, tadelloser Anzug, gross und unübersehbar: Toni, der Sicherheitsmann von Alt-Bundesrat Ueli Maurer. Neben ihm sitzt, von vielen erst tatsächlich übersehen, der ehemalige SVP-Bundesrat selbst. Es ist neun Uhr in der Früh, Köpfe werden gereckt, «Mou, äs isch nä», sagt ein Herr zu seiner Begleitung. «Dass dä iz scho da isch», antwortet sie beeindruckt.

Dass er da ist, jetzt schon und überhaupt, ist der grosse Coup von **Hausarzt Daniel Beutler, der das «1. CH-Symposium zum gesundheitspolitischen Rückblick und Ausblick 2024»** organisiert hat. Dass er es «das erste Symposium» nennt, impliziert, dass Beutler noch viel vorhat. Das Thema diesmal: **«Corona – Fakes und Fakten»**.

Auf der Suche nach Wahrheit – oder?
Beutler kämpft gegen die Corona-Impfung, hat aber auch pädagogische Ambitionen. So weist er kurz vor Maurers Auftritt nach dem Mittagessen «alle Medienschaffenden, die erst jetzt

257

gekommen sind» darauf hin, dass sie zu spät seien. Rosinenpi-
cker, die in der Hoffnung auf ein Skandälchen nur Maurer hören
wollen, würden enttäuscht. *«Die wichtigen Vorträge fingen um
9 Uhr an.»*
Den Auftakt machte der **Zürcher Herzchirurg Paul Vogt.** *«90
Prozent der Patienten starben wegen des Virus. Dass es nicht
gefährlicher war als eine Grippe, stimmt einfach nicht»,* sagt
Vogt. Im Raum wird es unangenehm still. Keiner klatscht. Erst
als es um die Impfung geht, kann der Chirurg das Publikum abholen. Denn während Vogt die Schutzmassnahmen gut fand, ist
er der Impfung gegenüber äusserst kritisch.
Ein kurzes Video zeigt Alt-Bundesrat Alain Berset. Eine Frau im
Publikum flüstert: *«Ich kann ihn kaum ansehen, den
Mephisto.»* Im Video sagt Berset, der Corona-Impfstoff sei getestet worden, wie jeder andere Impfstoff auch. *«Wer hat ihm
das in den Mund gelegt?»,* fragt Vogt und führt aus, dass das
nicht stimme – in der kurzen Zeit gar nicht möglich sei. Möglich
sei dagegen, dass manche Impfstoffe etwa das Tumorwachs-
tum beschleunigen könnten.
Auf Vogt folgt der **Wettinger Arzt Thomas Binder**, der von
«antisozialer Distanzierung», von der *«asymptomatischen Bevölkerung»,* die man doch früher einfach *«Gesunde»* genannt
habe, oder vom *«Covid-Nonsense-Test»* spricht. Weiter geht es
mit dem **Gesundheitsökonomen Konstantin Beck,** der sich
fragt, ob die Impfung ein Grund für den Geburtenrückgang in
der Schweiz sein könnte. Auf die Mediziner folgen die Juristen,
auf deren Ausführungen folgt das Mittagessen. Dann geht es
weiter mit der Politik.

War er nicht gekommen, um auszupacken?
Betont durchschnittlich stellt man den ersten Redner im Politik-
Block vor: Hat eine kaufmännische Lehre abgeschlossen, war
beim Bauernverband tätig, kam über Kantons- und Nationalrat

*schliesslich in den Bundesrat. Und er mag Kuhglocken. Die Be-merkung ist ein kleines Osterei für alle, die sich an den September 2021 erinnern: Damals war **Ueli Maurer noch Teil der Landesregierung** und liess sich im Oberteil der Freiheitstrychler – fleissige Gegner der Corona-Massnahmen, die Maurers Gremium beschlossen hatte – ablichten. Es dürften sich hier viele gern daran erinnern.*

*Gleich zu Beginn nimmt Maurer den Bundesrat in Schutz – seine Vorredner hatten unter anderem angezweifelt, ob das während der Pandemie angewandte Notrecht tatsächlich rechtens war. Maurer sagt: «Der Bundesrat hat die politischen Prozesse eingehalten, zu jedem Gesetz wurde eine Vernehmlassung durchgeführt.» Und wenn man schaue, wie Parlament und Kantone agiert hätten, müsse man sagen: **«Der Bundesrat war unter diesen drei Akteuren eher der zurückhaltendste.»***

Manche rutschen auf ihren Stühlen herum. War Maurer nicht gekommen, um auszupacken? Sein Programmpunkt heisst: «Wer regierte die Schweiz in der Covid-Krise?» Andernorts hatte er die Pandemie noch als «Hysterie» und «Massenhypnose» bezeichnet. Und jetzt das.

Eine Verantwortung, die niemand übernehmen kann

Doch Maurer weiss ganz genau, wie Spannung zu erzeugen ist. «Sie sind nicht zufrieden», sagt er und blickt ins Publikum, «und ich bin auch nicht zufrieden.» Applaus.

Nun beginnt Maurer zu erzählen, von den Experten aus Medizin und Wissenschaft, die dem Bundesrat zu Beginn der Pandemie sagten: «Wenn Sie jetzt nichts machen, riskieren Sie 40 000 Tote!» Das sei eine Verantwortung, die niemand übernehmen könne. Mehrmals sei der Bundesrat derart unter Druck gesetzt worden. «Am Anfang wussten wir noch nicht, was genau läuft. Da war man auf der vorsichtigen Seite und das war wahrscheinlich richtig», sagt er. Und das Stimmvolk habe den Bun-

desrat bei den Abstimmungen zum Covid-Gesetz auch zweimal in seinem Vorgehen bestätigt.

Heute sagt Maurer: «Die Faktenlage, die dem Bundesrat zur Verfügung stand, war ungenügend und sie war einseitig.» Er kritisiert auch die Task-Force: «Darin sassen nur die Befürworter aller Massnahmen. Wer kritisch war, wurde aussortiert.»

Maurer hielt den Bundesrat für naiv

Den Kollegen im Bundesrat will Maurer nichts unterstellen, bloss nicht. Zwischen den Zeilen klingt aber laut und deutlich durch, dass er sie für einigermassen naiv hält – oder dastehen lassen möchte. Etwa wenn er sagt, die Massnahmen seien übertrieben gewesen, aber alle hätten es richtig machen wollen. Man habe halt zu den moralisch Guten gehören wollen. Als dann er, der Kritische, einmal einen Brief des Herzchirurgen Paul Vogt mit an eine Bundesratssitzung brachte, sei darauf gar nicht eingegangen worden. Vogt hatte vor der Corona-Impfung gewarnt (und an diesem Samstag in Bern ebenfalls bereits am Rednerpult gestanden).

«Das muss einer dieser Leugner sein», habe es damals im Bundesrat geheissen. Immer eigentlich, wenn er, der Finanzminister, andere Meinungen und neue Informationen einbringen wollte. **Ohne es zu sagen, macht Maurer klar: Während alle der Wissenschaft folgten, war er kritisch.**

«Das sind die 60 Prozent»

Immer wieder betont Maurer, man müsse versöhnlich sein. Aufeinander zugehen. Gräben überwinden. Aber auf welcher Seite des Grabens er steht und wie von dort aus jene gegenüber aussehen, ist von Anfang an klar. Er unterstreicht es etwa mit der Anekdote von den Mitarbeitern im Bundeshaus, die nur noch zu Hause aufs Klo gingen, weil sie sich derart vor einer Ansteckung fürchteten.

Das Publikum lacht, Maurer sagt: «Das sind die 60 Prozent» – jene Mehrheit also, die die Schutzmassnahmen guthiess. Lächerliche Menschen, wenn man sich die Anekdote vor Augen führt. **Maurer sagt «ängstlich», und betont «nicht böse». Böse war jemand anderes.**

Der wahre Feind ist die Wissenschaft

Auch wenn er sagt: «Es gibt keine Schuldigen», hat Maurer den Feind längst ausgemacht. **«Ich muss sagen, ich habe das Vertrauen in die Wissenschaft verloren.»** Sie habe nicht richtig informiert. Dadurch zu heftige Massnahmen provoziert. Nur darum kam es zu dem Graben, den Maurer nun in seiner Rede immer wieder zu überwinden auffordert. Wer die Schweiz in der Covid-Krise regiert hat: die von Wissenschaftern geschürte Angst.

Auch an dem Versprechen der Impfung sei ja nicht viel dran gewesen. **Zu Swissmedic, die die Impfung zuliessen, sagt Maurer: «Wenn eine Behörde die Bevölkerung so in die Irre führt, dann muss man sie auch dort abholen, wo sie jetzt ist.»** Was er damit meint, führt er nicht weiter aus. Stattdessen geht es weiter mit den Impfschäden.

«Die Betroffenen müssen ordentlich entschädigt werden können. Aber da ist die Zurückhaltung noch gross. Man ist sich nicht sicher, ob es überhaupt Impfschäden gab.» Maurer macht eine Pause, damit das Publikum herzlich lachen kann. Das alles müsse man nun aufarbeiten, «eine schwierige Aufgabe für die, die sich da etwas verrannt haben.»

Von Leuchttürmen und Neugierigen

Wer sich nicht verrannt hat, sind die Anwesenden – das macht der Organisator Beutler gleich zu Beginn der Vortragsreihe klar: Leuchttürme sässen hier vor ihm im Publikum. Leuchttürme, *die ihren Job, Freunde oder den Kontakt zur Familie verloren hätten. «Seid ihr euch bewusst, was ihr für eine Power habt? Dass ihr nicht nur Teil einer Widerstandsbewegung wart, sondern Teil eines neuen demokratischen Aufbruchs?», ruft Beutler ins Publikum. Nun gehe es darum, gemeinsam die Menschlichkeit wiederherzustellen.*

Ein erster Schritt zum Vereinen scheint Beutler tatsächlich gelungen. Das Publikum lässt sich grob in zwei Gruppen einteilen: Da ist der harte Kern, viele kennen sich – es wird umarmt, geschwatzt und gelacht. Andere sind neu und neugierig. Die Masken wünsche sie sich im Tram oft zurück, sagt eine Frau. Sie sei froh gewesen um die leicht zugänglichen Tests, sagt eine andere.

Aber: War die Impfung wirklich eine gute Idee? Hat die Medizin neue Erkenntnisse dazu? Würde es bei einer weiteren Pandemie erneut einen Lockdown geben – und wäre das nach den gemachten Erfahrungen richtig? Auch bei den Rednern sind Vertreter verschiedener Ansichten da. Das führt teilweise zu Applaus-Ausfall und irritierter Stille. Es führt vielleicht aber auch zum differenzierteren Gespräch.

Die WHO-Vorlagen seien «klar abzulehnen»

*Immer wieder spricht auch Maurer davon, aufeinander zuzugehen. **Es brauche nun «Respekt vor den Schwurblern und Leugnern – und umgekehrt. Wir brauchen den Dialog in unserem Land.»** Und als man schon denkt, Maurer habe fertig, kommt er dann doch noch mit seinem politischen Programm.*

Die Teilrevision des Epidemiengesetzes, die 2027 in Kraft treten könnte, erklärt Maurer für untauglich. Dagegen müsse das Referendum ergriffen werden. Auch die WHO-Vorlagen seien «klar abzulehnen». Und ganz grundsätzlich gelte, sagt Maurer: «Wir müssen einfach kritisch sein als Staatsbürger.»

Unter Applaus verlässt der Alt-Bundesrat die Bühne und verschwindet wieder beinahe in seinem Stuhl. Neben ihm platziert sich erneut Toni, der Sicherheitsmann, und markiert die Stelle, wo der Staatsbürger sitzt, der einst «euer gut bezahlter Angestellter» war.

Videoaufzeichung der Rede von Alt Bundesrat Ueli Maurer vom 6. April 2024 (zuerst publiziert von Hoch2)

https://hoch2.tv/sendung/240406-politik-maurer/

Die kritische Haltung von Ueli Maurer zur fehlenden Aufarbeitung wird vom Schweizer Fernsehen SRF erstmals in der Nachrichtensendung 10 vor 10 (15. März 2024) aufgegriffen.

Quelle: *https://www.srf.ch/play/tv/10-vor-10/video/alt-bundesrat-ueli-maurer-attackiert-corona-politik? urn=urn:srf:video:aad58cf2-9f5d-4145-97df-06d608acf980*

Alt-Bundesrat Ueli Maurer: [Minute 14:24] Die Ansteckungsgefahr stimmte nicht, dass die Impfung einen grossen Nutzen hat. Die Sachen, die man damals gesagt hat, Abstand halten, etc. hat sich im Nachhinein als nicht richtig erstellt. Und was Sie den Leuten für Angst machten..., das stimmte alles nicht.
[... Schnitt]
Reporter: [Minute 15:04] War Corona nicht gefährlich? Wo sind wir denn da? Auf der Ebene einer Grippe, oder alle Long-Covid Fälle?
Ueli Mauerer: Es gibt wie immer bei der Grippe auch Langzeitschäden, und wir haben diesen Winter auch Grippe, die wahrscheinlich Corona waren: Kein Mensch hat sich dafür interessiert, keine Statistik wurde erstellt...
[... Schnitt]
Ueli Maurer: [Minute 17:35] Man hat ja den Leuten quasi gesagt, wenn ihr nicht genau das macht, was wir sagen, dann werdet ihr sterben, oder die Mitmenschen. Mann muss sich da

zurückhalten, man hat ein Diktat ausgestossen, dass in einem freiheitlichem Staat, bei freien Bürgern, meiner Meinung nach, zu weit gegangen ist. Man hat ja dann festgestellt, dass die Impfungen die man versprochen hat, die schützten oder schützen das Umfeld, das stimmte einfach nicht. Und das muss man irgendwann mal aufarbeiten.

[... Schnitt]

Ueli Maurer: [Minute 18:52] Corona ist von einem auf den andern Tag weg gewesen. Kein Mensch hat sich darum gekümmert, auch die Medien nicht. ...

f. NZZ: DER ANDERE BLICK (RKI-Protokolle, WHO-Pandemiepakt)

Quelle: *https://www.nzz.ch/meinung/kein-who-pandemiepakt-ohne-aufarbeitung-der-corona-folgen-ld.1824905*

DER ANDERE BLICK

Wer hat etwas zu verbergen? Bis heute verweigert die Politik eine Aufarbeitung der Pandemie

Welche Schäden die drakonische Corona-Bekämpfung angerichtet hat, wurde nie untersucht. Solche Geheimniskrämerei zerstört Vertrauen. Dennoch will die Politik ihre Kompetenzen mit dem WHO-Pandemiepakt noch ausbauen.

Eric Gujer, 05.04.2024, 05.30 Uhr 5 min

Corona scheint für die meisten Menschen nur noch eine ferne Erinnerung zu sein, und doch wird die Gesellschaft noch lange daran laborieren. Zu den Langzeitfolgen gehören Long Covid, die längst noch nicht verebbte Welle von psychischen Erkrankungen – und der bis heute spürbare Vertrauensverlust gegenüber der Politik.

Was seit dem Frühjahr 2020 unter der Oberfläche schwelt, bricht seit der Veröffentlichung vertraulicher Regierungsdoku-

mente in Berlin mit neuer Vehemenz hervor. Vor allem in Deutschland und Österreich, wohl etwas weniger in der Schweiz glauben noch immer viele Bürger, dass die repressive Seuchenpolitik mehr Schaden als Nutzen gestiftet hat. Sie fühlen sich in ihren Zweifeln bestärkt, weil die Politik sie mit ihren Fragen alleinlässt und alle Forderungen nach mehr Transparenz ins Leere laufen lässt.

*Waren Lockdown und Zertifikatspflicht sinnvoll? Wird das Ausmass der Impfschäden vertuscht? Ist Covid überhaupt gefährlicher als die Grippe? War der Freiheitsentzug über viele Monate mithin die Panikreaktion eines überforderten Obrigkeitsstaats? Diese Fragen stellten sich nicht nur verängstigte Laien, sondern auch Fachleute. Das zeigen die vom **Robert-Koch-Institut (RKI) freigegebenen Besprechungsprotokolle aus der Pandemie.***

Die Mitarbeiter des staatlichen deutschen Gesundheitsinstituts zweifelten am Sinn der Masken und der Schulschliessungen, da weder die Schutzwirkung der Masken noch eine besondere Ansteckungsgefahr an den Schulen nachgewiesen werden konnte.

Die Geheim-Protokolle zeigen, wie wichtig kritische Wissenschaft ist

Bisher unbekannte Fakten finden sich in den Protokollen kaum. Neu ist nur, dass die Beamten ergebnisoffen alle Optionen diskutierten. Die Regierungen in Berlin, Wien und Bern beharren hingegen auf der Alternativlosigkeit ihres restriktiven Kurses.

Während die Anhänger der umfassenden Freiheitsberaubung «Follow the science» blökten, taten die Mitarbeiter des RKI das, was man von Wissenschaftern erwartet: Sie stellten vermeintliche Gewissheiten infrage. Ein Skandal existiert nicht – beziehungsweise er besteht einzig darin, dass die Beschlüsse jener Zeit nie überprüft wurden.

Weder in Deutschland noch in Österreich oder der Schweiz haben Regierungen und Parlamente Interesse an einer umfassenden offiziellen Analyse der Pandemiepolitik. Besonders stossend ist das in Österreich, wo eine allerdings nie durchgesetzte Impfpflicht verhängt wurde. Die Österreicher haben erst im Herbst bei den nationalen Wahlen die Gelegenheit, die Verantwortlichen für diesen präzedenzlosen Anschlag auf die körperliche Selbstbestimmung abzuwählen.

Die Botschaft der Berliner Protokolle ist eigentlich ermutigend. In der Pandemie gab es zwar zuhauf autoritätsgläubige Befehlsempfänger, aber genauso kritische Wissenschafter. Unterhalb der politischen Entscheidungsebene herrschte ein Pluralismus der Meinungen, der die Demokratie zur überlegenen Regierungsform macht.

Dass viele Passagen in den Dokumenten unkenntlich gemacht wurden, erweckt indes den gegenteiligen Eindruck. Die Geheimniskrämerei setzt sich fort und bestärkt so viele Menschen in dem Glauben, dass Exekutive und Legislative etwas zu verbergen haben. Die Schwärzungen sind typisch für eine Politik, die sich ungemein schwertut, Fehler einzugestehen, und lieber ihre Kritiker diskreditiert: Schwurbler, Corona-Leugner, Verschwörungstheoretiker – was alles müssen sich nicht diejenigen anhören, die der alleinseligmachenden Wahrheit der Regierungen mit Skepsis begegnen.

Am weitesten geht dabei wie immer der deutsche Obrigkeitsstaat. Er erfand einen neuen Begriff, der in seiner schwammigen Unbestimmtheit geeignet ist, jegliche Kritik am Regierungshandeln mundtot zu machen. «Delegitimierung des Staates» nennt sich die neue Kategorie, in welche Innenministerium und Inlandgeheimdienst seit Covid alle einsortieren, die ihrer Meinung nach verdächtig sind, aber in keine andere Schablone passen. Musste der Geheimdienst den Vorwurf der Verfassungsfeindlichkeit bisher in konkrete Tatbestände fassen – etwa

Rechtsextremismus, Linksextremismus oder Islamismus –, ge-
nügt nun eine abstrakte Unterstellung. In Demokratien werden
die Kompetenzen der Nachrichtendienste aus gutem Grund ein-
geschränkt. Nur die allmächtigen Geheimpolizeien autoritärer
Regime dürfen mit windigen Generalklauseln hantieren.
Der deutsche Gesundheitsminister Lauterbach begegnet der
Kritik an der Zensur der Protokolle mit der nirgends belegten
Behauptung, «ausländische Regierungen» schürten so die Ver-
unsicherung. Wer den Minister deshalb einen notorischen Ver-
schwörungstheoretiker nennt, macht der sich nun der Delegiti-
mierung des Staates und seiner Repräsentanten schuldig? Lan-
det er in einer klandestinen Datei? Schon diese Ungewissheit
zersetzt das Vertrauen.
Man muss kein Verfassungsfeind sein, wenn man in der Pan-
demiepolitik den Masterplan sieht für alle Versuche, die staatli-
chen Kompetenzen zulasten der Freiheitsrechte auszudehnen.
Das ist es, was viele Bürger so misstrauisch macht.
Covid bedeutete den Sieg des Machbarkeitswahns über die poli-
tische Klugheit, die in der Selbstbeschränkung der Macht ein
Wesensmerkmal von Demokratien sieht. Nicht alles, was man
anordnen kann, ist auch sinnvoll. Das gilt nicht nur für Corona-
Massnahmen. Es wäre an der Zeit, dass die Politik wieder zu
dieser Selbstbescheidung zurückfindet.

Der Uno-Pandemiepakt ist überflüssig und schürt die Verunsicherung

Der Staat begegnet den Bürgern gerne als sozialer Fürsorge-
staat oder als liberaler Chancenstaat, der die Rahmenbedin-
gungen für die Entfaltung des Einzelnen schafft. In der Pande-
mie dominierte der traditionelle Zwangsstaat. Davon finden sich
bis heute Restbestände. In Deutschland versuchen Regierung
und Geheimdienst zu definieren, was die Bürger sagen sollen
und was sie unter Demokratie zu verstehen haben.

Doch selbst in der Schweiz, wo dieser ideologische Furor weitgehend fehlt, wüsste man gerne genauer, welche Corona-Massnahmen sinnvoll waren und in welchen Fällen der Zwangsstaat übers Ziel hinausschoss. Die unausgesprochene Geschäftsgrundlage der Seuchenpolitik lautete selbst hier: je repressiver, umso sicherer.

Das hat sich eindeutig als falsch herausgestellt. Selbst frühere Befürworter verteidigen lange Schulschliessungen, die Stigmatisierung von Ungeimpften oder die Verklärung der Impfung als ein von Nebenwirkungen freies Wundermittel nicht mehr. Die anfangs für ihre Verantwortungslosigkeit gescholtenen Schweden schneiden bei der Mortalität günstiger ab als die Deutschen mit ihrer Lockdown-Manie.

Meistens gilt: je liberaler, umso besser. Doch solche Faustregeln sind kein Ersatz für wissenschaftliche Evidenz, an der es in der Covid-Bekämpfung überall fehlte. Daher sollten die Parlamente besser spät als nie die Kraft zur Aufarbeitung finden. Transparenz räumt nicht alle Zweifel aus, aber sie ist eine wichtige Voraussetzung dafür.

Umso unverständlicher ist es, wenn sich die Uno-Mitgliedstaaten bereits ins nächste Abenteuer einer intransparenten Regulierung stürzen. Sie verhandeln darüber, ob sie die Machtfülle der Gesundheitsbehörde WHO ausweiten. Diese erwies sich zwar in der Corona-Zeit als nachgiebig gegenüber China und behinderte die Wahrheitssuche eher, als dass sie den Ursprung der Pandemie aufzuklären half. Zudem wuchert das internationale Soft Law, eine Spielwiese von Diplomaten und Apparatschiks, die völlig unzulänglich demokratisch kontrolliert wird.

Dennoch sehen ein sogenannter Pandemiepakt und ein weiteres, bisher nur in Umrissen bekanntes Dokument zahlreiche neue Vorschriften vor. Sie sind manchmal plausibel, oft überflüssig oder in einzelnen Fällen schädlich. Zu Letztgenanntem zählt die Idee, in Krisen «falsche» oder «irreführende» Infor-

mationen zu zensieren. Das ganze Paket wirkt wie die Selbstermächtigung von Seuchenbürokraten, welche die Gunst der Stunde nutzen.

Die Pandemie erschütterte das Vertrauen in die Rationalität politischer Entscheidungen. Darüber hinaus drifteten manche Zeitgenossen in die Phantasiewelt einer «Corona-Diktatur» ab. Der Zwangsstaat bringt eben Zwangsvorstellungen hervor. Technokraten setzen sich über kritische Stimmungslagen hinweg. Demokraten hingegen sorgen sich um den gesellschaftlichen Frieden. Sie sollten deshalb die Corona-Massnahmen endlich aufarbeiten und den Pandemiepakt nicht ratifizieren.

g. WHO-Symposium in Zürich (Public Eye on Science)

Sa, 20. April 2024
Hotel Spirigarten, Lindenplatz 5, Altstetten

09:30	*Begrüssung: Urs Hans, Präsi Public Eye on Science*
09:35	*Katharina Koenig, Impfgeschädigte: Ich will leben!*
10:15	*Prof. Dr. Stefan Hockertz, Immunologe & Toxikologe*
11:00	*Dr. Stephan Rietiker, Arzt & Präsident Pro Schweiz*
11:20	*Prof. Dr. Konstantin Beck, Gesundheitsökonom*
11:40	*Tom Lausen, Datenanalyst [Fragen an ChatGPT]*
12:00	*Mittagspause - mit Verpflegungsmöglichkeit*
13:00	*Heiko Schöning, Arzt & Autor*
13:20	*Philipp Kruse, Rechtsanwalt, L.L.M*
14:00	*Prof. Dr. Michael Esfeld, Wissenschaftsphilosoph*
14:20	*Dr. Heike Wiegand, Aktionsbündnis freie Schweiz*
14:40	*Laura Grazioli, Landwirtin, MA int. Beziehungen*
15:00	*Pause - mit Büchertisch*
15:30	*Prof. Dr. Stefan Homburg, Finanzwissenschaftler*
15:50	*Marcus Riva, Marketingfachmann, ABF Schweiz*
16:00	*Dr. Philipp Gut, Journalist Weltwoche & Hoch2.tv*
16:10	*Reinhard Koradi, Redaktion Zeitgeschehen im Fokus*

16:20   *Dr. Diether Dehm, SPD und DIE LINKE im Bundestag*
         Sänger, Schriftsteller, Unternehmer und Heilpädagoge
16:40   *Polit-Diskussionspanel, Moderation: Dr. Ph. Gut mit*
         U. Hans, L. Grazioli, St. Rietiker, D. Dehm

Anmeldung: www.publiceyeonscience.ch, Kosten: 50.- in bar

Vorträge: *https://www.cwl-live.ch/who-symposium-zürich-alt-stetten-20-04-20*

Reportage: *https://transition-tv.ch/sendung/stand-der-dinge-am-25-april* (Minuten 23:00 - 38:45)

h. RKI-Protokolle entschwärzt

Quelle Protokolle: *https://www.rki.de/DE/Content/InfAZ/C/COVID-19-Pandemie/COVID-19-Krisenstabsprotokolle_Download.pdf?__blob=publicationFile&utm_source=substack&utm_medium=email*

RKI-Protokolle entschwärzt: „Das Hauptrisiko, an Covid-19 zu sterben, ist das Alter"[46]

Die nunmehr entschwärzten RKI-Protokolle zeigen: Es ging von Anfang an vor allem um die Impfung. Bill Gates und China durften sich freuen.

MILOSZ MATUSCHEK[47], 1. Juni 2024 [Abruf vom 4.6.2024]

---

[46] https://substack.com/app-link/post?publication_id=95541&post_id=145189054&utm_-source=post-email-title&utm_campaign=email-post-title&isFreemail=true&r=9b9pp&to-ken=eyJ1c2VyX2kljoxNTY0MjM0OSwicG9zdF9pZCI6MTQ1MTg5MDU0LCJpYXQiOj-E3MTcyMzl2NDDcsImV4cCI6MTcxOTgyNDY0NywiaXNzljoicHViLTk1NTQxliwic3Viljoicg9z-dC1yZWFjdGlvbiJ9.UMIr0wrNLBEPdVwXpRH0AETcBvIVWV9DDcLRU0sA_6Y

[47] https://substack.com/redirect/0b9500e3-eaa0-4a43-8ebd-5c073c506d4d?j=eyJ1ljoiO-WI5cHAifQ.iVCkZlCiHC12f6x-P05bdlUCqaLD7NniKOpcmL9-j18

"Betrug und Falschheit fürchten die Überprüfung. Wahrheit lädt sie ein." - *Samuel Johnson (brit. Autor, Essayist, 1709-1784)*

Nach längerem hin und her hat das RKI am 30.05. die weitgehend entschwärzten Protokolle des Krisenstabs („RKI-Protokolle") veröffentlicht. Das Magazin Multipolar hatte zuvor auf Herausgabe der Protokolle geklagt, aber nur stark geschwärzte Protokolle bekommen.

Die entschwärzten Protokolle bieten einen Einblick in den Sach- und Kenntnisstand der zentralen, dem Gesundheitsministerium unterstellten Bundesoberbehörde, deren Vertreter in Person von Lothar Wieler und Lars Schaade das politische Maßnahmengeschehen mitgestalteten, teils medial nach außen vertraten und daher als Hauptakteure der Corona-Zeit gelten dürfen. Auch wenn es hier nur um einen ersten Einblick gehen kann, zeigen diese Protokolle (die gerade keine Diskussions-, sondern Ergebnisprotokolle sind) vor allem eine sichtbare Kluft zwischen dem RKI und den medial sowie politisch verlautbarten Positionen. Hatten letztlich auch beim RKI die Covidioten recht?

Das wirft eine weitere Frage auf: Wer war letztlich das besagte „Team Wissenschaft", wenn die Wissenschaftskommunikation des RKI der Politik nach dem Mund redete und die Politik sich umgekehrt um den Stand der Wissenschaft im RKI nicht scherte?

Die Wissenschaft als Wunschkonzert

Schon ein Blick in die ungeschwärzten Teile der Protokolle ließ erahnen, dass die Entscheidungsfindung im RKI einer eigenen Dynamik folgt.

- Im März 2020 war die Influenzawelle des Winters bereits wieder abgeklungen, als durch anlasslose Massentests ein

Pandemiegeschehen herbeigetestet wurde, während die tatsächliche Viruslast (Ct-Wert) der Labore im Dunkeln blieb.

- *Am 16. März wurde aufgrund eigener Risikobewertung – da ein Dokument dazu nicht vorliegt: war es eine Weisung der Politik? – festgelegt, dass „hochskaliert werden müsse". Der Name der Person, welche dieses Dokument zur Veröffentlichung freigeben sollte war bisher geschwärzt und ist nun bekannt: Lars Schaade. An ihn wäre konkret die Frage zu richten: Was genau führte zu einer Hochskalierung der Gefahrenlage? Das Intensivbettenregister Divi offenbarte wenig später eine Auslastung von 50%, normal sind 90%.*

3	Aktuelle Risikobewertung	
	o Am WE wurde eine neue Risikobewertung vorbereitet. Es soll diese Woche hochskaliert werden. Die Risikobewertung wird veröffentlicht, sobald Herr Schaade ein Signal dafür gibt.	VPräs

Die Schwärzung dieses Namens war Stein des Anstoßes (Screenshot)

- *Bei dieser Einschätzung sollte es auch im weiteren Verlauf bleiben, obwohl die Fälle rückläufig waren. Vermerk am 29.06.2020: „Immer noch hohes Risiko, Vorgabe vom BMG: bis 1. Juli wird daran nichts geändert."*

Aktuelle Risikobewertung

• Immer noch hohes Risiko, Vorgabe vom BMG: bis 1.Juli wird daran nichts geändert. • Der Satz: „Die Anzahl der neu übermittelten Fälle ist aktuell rückläufig." soll angepasst werden.	Alle

RKI-Protokoll vom 29.06.2020 (Screenshot)

- *Dass die Schwellenwerte der Inzidenzen rein politische Vorgaben waren, offenbarte zuvor schon das Protokoll vom 7.05.2020:*

RKI-Strategie Fragen

a) Allgemein   FG32

- Neuer Grenzwert der Bundesregierung: 50 Neuinfektionen pro
  100.000 Einwohnern
  - In EpiLag besprochen (wo zu finden, wer berechnet),
    qualitative Ergänzung der Zahlen, Automatismen und
    Formalisierungen werden nicht befürwortet.
  - In EpiLag aufgerufen von Ausbrüchen und Amtshilfeersuchen
    zu berichten, sowie die Informationen für die Fälle in
    Meldesoftware vollständig auszufüllen.
  - Aufgabe aus dem BMG: Wert 35/100.000 Einwohner (5 Fälle
    pro Tag, pro 7 Tage) ist vom BKAmt gewünscht, Schwelle soll
    in Karten abgebildet sein. Warnwert bevor die Schwelle
    50/100.000 Einwohner mit den automatischen Maßnahmen
    erreicht wird.
  - Besser ist es keine unterschiedlichen Karten zu verteilen. Ggf.
    ergänzen zu bisheriger Systematik, oder Skala etwas
    anpassen. Es sollte aber bedacht werden, dass daraus auch
    Vorwurf gemacht werden könnte.

RKI-Protokoll vom 7.05.2020 (Screenshot, Hervorhebung von mir)

- *Betrachtet man den weiteren Verlauf der Pandemie, dann war die Gefahrenlage immer dann besonders hoch, wenn es politisch besonders dringlich war, weil zum Beispiel eine Impfpflicht zur Abstimmung stand. Vor der Bundestagswahl gab man sich über ein paar Wochen etwas gnädiger. Das RKI als Bühnenbildner und Kulissenschieber der Pandemie: Welchen Hintergrund die Politik auch brauchte, das RKI lieferte ihn. Im Winter 2023 verschwand die Gefahrenlage dann ebenso ominös. (Siehe für eine gute Übersicht den obigen Vortrag von Prof. Stefan Homburg in Wien, ab ca. 11.30 min; von YT auf dem Hauptkanal derzeit gelöscht, die folgende Grafik stammt aus dem Vortrag):*

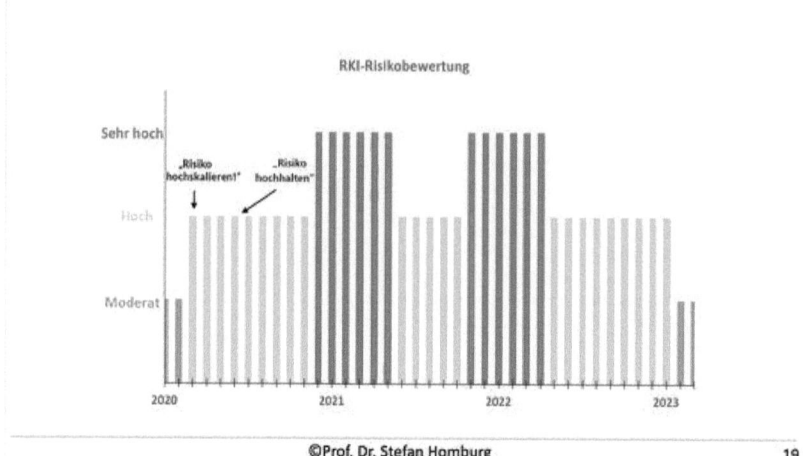

RKI-Risikobewertung

©Prof. Dr. Stefan Homburg   19

Das politische Pandemiegeschehen (Grafik: Stefan Homburg)

Ging es vor allem um die Impfung?

Schon im Frühjahr 2020 wird das Thema Impfungen zur Sprache gebracht. Das Investment von 100 Mio. Dollar der Bill & Melinda Gates Foundation vom 7.02.2024 wurde auch im RKI registriert. Die Protokolle des RKI laufen der medial-politischen Kommunikation hier monateweit voraus. Während sich das RKI über mögliche Impfstoffe auslässt, belehrte man in Medien und Politik den Zuschauer und Leser noch in Babysprache (AHA) zu den Vorzügen des Abstandhaltens und In-die-Armbeuge-Niesens; Frau von der Leyen wusch sich bei laufender Kamera besonders intensiv die Hände.

Betrachtet man einen Zeitstrahl der Bill & Melinda Gates Stiftung (BMGF)[48] aus diesem frühen Zeitraum, sieht man bereits, wohin das Hauptaugenmerk des Interesses geht: Impfungen, Impfungen, Impfungen. Im Monatstakt kündigt die BMGF mehr Förderungen für Impfstoffe an. Auch im RKI beginnt diese Diskussion zur gleichen Zeit. Zugleich fördert Gates u.a. die Cha-

---

[48] https://substack.com/redirect/2a513b43-20a8-4e88-8d80-f38a3a6f4d46?j=eyJ1IjoiO-WI5cHAifQ.iVCkZlCiHC12f6x-P05bdIUCqaLD7NniKOpcmL9-j18

274

rité und das RKI mit Spenden; Lothar Wieler darf ein Paper für die Stiftung schreiben und Deutschland belobigen. Die Namen der Co-Autoren (Ute Rexroth, René Gottschalk) sind im RKI-Protokoll geschwärzt, man hält hier offenbar noch etwas für vertraulich, was in 30 Sekunden googelbar ist.

- Gates Foundation Papier: Das Papier greift den epidemiologischen Verlauf und das Management von 3 Ländern weltweit auf, die als Best Practice Beispiele gewürdigt werden, darunter DEU. Als Co-Autoren sind Herr Wieler und ███ ███ vorgesehen.

RKI-Protokolle (Screenshot)

Am 24.08.2020 (S. 1413) wird im Protokoll vermerkt, dass die Bundesländer über die geplante Einführung der Impfstoff bis Ende des Jahres überrascht seien. Wusste die Länderebene erst spät von den Impfplänen und der Impfstoffentwicklung?

Lieber Leser, sind Sie auch so froh, dass Sie nicht 2515 Seiten RKI-Protokolle durchlesen müssen? Ich mache es gerne, sitze aber auch schon seit zwei Tagen daran. Ich freue mich über ein Abo oder eine Spende, das geht auch per Paypal, Bitcoin oder Überweisung, schreiben Sie mich gerne an: kontakt@idw-europe.org

Deluxe-Schwurbeln à la RKI zu den Impfstoffen

Bei jeder Aufarbeitung stellt sich die Frage: Wer wusste wann was? Oder hätte es zumindest wissen können? Das RKI ist laut Ergebnisprotokollen bestens informiert über alles, was sonst nur Schwurbler und Covidioten in die öffentliche Debatte brachten. Da die meisten geschwärzten Stellen das Impfstoff-Thema betrafen, sind diese Passagen von besonderem Interesse:

- *Schon am 5.02. vermerkte das RKI als Erkenntnis über den Erreger, dass „nCov" über eine „zusätzliche multibasische Furin-Spaltestelle" (Protokolle, S. 94) verfüge. Da eine solche*

Furin-Spalte bei natürlichen Coronaviren noch nie festgestellt wurde, wusste das RKI schon von Anfang an, dass Sars-Cov-2 ein Laborprodukt aus China sein muss. Laborunfall oder Biowaffenangriff unter falscher Flagge? Anstatt Sicherheitsbehörden und Militär zu informieren, liess sich das RKI als privilegierter Partner Chinas anwerben, suchte den Austausch (nur Deutschland ohne G7).

- *Gänzlich neu war schon die Idee, überhaupt gegen Coronaviren zu impfen; das galt in der Wissenschaft wegen der dann entstehenden Varianten bis dahin als sinnlos. Man impft dann die Varianten herbei. Aber hätte man das nicht wissen können? Dazu das RKI am 06.01.2021: „Eine Zunahme von Varianten durch die Impfung ist zu erwarten". So handelt eine Feuerwehr, die mit Kerosin löscht.*

- *Die Informationen zu den Impfstoffen glichen einem Blindflug und wurden auch so dokumentiert Zur "Evidenzlage" stellt das RKI am 08.01.2021 fest: Viel wisse man nicht, aber die Geimpften dürfen sich als Versuchsteilnehmer sehen.*

- Evidenzlage
  - Impfstoffwirkung ist noch nicht bekannt
  - Dauer des Schutzes ist ebenfalls unbekannt
  - Evidenz ist aktuell nicht genügend bezüglich Reinfektion und Ausscheidung (für Genesene und Geimpfte)
  - Es sind keine Ausbrüche bekannt, die von Reinfizierten ausgehen, diese scheinen nicht den gleichen Beitrag zur Gesamtausbreitung zu haben wie Erstinfizierte
    → Wir müssen noch Erfahrungen mit Geimpften sammeln

RKI-Protokolle, S. 2010 (Screenshot)

- *Der fehlende Schutz vor Ansteckung durch die Vakzine war dem RKI ebenso bekannt. Müsse man sich von der Idee der Herdenimmunität verabschieden?, fragte man sich. Trotz fehlendem Fremdschutz und nur begrenzt nachweisbarem Eigenschutz wurde für Soldaten der Bundeswehr bekanntlich später eine Impfpflicht eingeführt, die erst vor kurzem durch*

Prozesse gekippt werden konnte[49]. Pistorius verzichtet lieber auf die Impfpflicht, als vor Gericht Farbe bekennen zu müssen, dass er sich im wissenschaftlichen Blindflug befindet.

- *Das RKI wusste, dass bezüglich mRNA-Impfstoffen nur Tierversuche bestanden. AstraZeneca war als Zweitklassimpfstoff bekannt, da dieser nur auf 70% Effektivität kam. Das RKI wusste von asymptomatischen Infektionen bei AstraZeneca nach der Impfung, sprach selbst von Virusauscheidung. Selbst das Gesundheitspersonal stemmte sich gegen die Impfung: „HCW (Healthcareworkers, Anmerkung von mir): "Viele nicht bereit, sich impfen zu lassen".*

- *Dänemark und Norwegen setzten AstraZeneca aus. Deutschland reduzierte gerade mal die Zielgruppe. Das RKI lapidar: „EMA hat entschieden der Impfstoff ist sicher." Das klingt nicht nach einer vertieften eigenen Risikobewertung. Währenddessen registriert man, dass beim PEI über 1600 Meldungen hereinkommen und das PEI bei Pharmakovigilanz nicht gut hinterherkomme.*

- *Ein Monitoring zu Impfnebenwirkungen wurde schon am 16.10.2020 angeregt. Offenbar ging das RKI von Nebenwirkungen der Impfungen aus. Der spätere Gesundheitsminister Lauterbach durfte noch Monate später gegenüber einem Millionenpublikum unwidersprochen das Gegenteil behaupten, nämlich dass die Impfstoffe „nebenwirkungsfrei" seien. [50]Lauterbach taucht in den Protokollen als Figur auf, die gerne mal etwas vermischt (Isolation/Quarantäne, S. 1496), Schnellschüsse präsentiert (zu Curevac-Zulassung: "ggf. weiss er mehr als andere", S. 2355) und dessen wissenschaftliche Aussagen genau betrachtet werden sollten: "Das RKI sollte*

---

[49] https://www.youtube.com/watch?v=TeFDZJY16RA&utm_source=substack&utm_medium=email

[50] https://www.berliner-zeitung.de/news/karl-lauterbach-aussagen-zu-impfschaeden-sorgen-fuer-aufsehen-li.238592?utm_source=substack&utm_medium=email

klar stellen: was ist die wissenschaftl. Evidenz und was die politische Auslegung der Fakten, die das RKI umsetzt." (S. 774)

Update Impfung (nur freitags)

AstraZeneca   19.03.2024

ROBERT KOCH INSTITUT

VS – NUR FÜR DEN DIENSTGEBRAUCH Einstufung aufgehoben am 15.01.2021 durch VPräs

Lagezentrum des RKI   Protokoll des COVID-19-Krisenstabs

- Viel Aufregung generell
- Gestern STIKO Sitzung zu Empfehlung zum neu zugelassenen Johnson & Johnson Impfstoff, zusätzliche Themen AstraZeneca und EMA Sitzung
- Aktueller Stand
1 - Jetzt 12 Fälle mit Sinusvenenthrombose: alle 12 Frauen nach Impfung mit AstraZeneca, alle <55 Jahre, auffälliges Cluster
  o PEI hat Hintergrundinzidenzen aus Holland genutzt, RKI in Kontakt mit Krankenkassen-Konsortium um deren Daten hinsichtlich Hintergrundinzidenz auszuwerten
2 - EMA hat entschieden der Impfstoff ist sicher
- Aufträge EMA und STIKO verschieden
- STIKO entscheidet über beste Einsetzung von Impfstoffen und überlegt, ob bei diesem Signal gewisse Personengruppen lieber mRNA Impfstoff geimpft werden sollten, dies ist jedoch kommunikativ und bzgl. Akzeptanz schwierig, dennoch intern Intensive Diskussion
- Einige Länder in Europa haben anders entschieden, z.B. setzt
3 Norwegen Impfprogramm mit AstraZeneca aus bis auf weiteres, auch abhängig von Fallzahlen
- Heute erfolgt Veröffentlichung der STIKO-Empfehlung/
4 Stellungnahme, AstraZeneca weiter wie bisher anzuwenden jedoch unter genauer Beobachtung, Meldeverzug ist zu erwarten
- Ein Aufklärungsmerkblatt wurde gestern Abend noch angepasst und ging kurz nach Mitternacht an die BL, wird heute eingesetzt
- Hierzu sind FAQ in Vorbereitung mit MaiLab, außerdem soll ein Video in STIKO App integriert werden zu kommunikativen Begleitung
- Diskussion
  o Bei ECDC Call wurde Pathophysiologie besprochen, viele Fälle mit arteriellen Thrombosen in anderen Ländern (ggf. HIT II). Datenlage auf europäischer Ebene noch konfus da unterschiedliche Impfung, Altersbeschränkung und verschiedene Pharmakovigilanzsysteme und -Kapazitäten, dadurch verschiedene Beobachtungen
  o Generelle thromboembolische Beobachtung (Lungen- oder tiefe Beinvenenembolien) sind möglicherweise temporal

zufällig, dies ist ggf. anders, wenn Details zum Spezifikum der Sinusvenenthrombose evaluiert werden
  o Die Brighton Collaboration erstellt Falldefinitionen, auch zu anderen Events
5 o Alle Fälle zeigten eine Thrombozytopenie, deswegen wird ein autoimmungetriggertes Phänomen vermutet
  o Gibt es Berichte aus England zu unterschiedlichem Einsatz/Nebenwirkungen von AstraZeneca bei Frauen?
  o Bei älteren Frauen gibt es generell nicht diese Signale
  o Es wurde aus UK kein Signal gemeldet
  o Nach Gerüchten von ECDC und Norwegen hatte UK nicht viel Zeit, in Impfnebenwirkungen-Monitoring zu investieren
6 o Auch in Deutschland schwierig: PEI hatte am Montag 1.600 Meldungen, die individuell abgearbeitet werden müssen, dies liegt möglicherweise an der erhöhten Awareness.
7 o PEI/Pharmakovigilanzstellen kommen nicht gut hinterher

"Viel Aufregung generell", Protokoll vom 19.03.**21, nicht 2024** (Grafik: Stefan Homburg)

Warum das alles, liebes RKI, wenn doch, wie ihr schreibt, es bei einer normalen Influenzawelle mehr Tote gibt und der Hauptgrund an Corona zu sterben, das Alter ist? (S. 2355).

- Das Hauptrisiko, an COVID-19 zu sterben, ist das Alter
- Es sterben wahrscheinlich weniger alte, dies sollte sich jedoch nicht im Altersmedian widerspiegeln
- Wenn die Altersverteilung sich verschiebt, ist eher die höhere Virulenz von B.1.1.7 zu befürchten

o Das Argument, dass ältere, gebrechlichere Menschen, die auch ohne COVID-19 zeitnah versterben würden, sollte entschärft werden

o COVID-19 sollte nicht mit Influenza verglichen werden, bei normaler Influenzawelle versterben mehr Leute, jedoch ist COVID-19 aus anderen Gründen bedenklich(er)

o Euro-MOMO: Untersterblichkeit aktuell lediglich bei jungen AG ausgeprägt auch in anderen Ländern, bei anderen AG zunehmend: https://www.euromomo.eu/graphs-and-maps

RKI-Protokolle, S. 2355 (Screenshot)

All dies lässt nur den Schluss zu: Es ging vor allem um die Massenimpfung mit experimentellen Impfstoffen. Corona war ein Konditionierungs- und Manipulationsversuch in größtem Stil, der geglückte Versuch, den Willen anderer zu brechen, indem man die eingesackte Freiheit erst mit der Duldung experimenteller Inokulationen wieder freizugeben versprach. In welchem Interesse und zu welchem Zweck?

Das RKI nahm in dieser Zeit eine Scharnierposition mit schizophrenen Zügen an, sie lieferte einerseits Persilscheine für die Politik, andererseits bestätigt sie zahlreiche „Covidioten" in ihren Haltungen. Schon am 7.02.2020 suchte das RKI über die Leopoldina direkten Kontakt zur chinesischen Botschaft und bekam ihn zwei Wochen später, „um, z.B. über Forschungsthemen und künftige Kooperationen zu reden". Das RKI erhalte zusätzlich das „Gesundheitskommissionspaket" Chinas, was auch immer das bedeuten mag. Am 13.02. vermerkte das RKI: „Gestern Nachricht, dass CDC China mit RKI in Verbindung kommen möchte, ggf. wichtige weitere Informationsquelle, bleibt klarzustellen in wie fern Infromation (sic!) mit anderen (z.B. WHO) geteilt werden kann, wird aktuell geklärt (AA auch involviert)

"China wünscht keine G7 Involvierung, Deutschland hat scheinbar Vertrauensvorsprung, sollte nicht missbraucht werden um zukünftigen Informationsaustausch nicht aufs Spiel zu setzen."

Deutschland als vertraulicher Partner Chinas vor allen G7 Staaten? Was gab es dafür im Gegenzug? Deutschland erscheint durch die Protokolle vollends als Pandemie-Musterknabe in den Augen von Bill Gates und China, zwei Großfinanziers der WHO und Maßnahmentreiber, die dazu beitrugen, dass in Deutschland Grundrechte mit Füßen getreten wurden.

Ein Großteil der Aufarbeitungsarbeit dürfte nun darin liegen, zu rekonstruieren, welche reellen Motive das Maßnahmengeschehen letztlich steuerten. Der in den RKI-Sitzungen referierte wissenschaftliche Kenntnisstand war es (oft) nicht. Und auch eine echte pandemische Gefahrenlage lässt sich aus den Protokollen nicht herleiten, dafür zahlreiche Beispiele dafür, wie nach politischer Großwetterlage Gefahrenszenarien herbeifantasiert wurden, die durch Daten nicht belegt sind.

Das RKI schreckte wenig, was Gates und China gefiel. Aufgeschreckt hingegen war man laut Protokollen von einer "Mahnwache am Nordufer": Zwei Personen wurden gesichtet. Scheinbar lagen beim RKI die Nerven blank, wenn man ihnen auch nur von weitem auf die Finger schaute. Dafür wird es höchste Zeit: Nun darf man gespannt sein auf die **nächsten Protokolle für den Zeitraum ab April 2021, deren Veröffentlichung bereits angekündigt wurde.**

10.Politiker und Medien sträuben sich gegen Aufarbeitung

a. Geschäftsprüfungskommission des Nationalrates hinterfragt Pandemie nicht

Im Nachfolgenden Management Summary "Das Wichtigste in Kürze" aus dem Bericht der Geschäftsprüfungskommission ist zu entnehmen, diese mit der Zertifikatspflicht ebenfalls die Grundrechte massiv eingeschränkt sahen. Im Bericht wird jedoch nur rechtlich argumentiert, und keine politischen Aussagen getroffen. Dies ist an sich richtig, da die politischen Beschlüsse im Parlament getroffen werden. Die Geschäftsprüfungskommission hat die Arbeit des Bundesrates und damit auch die Abläufe in der Bundesverwaltung zu prüfen. Es zeigt aber auch, dass am Narrativ der gefährlichen, potenziell unbeherrschbaren Pandemie festgehalten wurde und damit die Aussetzung vieler Grundrechte gerechtfertigt wurden.

[fette Auszeichnungen durch den Buchautor]

Wahrung der Grundrechte durch die Bundesbehörden bei der Bekämpfung der Covid-19-Pandemie am Beispiel der Ausweitung des Covid-Zertifikats

Bericht der Geschäftsprüfungskommission des Nationalrates vom 30. Juni 2023

Das Wichtigste in Kürze

Der Bundesrat ergriff zur Eindämmung der Covid-19-Pandemie verschiedene Massnahmen, mit denen die Grundrechte eingeschränkt wurden. **Die Bundesverfassung schreibt vor, dass solche Einschränkungen einer gesetzlichen Grundlage bedürfen, durch ein öffentliches Interesse oder durch** *den Schutz von Grundrechten Dritter gerechtfertigt sowie verhältnismässig sein müssen. In der Pandemie sorgte die Einhaltung dieser Kriterien in bestimmten Fällen für Kontroversen in der Öffentlichkeit.* Bei den Geschäftsprüfungskommissionen der eidgenössischen Räte (GPK) gingen in diesem Zusammenhang mehrere Eingaben ein.

Die Geschäftsprüfungskommission des Nationalrates (GPK-N) beschloss, dieses Thema aus Sicht der parlamentarischen Oberaufsicht zu vertiefen und sich dabei auf den Beschluss des Bundesrates vom Dezember 2021 über die Ausweitung des Anwendungsbereichs des Covid-19-Zertifikats zu konzentrieren. Anhand dieses konkreten Beispiels untersuchte die Kommission, wie die zuständigen Bundesbehörden (Eidgenössisches Departement des Innern [EDI], Bundesamt für Gesundheit [BAG] und Bundesamt für Justiz [BJ]) die Einhaltung der verfassungsrechtlichen Voraussetzungen für die Einschränkung von Grundrechten prüften, ob das Resultat der Prüfung unter dem Aspekt der Rechtmässigkeit angemessen war und welche Lehren aus diesem Beispiel für die Zukunft gezogen werden können.

Für die Kommission besteht kein Zweifel daran, dass der Beschluss vom Dezember 2021 über die Ausweitung der Covid-Zertifikatspflicht eine erhebliche Einschränkung der Grundrechte bedeutete und dass eine solche Massnahme mit grosser Zurückhaltung und unter strikter Einhaltung der Verfassung getroffen werden muss. Sie gelangt aufgrund ihrer Abklärungen zum Schluss, dass das EDI, das BAG und das BJ vorliegend – auf der Grundlage des damaligen Wissensstands und angesichts der pandemiebedingten Ausnahmesituation – die Einhaltung der verfassungsrechtlichen Kriterien angemessen prüften. *Die GPK-N erkennt aus Sicht der Oberaufsicht keine Hinweise auf grundlegende Mängel in der diesbezüglichen Geschäftsführung der zuständigen Behörden.* Sie ist indes der Ansicht, dass aus diesem

Fall einige allgemeingültige Lehren für künftige Krisen gezogen werden können.

Die Zusammenarbeit zwischen dem BAG und dem BJ im Fall der Ausweitung der Covid-19-Zertifikatspflicht bilanziert die Kommission insgesamt positiv. Sie hält fest, dass das BJ systematisch zu den jeweiligen Verordnungsentwürfen konsultiert wurde und sich die Ämter häufig und eng austauschten. Angesichts der kurzen Fristen und der schwer zu prognostizierenden Pandemieentwicklung ist es für die Kommission nachvollziehbar, dass das BJ in einem ersten Schritt nur eine summarische Prüfung der Verfassungsmässigkeit der vorgeschlagenen Massnahmen vornehmen konnte. Sie weist darauf hin, dass das Bundesamt dem Kriterium der Verhältnismässigkeit nach dem Beschluss des Bundesrates vom Dezember 2021 besondere Aufmerksamkeit schenkte und sich diesbezüglich im Rahmen verschiedener Ämterkonsultationen zu weiteren Verschärfungsvorschlägen kritisch äusserte.

Die Kommission ersucht den Bundesrat, verschiedene Massnahmen zur Stärkung der Kontrollfunktion des BJ in Krisenzeiten zu prüfen (Empfehlung 1).

Das EDI und das BJ sind der Auffassung, dass für die Ausweitung der Covid-Zertifikatspflicht eine ausreichende gesetzliche Grundlage im EpG bestand. Die GPK-N hält diese Argumentation für rechtlich zulässig. *Aus ihrer Sicht ist es wichtig, dass das Gesetz dem Bundesrat einen gewissen Ermessensspielraum hinsichtlich der Massnahmen einräumt, die im Falle einer Pandemie ergriffen werden müssen.* **Die Kommission fragt sich indes, ob es aus politischer Sicht nicht zweckmässig gewesen wäre, im Jahr 2021 eine Bestimmung in das EpG aufzunehmen, in welcher der Zweck und die Ziele des Zertifikats expliziter bezeichnet werden.** *Die GPK-N hält dennoch fest, dass die Legitimation des*

Zertifikats indirekt auch durch mehrere andere Massnahmen gestärkt wurde.

Sie bittet den Bundesrat, bei der geplanten Revision des EpG zu prüfen, ob der gesetzliche Rahmen betreffend den Immunitäts-status im Hinblick auf künftige Pandemien präzisiert werden sollte (Empfehlung 2).

In Bezug auf das Kriterium des überwiegenden öffentlichen Interesses besteht aus Sicht der GPK-N kein Zweifel, dass die Covid-19-Pandemie eine Bedrohung für die öffentliche Gesundheit darstellte. *Es ist zudem festzuhalten, dass in der Phase Anfang Dezember 2021 die Unsicherheit in Bezug auf die Entwicklung der Gesundheitslage am grössten war. Darüber hinaus kommunizierte der Bundesrat klar, dass die von ihm geplanten Massnahmen den Schutz der Spitalstrukturen zum Ziel hatten. Die GPK-N erachtet es ferner als sinnvoll, dass sich der Bundesrat bei der Beurteilung der epidemiologischen Lage auf mehrere Indikatoren stützte und diese regelmässig überprüfte. Aus ihrer Sicht stellt sich hingegen die Frage, wie relevant und präzis die einzelnen Indikatoren waren.* ***Deshalb ersucht sie den Bundesrat, die Relevanz und Präzision der einzelnen Indikatoren gestützt auf die heutigen Kenntnisse zu evaluieren und auf dieser Grundlage eine Liste potenzieller Indikatoren zu erstellen, die bei einer künftigen Pandemie verwendet werden können (Empfehlung 3).***

Ausserdem hält es die Kommission für notwendig, dass der Bundesrat prüft, ob die Kriterien im EpG für den Übergang zur besonderen Lage bzw. für deren Aufrechterhaltung präzisiert werden sollten (Empfehlung 4).

Die Kommission ist der Auffassung, dass die zuständigen Behörden die Frage der Verhältnismässigkeit der Massnahmen im

Zusammenhang mit dem Covid-Zertifikat angemessen behandelten. Das EDI und das BAG stützten sich auf die aktuellsten Informationen, um die Angemessenheit einer Ausweitung der Zertifikatspflicht zu beurteilen. Die Behörden achteten nach Ansicht der GPK-N darauf, dass die Massnahmen sowohl durch ihre Ausgestaltung wie auch durch ihre zeitliche und räumliche Begrenzung die Verhältnismässigkeit wahrten. Das BJ stellte sich ausserdem regelmässig die Frage, ob es notwendig war, die betreffenden Massnahmen beizubehalten. Darüber hinaus weist die GPK-N darauf hin, dass der Bundesrat bei seiner jeweiligen Interessenabwägung allen relevanten Aspekten Rechnung trug. Die Kommission hält ausserdem fest, dass der Beschluss des Bundesrates vom Dezember 2021 zur Ausweitung der Covid-19-Zertifikatspflicht mit den strategischen Leitlinien übereinstimmt, die er zu einem früheren Zeitpunkt des Jahres definiert hatte. Zu guter Letzt erinnert sie daran, dass die Massnahmen in einer Phase beschlossen wurden, die von grosser Unsicherheit geprägt war und diesem Umstand bei der rückblickenden Beurteilung derselben Rechnung getragen werden muss.

b. Legislative und Exekutive will keine Aufarbeitung

Covid-19: Bundesstellen haben Covid-19-Massnahmen angemessen auf Verfassungsmässigkeit geprüft
Bern, 03.10.2023 - Der Bundesrat hat an seiner Sitzung vom 29. September 2023 zum Bericht der Geschäftsprüfungskommission des Nationalrats (GPK-N) zur Wahrung der Grundrechte durch die Bundesbehörden bei der Bekämpfung der Covid-19-Pandemie Stellung genommen. Die GPK-N kommt zum Schluss, dass die zuständigen Stellen die Einhaltung der verfassungsmässigen Kriterien angemessen prüften. Sie hält fest, dass Lehren für künftige Krisen zu ziehen sind. Der Bundesrat teilt diese Einschätzung. ...

... Der Bundesrat beurteilt die in der Covid-19-Pandemie genutzten Indikatoren positiv. Im Rahmen der Revision des Epidemiengesetzes wird er prüfen, ob abstrakte Eckwerte zur Einschätzung einer Bedrohungslage festgelegt werden sollen. Hingegen erachtet er die Definition einer für alle künftigen Gefährdungslagen anwendbaren und abschliessenden Liste von Indikatoren als nicht zielführend. Die Indikatoren sollten sich immer am konkreten Erreger und entsprechend den verschiedenen Phasen einer künftigen Pandemie orientieren.

- *https://www.bag.admin.ch/bag/de/home/das-bag/aktuell/ medienmitteilungen.msg-id-97934.html*

- *https://www.newsd.admin.ch/newsd/message/attachments/ 82991.pdf*

- *https://www.parlament.ch/centers/documents/de/Bericht der GPK-N (definitiv) vom 30-6-2023 De.pdf*

c. Nichtbehandlung Petition Frühling 2020 in den eidgenössischen Räten

Sekretariat der Staatspolitischen Kommissionen
CH-3003 Bern

Petition Frühling2020 Rue de Simplon 5
1700 Fribourg - Freiburg

24. Mai 2023
21.2010 Pet. Komitee Frühling2020.

Ausserparlamentarische unabhängige Untersuchungskommission betreffend die Ausrufung der ausserordentlichen Lage im Frühling 2020

Sehr geehrte Frau Spring, sehr geehrte Damen und Herren

Sie haben den eidgenössischen Räten am 22. April 2021 die erwähnte Petition eingereicht. Diese wurde von den Staatspolitischen Kommissionen beider Räte vorberaten und in beiden Räten behandelt.
Die Kommissionen behandelten Ihre Petition gestützt auf Artikel 126 Absatz 2 des Parlamentsgesetzes im Rahmen der parlamentarischen Initiativen 20.437n SPK-NR. Handlungsfähigkeit des Parlamentes in Krisensituationen verbessern und 20.438n SPK-NR. Nutzung der Notrechtskompetenzen und Kontrolle des bundesrätlichen Notrechts in Krisen. In der Folge erwähnte die Kommission des Nationalrates die Petition in ihrem Bericht zum Gesetzesentwurf und der Kommissionssprecher der Ständeratskommission erwähnte diese in der Beratung des Entwurfs durch den Ständerat. Die entsprechenden Auszüge sind diesem Schreiben beigelegt.

Die Geschäfte 20.437 und 20.438 wurden in beiden Räten am 17. März 2023 in der Schlussabstimmung angenommen. Die Petition wurde gemäss Artikel 126 Absatz 2 des Parlamentsgesetzes abgeschrieben.

Freundliche Grüsse
Anne Benoit Kommissionssekretärin

d. Keine Aufarbeitung im Bundestag (Deutschland)

Quelle: *https://www.epochtimes.de/politik/deutschland/corona-untersuchungsausschuss-abgelehnt-wie-stehen-die-parteien-zur-aufarbeitung-a4237569.html? utm_source=mail&src_src=mail&utm_campaign=NL_2023-04-22&src_cmp=NL_2023-04-22&utm_medium=mail#*

Corona-Untersuchungsausschuss abgelehnt: Wie stehen die Parteien zur Aufarbeitung?

Ein Corona-Untersuchungsausschuss wurde gestern Abend im Bundestag abgelehnt. Trotzdem, so versicherten alle Parteien, wolle man die Pandemie aufarbeiten. Die Vorstellungen darüber gehen allerdings auseinander.

Morgen fallen die Testpflichten für den Zutritt zu Gesundheits-einrichtungen. Auch die Maskenpflicht für Beschäftigte in Pra-xen, Kliniken und Pflegeeinrichtungen wird aufgehoben.

Die Schutzmaßnahmen sind seit diesem Monat Geschichte. Über die Aufarbeitung der Pandemie herrscht aber Uneinigkeit.- Foto: Sebastian Gollnow/dpa

Von Patrick Langendorf, 20. April 2023

Für die AfD-Bundestagsfraktion ist klar, dass die Corona-Pan-demie ein Nachspiel haben muss. Sie forderte deshalb in einem Antrag die Einsetzung eines Untersuchungsausschusses. Mit diesem sollte das Verhalten der Bundesregierung während der Corona-Pandemie untersucht werden. Die AfD-Fraktion wollte weiter prüfen lassen, ob die Grundrechtseinschränkungen und der Lockdown angemessen waren. Ein 16-köpfiges Gremium sollte darüber hinaus die Frage klären, ob die Regierung ausrei-chend auf die Pandemie vorbereitet war.

Im Hinblick auf die sich in Deutschland auf dem Markt befindlichen und hier zugelassenen Impfstoffe interessierte die AfD-Fraktion, ob diese das Zulassungsverfahren ordnungsgemäß durchlaufen haben. Zu prüfen sei nach Ansicht der AfD, ob es zu Unregelmäßigkeiten oder Fehleinschätzungen bei der Impfstoffbestellung gekommen ist und ob die Bundesregierung rechtzeitig die Erforschung von Medikamenten gegen das Coronavirus angemessen gefördert und rechtzeitig deren Kauf veranlasst habe.

Es sollte untersucht werden, ob die einrichtungsbezogene Impfpflicht der Bundesregierung die medizinische Versorgung und Betreuung von Bürgern gefährdet hat und ob eine entsprechende Gefährdung als leichtfertig oder vorsätzlich betrachtet werden kann.

Untersuchungsausschuss in namentlicher Abstimmung abgelehnt
Gestern am frühen Abend wurde der AfD-Antrag von den anderen Parteien mit großer Mehrheit abgelehnt. In einer namentlichen Abstimmung stimmten insgesamt 71 Abgeordnete für die Einsetzung eines solchen Untersuchungsausschusses und 577 Abgeordnete dagegen.

Deutschland erlebt schwere Zeiten. Die Regierung steht unter Kritik. Plötzlich, Massen-"Demos gegen Rechts" – und damit gegen die Opposition. Eine Frage taucht auf: Gut für die Demokratie oder gut für die Spaltung?

Dass es Fehler in der Pandemie gegeben hat, das ist inzwischen parteiübergreifend Konsens. So hatte schon im September selbst der ehemalige Bundesgesundheitsminister Jens Spahn (CDU) Fehler und Probleme zugegeben. Was haben diese Ein-

geständnisse nun aber für Konsequenzen? Muss es eine ernsthafte Aufarbeitung der Coronajahre geben oder ist das möglicherweise gar nicht mehr nötig? Hier positionieren sich die Bundestagsfraktionen sehr unterschiedlich.

SPD-Fraktion: Aufarbeitung im vollen Gange

Die SPD ist der Meinung, dass die Aufarbeitung der Pandemie bereits stattfindet. Es gibt bereits einen Abschlussbericht zu den Auswirkungen von Corona auf Kinder und Jugendliche, der diese Woche im Bundestag besprochen wird. Das Bundesministerium für Gesundheit arbeitet an Reformen, um das Gesundheitssystem robuster und nachhaltig zu machen, und es gibt ein Gesetz zur Sicherstellung der Arzneimittelversorgung. Der Nationale Pandemieplan wird auch evaluiert, getestet und angepasst.

Die SPD-Bundestagsabgeordnete Heike Engelhardt empfindet viele Fragen, die die AfD in ihrem Antrag aufwirft als „einfach frech", wie sie gestern Abend in ihrem Redebeitrag im Bundestag betonte.

Insbesondere stößt sich die Abgeordnete an dem von der AfD geforderten Prüfauftrag, ob das deutsche Gesundheitssystem wirklich überlastet war oder ob wirklich die Gefahr eines Mangels an intensivmedizinischen Behandlungskapazitäten bestand. „Das ist frech und respektlos – respektlos gegenüber den vielen Ärztinnen und Ärzten, gegenüber den Pflegekräften, die Überstunden in Krankenhäusern gemacht und sich um die Patientinnen und Patienten gekümmert haben.", so die SPD-Politikerin.

CDU-Fraktion: Aufarbeitung ohne Untersuchungsausschuss

Laut Thorsten Frei, dem Parlamentsgeschäftsführer der CDU, gab es während der Pandemie eine extreme Dynamik, bei der Fehler gemacht wurden und Defizite im Staat aufgedeckt wurden. Das sagte der Politiker gegenüber der „Rheinischen Post".

Mit der Globalisierung habe man in der Vergangenheit so übertrieben, „sodass wir noch nicht einmal schnöde Masken bewerkstelligen konnten", so Frei. Es könnte über die Einrichtung einer Kommission zur Aufarbeitung diskutiert werden, aber ein Untersuchungsausschuss ergebe derzeit keinen Sinn und sei eher eine Vorgehensweise der AfD. Der gesundheitspolitische Sprecher der CDU-Fraktion, Tino Sorge, hatte zuvor die Einrichtung einer Bund-Länder-Kommission oder eines Gremiums im Bundestag vorgeschlagen.

In der Plenardebatte gestern Abend bezog Erich Irlstorfer (CSU) Stellung zum Untersuchungsausschuss: „Es muss nicht unbedingt ein Untersuchungsausschuss sein; aber ich denke schon, dass es einer Aufarbeitung bedarf."

AfD-Fraktion: Untersuchungsausschuss muss die Pandemie aufarbeiten

Für die AfD steht fest, dass die Fehler in der Pandemie in einem Untersuchungsausschuss aufgearbeitet werden müssen. Deshalb brachte die Fraktion auch einen entsprechenden Antrag ein. Sie möchte geklärt wissen, ob die „massiven Eingriffe in die Grundrechte der Bürger und in das deutsche Wirtschaftsleben und der Lockdown tatsächlich geeignet, erforderlich und angemessen" waren.

Thomas Seitz (AfD) betonte gestern, dass es beim Untersuchungsausschuss um Aufklärung und Zuweisung von Verantwortung geht. „Unsere Fragen sind ergebnisoffen, sodass ein Untersuchungsausschuss zu ganz anderen Ergebnissen kommen könnte als von uns erwartet.", so der Bundestagsabgeordnete.

Fraktion Bündnis 90/Die Grünen: Das Meiste in der Pandemie war notwendig

Der Gesundheitsexperte der Grünen-Fraktion, Janosch Dahmen, hat gegenüber der „Rheinischen Post" betont, dass die Pandemie die Schwächen des Gesundheitswesens deutlich aufgezeigt hat. „Diese gilt es nach Jahren des Reformstaus nun abzustellen." Es komme daher nicht darauf an, „mit viel Aufwand in einer Enquete-Kommission oder einem Untersuchungsausschuss" theoretische Erörterungen anzustellen. Stattdessen müsse das Gesundheitswesen krisenfester und besser auf Pandemien vorbereitet werden.

Irene Mihalic (Grüne) sprach gestern im Bundestag von einem „Showuntersuchungsausschuss der AfD", den keiner brauche. „Es war eine harte Zeit mit teilweise wirklich einschneidenden Maßnahmen. Die meisten davon waren meiner Ansicht nach notwendig, einige wenige vielleicht nicht", so die Grünen-Abgeordnete.

FDP-Fraktion: Enquete-Kommission statt Untersuchungsausschuss

Die FDP hat sich in einem Positionspapier dafür ausgesprochen, eine Enquete-Kommission zum Thema „Pandemie" einzurichten. Die Partei sieht Grundrechtseingriffe, die in der Bundesrepublik noch nie da gewesen sind, darunter Besuchsverbote, Einsamkeit in Pflegeeinrichtungen, Schließungen von Kitas und

(Hoch-)Schulen sowie weitreichende Einschränkungen des kulturellen, gesellschaftlichen und wirtschaftlichen Lebens – einschließlich Ausgangssperren. Die FDP fordert daher eine Bewertung der Wirksamkeit und Verhältnismäßigkeit dieser Maßnahmen.

Die FDP-Abgeordnete Christine Aschenberg-Dugnus machte gestern Abend diese Position noch einmal deutlich. „Man muss die Wissenschaft, die Wirtschaft, sämtliche Lebensbereiche, die die Pandemie betreffen, miteinbeziehen, zum Beispiel – unsere Idee – im Rahmen einer Enquete-Kommission."

Einem Untersuchungsausschuss erteilte die Abgeordnete eine Absage. „Ein Untersuchungsausschuss aus rein politischen Gründen, der uns für die Zukunft überhaupt nicht weiterbringt, ist hier ein völlig ungeeignetes Mittel. Deswegen lehnen wir ihn auch ab."

Linksfraktion: Ablehnen, um zu verhindern, dass „Feinde der Demokratie" das Mittel nutzen
Laut Jan Korte, dem Ersten Parlamentarischen Geschäftsführer der Linken im Bundestag, führt „oberflächliches Kratzen an der Oberfläche in einem Untersuchungsausschuss zu keinen Veränderungen". Stattdessen sollte die aktuelle Bundesregierung dazu verpflichtet werden, das Land krisenfest zu machen, indem sie in Bereichen wie der Pflege, dem Krankenhaussektor und der Kinder- und Jugendpolitik aktiv wird. Korte betonte gegenüber der „Rheinischen Post" weiter, dass Gelder von Konzernen und Milliardären genutzt werden könnten, falls diese Ressourcen fehlen.

Der Abgeordnete Ates Gürpinar (Linke) hatte gestern Abend das Problem bei den Antragsstellern – der AfD – ausgemacht.

„Gute Mittel [ein Untersuchungsausschuss, Anm. d. Red.] können auch von Feinden der Demokratie genutzt werden. Um dem zu begegnen, müssen wir ablehnen und müssen die Aufgabe wahrnehmen, die Instrumente der Rechten aufzudecken, um die wirklich demokratischen Instrumente zu schützen.", so die Begründung der Ablehnung des Antrags von Gürpinar.

e. Nationalrat lehnt vertiefte Ursachenforschung der Übersterblichkeit ab

Quelle: *https://www.nebelspalter.ch/themen/2024/05/nationalrat-lehnt-untersuchung-der-uebersterblichkeit-ab*

Folgen der Covid-Impfung
Nationalrat lehnt Untersuchung der Übersterblichkeit ab
Yannick Güttinger

30.05.2024 [Abruf vom 3.6.2024]
[Legende zu Portätfoto von Andreas Gafner:] *Setzt sich ein für eine lückenlose Aufarbeitung der Corona-Pandemie: Nationalrat Andreas Gafner (EDU/BE). Bild: Keystone*

Die Fakten: Der Nationalrat lehnt die Einsetzung einer unabhängigen Expertengruppe zur Untersuchung der Ursachen der Übersterblichkeit während der Pandemie ab.
- *Die Expertengruppe hätte untersuchen sollen, ob es einen Zusammenhang zwischen der erhöhten Übersterblichkeit und der erhöhten Impfrate gegen Covid-19 gibt.*

Warum das wichtig ist: In der Schweiz sind im Jahr 2022 über 6'000 Personen mehr gestorben als prognostiziert. Diese Zahlen verunsichern grosse Teile der Bevölkerung.
- *Insbesondere ist das Vertrauen in die Wirksamkeit der Covid-19-Impfstoffe massiv erschüttert, wenn mögliche negative Auswirkungen ohne seriöse Aufarbeitung nicht definitiv ausgeschlossen werden können.*

Zur Motion: Die Motion wurde von Nationalrat Andreas Gafner (EDU/BE) [am 20.9.2022] eingereicht (siehe hier[51]). Er betont die Wichtigkeit einer lückenlose Aufarbeitung:

* *Obwohl die Corona-Pandemie vorbei ist, sei es vielen Bürgern ein grosses Anliegen, dass die damaligen staatlichen Massnahmen und vor allem deren Folgen sauber aufgearbeitet werden.*
* *Dazu gehöre auch die Übersterblichkeit.*

O-Ton Gafner: «Bei vielen Bürgern herrscht angesichts der Komplexität der Materie und der unterschiedlichen Interpretationen von Statistiken eine grosse Unsicherheit vor.»

Der Bundesrat gibt Gafner in den Tatsachen recht: Im Jahr 2022 habe es tatsächlich 34 Wochen lang mehr Sterbefälle gegeben als statistisch zu erwarten gewesen wären, sagte Innenministerin Baume-Schneider. In absoluten Zahlen sind dies etwa 6'300 Fälle.

* *Davon seien lediglich sechs Todesfälle im Zusammenhang mit der Covid-19-Impfung entstanden.*
* *Baume-Schneider wies darauf hin, dass diese sechs Todesfälle als Folge der Nebenwirkungen der COVID-19-Impfung in der Todesursachenbescheinigung gemeldet wurden, gegenüber 19 Fällen im Jahr 2021.*
* *Bei den sechs Fällen habe es sich jedoch um vier Frauen mit einem Durchschnittsalter von 85 Jahren und zwei Männer mit einem Durchschnittsalter von 91 Jahren gehandelt.*

O-Ton Baume-Schneider: «Es geht überhaupt nicht darum, diese individuellen Situationen zu verharmlosen, aber es zeigt dennoch sehr deutlich, dass es keinen Zusammenhang zwischen Impfungen und Todesfällen gibt.»

---

[51] https://www.parlament.ch/de/ratsbetrieb/suche-curia-vista/geschaeft?
Affairld=20223941

Der Bundesrat empfahl, die Motion abzulehnen. Der Nationalrat folgte dieser Empfehlung [am 30.5.2024] *mit 125:61[52] Stimmen.*

Anhand der Dokumentation des Schweizer Parlamentes gab es offenbar keine Diskussion über die Motion: Unter dem Titel "Verlauf der Debatte" war zu lesen: "Präsident [Nationalrat] (Nussbaumer Eric, Präsident): Der Bundesrat beantragt die Ablehnung der Motion". Nachfolgend das Abstimmungsprotokoll:[53]

22.3941 Ref. 28984

NATIONALRAT
Abstimmungsprotokoll

CONSEIL NATIONAL
Procès-verbal de vote

Geschäft / Objet:
22.3941 Mo. Gafner. Rekordhohe Übersterblichkeit aufklären. Einsetzung einer ausserparlamentarischen Untersuchungskommission
Mo. Gafner. Surmortalité record. Institution d'une commission d'enquête extraparlementaire

Gegenstand / Objet du vote:

Abstimmung vom / Vote du: 30.05.2024 11:48:11

Fraktion / Groupe / Gruppo	RL	S	V	G	M-E	GL	Tot.
+ Ja / oui / sì		61					61
- Nein / non / no	27	38		23	28	9	125
= Enth. / abst. / ast.		1					1
E Entschuldigt gem. Art. 57 Abs. 4 / excusé selon art. 57 al. 4 / scusato sec. art. 57 cps. 4	1	1	3				5
0 Hat nicht teilgenommen / n'a pas participé au vote / non ha partecipato al voto		1	2	1	2	1	7
P Die Präsidentin/der Präsident stimmt nicht / La présidente/le président ne prend pas part aux votes			1				1

Bedeutung Ja / Signification du oui: Annahme der Motion
Bedeutung Nein / Signification du non: Ablehnung der Motion

---

[52] Die 61 Stimmen stammten ausnahmslos von der SVP Fraktion: Andreas Gafner ist ebenfalls ein Mitglied davon.

[53] https://www.parlament.ch/poly/Abstimmung/52/out/vote_52_28984.pdf

Anhang

Der gesamte Anhang wird im vierten Band unter *www.fakepandemie.ch* laufend aktualisiert. Abrufbar als PDF-Dokument.

1. Neue Medien

meine wichtigsten Informationsquellen (es gibt noch weitere...), mit generellem Hinweis ihrer publizistischen Stärke

a. etabliert ab 2020 und später

- AUF 1, *www.auf1.tv*, Stefan Magnet, Österreich, gegründet 2021
  Entwickelt sich m.E. zum grössten Konkurrenten der Leitmedien, Ableger in Berlin, D, sendet seit dem 3. September 2023 im Schweizer Kabelfernsehen (6-Stunden-Fenster).
- Attila der Kluge *https://t.me/attiladerkluge*, Strassenaktivist
- Bittel TV, *www.bittel.tv*, im Exil in Tansania
  besonders im Jahre 2020 konsultiert, Live-Kommentator der ersten Stunden bezüglich dem Widerstand auf der Strasse
- Corona Transition, *www.transition-news.org*, Niederbipp BE
  umfassenste Dokumentation der Corona-, Ukraine- und Energie-Krise in der Schweiz mit 8190 Artikeln (6.11.2023)
- Marco Caimi, *www.youtube.com/c/CaimiReport/videos*, Arzt, Komiker, BS
- Die Freien, *https://diefreien.ch*, Altdorf UR
  Erstausgabe: Juni 2022, zweimonatliches Magazin auf Papier
  Interview mit der Herausgeberin Prisca Würgler bei *apolut.de*
  im Gespräch (6.10.2023)
- Freischwebende Intelligenz, *www.freischwebende-intelligenz.org*, Milosz Matuschek und Gunnar Kaiser († 12. Okt. 2023)

- Hoch[2], *https://hoch2.tv*, Niederbipp BE, Regina und Patrick von Castelberg, gegründet im März 2023, einige Mitarbeitende vormalig bei Transition-TV und Transition News tätig
- CWL-Live, *www.cwl-live.ch*, Interlaken, BE
  Szenenbeobachter und Live-Interviewer, vorsichtiger Skeptiker
- Bodo Schiffman, *https://www.youtube.com/watch?v=JyhAz-O85EiQ*, im Exil in Tansania, Aufklärender Arzt der ersten Stunde, besonders beachtet im Jahre 2020
- Shipi *https://t.me/fedfs*, Strassenaktivist
- StandPunkt (Chrigi) *https://t.me/standpunkt*, Strassenaktivist
- Stilles Stehen, *https://t.me/StillesStehenKirchbergBE*, Kirchberg BE, Gründung April 2021, Telegramkanal von Lilly Anselmetti, Strassenaktivistin
- Stricker TV, *www.stricker.tv*, Bronschhofen TG
  https://www.stricker.tv/interviews
  Daniel Stricker berichtet jeden Abend über die Fakes der Leitmedien, zeitweise ist er auch als Livestreamer unterwegs.

b. Mobile Livestreamer an Kundgebungen seit 2020

- Nicole Hammer, *www.wissensgeist.tv*, Fotografin, Schlieren ZH
  Vegetarierin, die Menschen von der Strassenszene wohlwollend filmisch und fotografisch porträtiert und interviewt
- Mensch :Roger, *YouTube*, BE
- Sabine Seibold, *https://www.youtube.com/c/sabineseibold*, Basel BS
  Sabine Seibold berichtet aus der esoterisch/spirituellen Sicht
- Werner WD-Chur, *wdchur.com*, Filmschnitt Chur GR
  Werner berichtet aus der Sicht des einfachen "Büezers"

c. Online-Medienportale vor 2020

- KenFM, heute *www.apolut.net* Im Gespräch, Berlin D, gegründet 2003 (vormals KenFM)
  Geopolitik, NATO

- Achgut, Achse des Guten *https://www.achgut.com*, Augsburg D, gegründet 2004, Online-Autorenportal

- Epoch Times *www.epochtimes.de*, *Impressum*[54], gegründet 2000 (englisch) und seit 2005 auch in deutsch,
  seit 2021 auch gedruckte Wochenzeitung

- Nachdenkseiten, *www.Nachdenkseiten.de*[55], Landau D, gegründet 2005 von Albrecht Müller

- Nuovisio, *https://nuoflix.de*, Leipzig D, gegründet 2005

- OVAL Media, *www.oval.media*, Berlin D, gegründet 1998
  Firma von Dokumentarfilmproduktionen und Livestreams

- Rubikon, *www.rubikon.news*, Initiative zur Demokratisierung, Mainz D, gegründet 2017, *Rubikon* ist auch ein Buchverlag
  seit April 2023 unter *https://www.manova.news*

- SteinTV, *https://www.youtube.com/user/wwwSteinZeitTV*, gegründet 2014 durch Robert Stein, Grenzwissenschaften

- Uncut-news, *https://uncutnews.ch*

- Boris Reitschuster, *www.reitschuster.de*, Herzog Novi, Mazedonien (*Über die Seite*[56]), gegründet 2019
  konnte als letzter noch kritische Fragen in der Bundespressekonferenz in Berlin stellen

- TKP, *www.tkp.at*, Wien A, Blog für Science & Politik, Archiv bis 2016 zurück

---

[54] https://www.epochtimes.de/about-us

[55] https://www.nachdenkseiten.de/?p=109057

[56] https://reitschuster.de/ueber-die-seite/

- Zeitpunkt, *www.zeitpunkt.ch*, Solothurn, gegründet 1992 als zweimonatliches Magazin

d. Kritisch berichtende Mediziner

- Sucharid Bhakti, Facharzt für Mikrobiologie und Infektionsepidemiologie, Deutschland; 22 Jahre Leiter Institut für medizinische Mikrobiologie und Hygiene der Johannes-Gutenberg-Universität in Mainz, über 300 wissenschaftliche Arbeiten auf den Gebieten Immunologie, Bakteriologie, Virologie, Herz-Kreislauf-Erkrankungen.
  https://www.kopp-verlag.de/a/corona-fehlalarm-

- Thomas Binder, Kardiologe, Wettingen, CH
  https://www.thomasbinder.ch/post/der-modrna-genozid-muss-endlich-beendet-werden-jetzt (2.3.2023)

- Guter Frank, Allgemeinmediziner, Heidelberg, D; Naturheilverfahren, Ernährungsmediziner, spricht sich gegen Übertherapien aus, Autor der Bücher *Staatsvirus*[57] und *Das Staatsverbrechen*[58]
  https://www.gunterfrank.de/ueber-mich

- Martin Haditsch, Facharzt für Hygiene und Mikrobiologie, Infektiologie und Tropenmedizin sowie für Virologie und Infektionsepidemiologie, Leonding A
  Impfarzt, Laborleiter in Hannover D, Auf Weltreise um die Ursprünge der Pandemie zu erkunden
  AUF1, ServusTV: *Auf der Suche nach der Wahrheit*[59]

---

[57] https://www.exlibris.ch/de/buecher-buch/deutschsprachige-buecher/gunter-frank/der-staatsvirus/id/9783981975598/

[58] https://www.exlibris.ch/de/buecher-buch/deutschsprachige-buecher/gunter-frank/das-staatsverbrechen/id/9783982277141/

[59] https://www.imdb.com/title/tt15238224/

- Bodo Schiffmann, Tansania, ehemals HNO-Facharzt in Sinnsheim D, heute tätig in der Aufklärungsarbeit
  https://video.icic-net.com/w/bKR2ygU71ZcJYi3ydrjoby

- Pietro Vernazza, Blog *Infekt* von Prof. em. Dr. med. *Pietro Vernazza*, St. Gallen (Schulmediziner mit der Haltung, Durchseuchung lässt sich nicht verhindern), Mitherausgeber des Buches *Der Corona-Elephant*[60], *https://corona-elefant.ch*
  https://infekt.ch

- Wolfgang Wodarg, Warder D, Autor des Buches *Falsche Pandemie*[61]
  https://www.wodarg.com/masken

- Kai Stuht, Produzent von "Können 100 Ärzte lügen - Der Film"
  https://www.100aerzte.com
  siehe auch 10. Kapitel: Aufzählung der Porträtierten mit Nennung ihrer Fachgebiete, alle deutschsprachig

- Stopworldcontrol, Diverse Ärzte und Therapien Covid-19 (englisch)
  Hydroxychloroquin+Zink, Budesonid, Ivermectin
  https://stopworldcontrol.com/cures
  https://c19early.org (Übersicht Studienergebnisse)

---

[60] https://www.exlibris.ch/de/buecher-buch/deutschsprachige-buecher/konstantin-beck/der-corona-elefant/id/9783909066254/

[61] https://www.exlibris.ch/de/buecher-buch/deutschsprachige-buecher/wolfgang-wodarg/falsche-pandemien/id/9783967890181/

e. Soziale Medien - Plattformen weltweit

Quelle: *https://blog.hubspot.de/marketing/liste-soziale-netzwerke*, Ursprünglich veröffentlicht am 6.12.2021, aktualisiert am 20.1.2023

Anzahl Nutzerinnen pro Monat (2021), Hauptzielgruppe und (Eigentümer)

- Facebook (2.91 Mrd), mittelalterliches Publikum (Meta)
- Instagram (ca. 1 Mrd), Foto (Meta)
- WhatsApp (ca. 2 Mrd), Kurznachrichtendienst (Meta)
- YouTube (ca. 2.2 Mrd), Videoplattform Nr. 1 (alphabet, google)
- Vimeo (ca. 230 Mio), Videoplattform Nr. 1 (Vimeo LCC, New York)
- XING (ca. 20 Mio), Berufsplattform, deutschsprachiger Raum
- LinkedIn (774 Mio), Berufsplattform, weltweit (Microsoft)
- Pinterest (444 Mio), virtuelle Pinnwand
- Snapchat (306 Mio), Fotos, kurze Videos, Teenager/Junge Erwachsene
- TikTok (1 Mrd), selbsterstellte Videos mit Musik hinterlegt (?)
- Reddit (1.7 Mrd), anonyme Nutzer, selbstverwaltete Zensur
- Twitter (211 Mio täglich), Nach Übernahme von Elon Musk in den Schlagzeilen, *Twitterfiles*[62]
- Twitch (30 Mio täglich), Livestreaming
- Tumblr (535 Blogs)

---

[62] https://weltwoche.ch/daily/twitter-files-nach-wochen-bricht-srf-das-schweigen-mit-einer-duerren-versteckten-mitteilung-fuehrt-der-zwangsgebuehrensender-sein-publikum-hinters-licht/

f. Soziale Medien - Nutzung in der Schweiz

Quelle: *https://www.onlinekarma.ch/social-media-statistik-schweiz* (Abruf vom 9.3.2023)

Nutzerinnen Total 2022

Instagram (3.8 Mio), Facebook (3.3 Mio), TikTok (2.3), Pinterest (1.6 Mio), Twitter (1.5 Mio), Snapchat (1.6 Mio)

Nutzerinnen nach Alter Dezember 2022

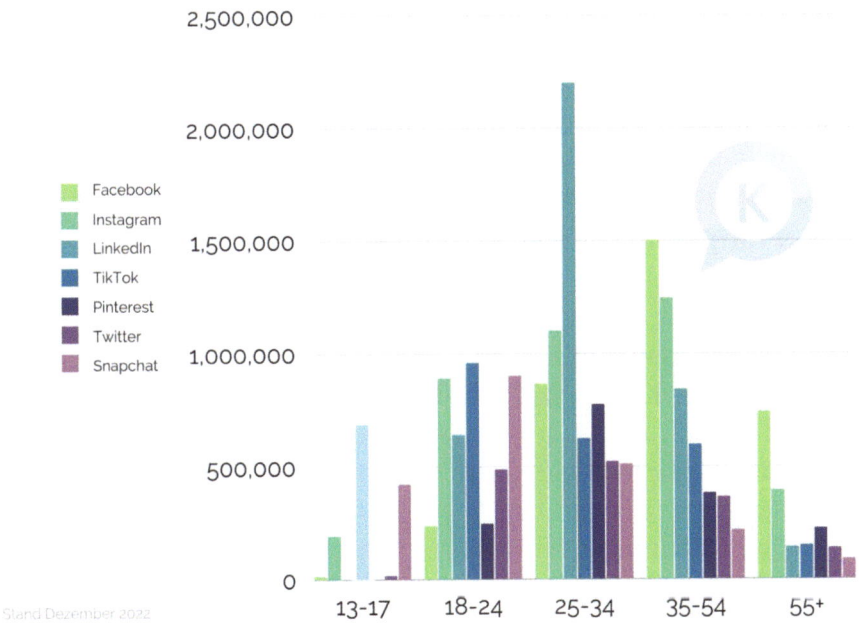

2. Persönlichkeiten

a. Band 1: Justizversagen

- **Gerald Brei ZH**, Rechtsanwalt, ZH
  Mit ihm bin ich verbunden über seine **drei schriftlichen Plädoyernotizen** anlässlich der Gerichtsverhandlungen in Bern Mittelland vom 13. April 2021 (Freispruch nach Wegweisung, Kapitel 1g) und zwei Strafverfahren wegen Missachtung der Maskenpflicht im öV, am 23. Juni und 23. Juli 2021 am Regionalgericht Emmental-Oberaargau (Kapitel 5c). Den Schuldspruch vom 23. Juni wandelte das Obergericht am 23. August 2022 in einen Freispruch um, die Verurteilung wegen Missachtung der Anweisungen des Zugspersonal vom 23. Juli wurde vom Obergericht bestätigt. Weiter hat Gerald Brei an der symbolischen Entschädigungs-Klage gegen den Bundesrat in (Kapitel 6a) und der Strafanzeige (Kapitel 6d) gegen die Direktorien BAG und Swissmedic mitgewirkt.

- **Philippe Kruse ZH**, Rechtsanwalt
  Mit ihm bin ich verbunden via die Familientaskforce, welche eine Klage gegen den Regierungsrat des Kantons Bern wegen der Maskentragpflicht in der 5. und 6. Volksschulklasse führte (Band 2: Kapitel 5e). Ich bewundere an Philipp Kruse seinen Mut, früh die Gilde der Rechtsanwälte aufzurütteln (Band 2: Kapitel 5h) und wie er sich auch mit dem europäischen Umfeld vernetzte, z.B. mit der Anwältin *Beate Bahner*[63] Fachanwältin für Medizinrecht.

- **Heinz Raschein**, GR
  Mit ihm bin ich verbunden via das Sach- und Rechtsattest, das aus seiner Feder stammt (Kapitel 5a). Dieses half mir auch ohne

---

[63] https://www.beatebahner.de/corona-impfung-was-aerzte-und-patienten-unbedingt-wissen-sollten.html

Maske und <u>ohne</u> medizinisches Attest in den Zügen und Bussen der Schweiz unterwegs zu sein.

b. Band 2: Medien spalten, Widerstand vereint

- **Manuel Albert**, alt-Anästhesiearzt SZ
  Mit ihm verbindet mich eine Episode, als wir zusammen mit Lilly Anselmetti, Andrej und Stefan Pfander die Plattform **"Union der souveränen Völker USV"** gründen. Wir realisierten ein Filmprojekt, in dem auf dem Gurten, in Basel, Zürich und Thun Menschen interviewt wurden. Leider kam die GesellschaftU USV nicht über das Filmprojekt hinaus.

- **Lilly Anselmetti-Amsler BE,** Lerncoach und Halterin Stilles Stehen Kirchberg BE
  Mir ihr verbindet mich im Besonderen das gemeinsame Engagement in der Lokalgruppe **Stilles Stehen Kirchberg, BE**, welche bis zum Redaktionsschluss noch bestand hat. Im ersten Jahr (April 2021 bis März 2022) war ich regelmässig an den wöchentlichen Treffs dabei. Nach Aufhebung der besonderen Lage ging ich nur vereinzelt ans Treffen. Ab Mitte des Jahres 2022 organisierte Lilly im Namen der Freiheitsboten, Familientaskforce, Freies Burgdorf und Stilles Stehen öffentliche Vorträge.

- **Andy Benz SZ,** Organisator und Aushängeschild Freiheitstrychler
  Mit ihm verbinden mich mehrere interessante Gespräche über seine Herkunft und seien Tätigkeit bei den **Freiheitstrychlern Schwyz.**

- **Alec Gagneux AG**, Strassenaktivist, AG
  Mit ihm bin ich über einige Kontakte als **ehemaliges Vorstandsmitglied der Freunde der Verfassung** verbunden. Weiter war ich an beiden Sommer WEFF in Davos der 2020 und 2021 dabei, die er mit seiner Frau, Mäddi seit 2019 organisiert. Von ihm erhielt ich während des Konflikts um den Rich-

tungsstreit interessante Einblicke in die Vorstandsarbeit der Freunde der Verfassung.

- **Nicole Hammer**, Fotografin und Filmerin, Freie Aktivistin im Bereich Veganismus, und seit September 2020 als Berichterstatterin auf der Strassenbewegung unterwegs.
Mit ihr verbindet mich ein Interview auf dem Gurten vom 12. Juni 2021 und mittels ihren Filmen verfolgte ich die Ungerechtigkeiten, welche der Wirtefamilie Aufdenblatten des Restaurants *Walliserkanne* [64] in Zermatt Ende 2021 zugestossen sind.

- **Urs Hans ZH**, Träger Public Eye on Science, ehemals Kantonsrat
Mit ihm verbindet mich eine Begegnung nach der ersten Kundgebung in Winterthur vom 18. September 2021. Zusammen mit Uwe Burka (Initiant Rütliritual am 31. Mai 2020) komme ich auf seinem Hof in Turbenthal auf ein Festessen und übernachte dort.

- **Patrick Hofer ZH**, FRIFREDEM, Youtube- und Telegramkanal
Mit ihm verbinde ich mich anlässlich diverser Treffen an den Kundgebungen. Wenn ich verstehen will, wie gross eine Kundgebung gewesen ist, orientierte ich mich immer anhand seiner kurzen Filme auf dem **Telegramkanal FRIFREDEM** an. Er ist weiter Projektleiter der *Aufarbeitungsinitiative*[65].

- **Cristina Santantonio ZH,** ehemalige Freiheitstrychlern
Mir ihr verbindet mich ihr Spürsinn für geistige Welt. Durch sie bin ich zur Chakra Gesundheitsbalance gekommen. Sie hat mich betreut in der Ausbildung zum Chakra Gesundheits Coach. Ich lernte Cristina am 22. Mai 2021 in Neuenburg kennen anlässlich der Kundgebung von Stiller Protest.

---

[64] https://www.walliserkanne.ch/

[65] https://www.aufarbeitungsinitiative.ch

- **Prisca Würgler UR**, Geschäftsleiterin Graswurzle
Mit ihr bin ich verbunden aus Begegnungen auf dem Bundesplatz und sie hat mich indirekt angespornt, bei der regionalen Graswurzle-Bewegung **Emmental** Kontakte zu pflegen.

c. Persönlich bekannte Mitspieler aus Bürgerrechtsbewegungen

- Andy Benz, *Freiheitstrychler*, SZ
- Roland Bühlmann, Leiter Regiogruppe Muri, Co-Präsident *Verfassungsfreunde* seit April 2022
- Josef Ender, *Aktionsbündnis Urkantone*, Nationalratskandidat 2023 im Kanton Schwyz, auf freier Liste
- Richard Koller, Freiheitliche Bewegung Schweiz, FBS, BE *https://www.youtube.com/watch?v=OcrVCMxR8PY*
- *Albert Knobel*, Strassen- und Verfassungsaktivist, "Platz der Freiheit", SZ, *Linth24*,
- Nicolas Rimoldi, *Massvoll*, Präsident seit Gründung Februar 2021, LU
- Marion Russek, Co-Präsidentin Verfassungsfreunde, ab 2022 Beirätin; Demission Co-Präsidentin April 2022, Beirätin *bis Herbst 2022*, ZG, *Frühling2020*
- *Christina Rüdiger*, Vorstandsmitglied seit Februar 2021, Verantwortlich für Regiogruppen bei den Verfassungsfreunden *bis am 18. November* 2022, SG
- Christa Urech, *Strassenaktivistin*, ZH (Grundrechte gelten immer, ALLE), *verurteilt in erster Instanz Regionalgericht Bern*
- *Ruke Wyler*, Psychotherapie in Bewegung, Vorstand *ALETHEIA*, BE

d. Medial bekannte Persönlichkeiten

- Michael Ballweg, *https://querdenken-711.de*, Stuttgart D, Gründer und Halter Querdenken

- Thomas Binder, *https://www.thomasbinder.ch*, Kardiologe, Vorstand ALETHEIA, Baden AG

- Reiner Fuellmich, *https://icic.law/de/dr-reiner-fuellmich*, Göttingen D und California USA

- Daniele Ganser, *https://www.danieleganser.ch* Historiker und Friedensaktivist, Münchenstein BL

- Ralf Ludwig, *https://www.kanzlei-ralf-ludwig.de*, Rechtsanwalt, Frose D

- Tom und Eliane Lausen, *https://www.achgut.com/artikel/ulrike_und_tom_lausen_die_untersuchung_dossier*, Datenanalytiker und Programmierer, Unternehmerin IT und Rechnungswesen, Hamburg, D

- Milosz Matuschek, *www.freischwebende-intelligenz.org*, Freischwebende Intelligenz, Journalist, TI

- Gunnar Kaiser, *www.kaisertv.de*, Philosophiekanal, D, gestorben am 12. Oktober 2023 mit Krebs (47-jährig)

- Kati Schepis, *https://www.katischepis.ch*, Pharmazeutin, Vorstand ALETHEIA, Ebikon LU

- Robin Spiri, *https://www.robin-spiri.ch*, Betreibt den Telegramkanal Allesindwillkommen mit 16'700 Abonnenten anfangs 2024, Start im August 2021

- Daniel Stricker, *https://www.stricker.tv/interviews*, Interviews, Bronschhofen SG

- Daniel Trappitsch, *Netzwerk Impfentscheid*, Präsident, SG

- Michael Ballweg, *https://querdenken-711.de*, Stuttgart D, Gründer und Halter Querdenken

3. Kurzchronik der "Pandemie"

Quelle: *https://www.bluewin.ch/de/news/schweiz/die-digitali-sierung-ist-nach-wie-vor-eine-riesige-baustelle-1193453.html*

veröffentlicht am 26. April 2022, Abruf vom 6. September 2022 (nur Wiedergabe Chronologie)

a. Corona-Chronologie I: 2020

24. Februar   erster Corona-Fall im Tessin

28. Februar   Der Bundesrat ruft **Besondere Lage** aus

16. März   Der Bundesrat ruft **Ausserordentliche Lag**e aus

Anfang April Die **erste Welle** erreicht ihren Höhepunkt

2. April   Die «Swiss National Covid-19 Science Taskforce» nimmt ihre Arbeit auf

19. Juni   **Rückkehr zur Besonderen Lage** – Kantone und Bund teilen sich die Verantwortung

[6. Juli   Einführung **Maskenpflicht öV**]

19. Oktober   Bund führt **Maskenpflicht** in öffentlichen Eirichtungen ein

Ab Oktober   Die Taskforce nimmt an BAG-Pressekonferenzen zu COVID-19 teil

Mitte Nov.   Die **zweite Welle** erreicht ihren Peak

23. Dezember Die **Impfkampagne** startet mit dem Pfizer/Biontech-Impfstoff

b. Corona-Chronologie II: 2021

18. Januar   Die **Massnahmen werden weiter verschärft**

Anfang April Die **dritte Welle (Alpha-Variante)** erreicht ihren Höhepunkt

21. April	Der Bundesrat präsentiert das **Drei-Phasen-Modell**
Ab Juni	können sich auch Jugendliche ab 12 Jahren impfen lassen
11. August	Die sog. **Normalisierungsphase** im Drei-Phasen-Modell des Bundesrats **beginnt**
Anfang Sept.	Die **vierte Welle (Delta-Variante)** erreicht ihren Höchststand
13. Sept.	Die **3G-Zertifikatspflicht** wird stark ausgeweitet
November	In Südafrika wird zum ersten Mal die Omikron-Variante nachgewiesen
20. Dezember	Das Zertifikat wird auf Geimpfte und Genesene **(2G)** eingeschränkt

c. Corona-Chronologie III: 2022

Ende Januar	Höhepunkt der **fünften Welle (Omikron-Variante)**
Anf. Februar	wird die Quarantäne aufgehoben
Mitte Februar	wird die **Zertifikatspflicht aufgehoben**
März 2022	sind laut Taskforce schätzungsweise über **95% der Menschen geimpft oder genesen.**
1. April 2022	Maskenpflicht, Zertifikatspflicht und Einreisebeschränkungen werden aufgehoben, die Schweiz kehrt in die **Normale Phase zurück**
2. Mai 2022	Bundesrat will die letzten Massnahmen aufheben

2. Liste von Organisationen der Freiheit

Organisation, Anzahl Mitglieder, Website, (siehe auch *causacorona.ch*[66]), Stand: Ende März 2023 (Abruf Website)
T=Telegram

a. Deutschschweizerische Ausstrahlung

- Airliners for Humanity, *https://www.airlinersforhumanity1.com*

- Aktionsbündnis Urkantone, *https://www.ur-kantone.ch*,

- Aletheia, 770 Ärzte und Wissenschaftler, 3'102 Gesundheitswesen, 8'177 andere Berufsgruppen), *https://www.aletheia-scimed.ch* 20'300 Abonnenten (T)

- Aufrecht (Politische Sammelpartei), *https://aufrecht-schweiz.ch*ö

- Bürgerforum, 89 *namentlich* einsehbare Träger/innen *https://www.buergerforum-schweiz.com*

- Corona Info Schweiz, 1000 Abos (T), *https://coronainfoschweiz.com*

- Coronarebellen, 4'900 Follower, 6'500 Abos *https://www.instagram.com/coronarebellen.ch*

- Freiheitliche Bewegung Schweiz, *https://fbschweiz.ch*

- Freiheitstrychler, Aktionsgruppe, 1050 Abonnenten (T) *https://freiheitstrychler.ch*

- Freie Linke, *https://www.freie-linke-schweiz.ch*

- Freunde der Verfassung, 12'500, *https://verfassungsfreunde.ch*

---

[66] https://causacorona.ch/04_Engagements.html#4.2.0.S7

- Frühling 2020, Petitionskomitee, *https://fruehling2020.com*
- Gemeinsam Schweiz, *https://gemeinsam-schweiz.ch*
- Graswurzle, 3'333, *https://graswurzle.ch*
- Helvetia Trychler, Aktionsgruppe *https://helvetia-trychler.ch*
- Juristen Komitee, 329, *https://juristen-komitee.ch*
- Lehrernetzwerk, Elternnetzwerk, *https://www.lehrernetzwerk-schweiz.ch*, 5'150, davon 2'480 Lehrer/innen, https://www.lehrernetzwerk-schweiz.ch/eltern/
- Massvoll, 14'100 Abonennten (T) *https://www.mass-voll.ch*
- Netzwerk Impfentscheid, 1050 Abos (T) Informationsnetzwerk, *https://impfentscheid.ch*
- Public Eye on Science, *https://www.publiceyeonscience.ch* (Organisator grosser Kundgebungen)
- Stiller Protest, *https://stillerprotest.ch* (bis Mitte 2021 Organisator mittlerer bis grösserer Kundgebungen)
- SOS Pflegeberufe, 550, *https://sos-gesundheitsberufe.ch*
- Verfassungsbündnis, 1000 (T) *https://verfassungsbuendnis.ch*
- Verein für Aufklärung, *https://xn--aufklrung-z2a.org*
- VereinWIR, 6'600 Abos (T) *https://www.vereinwir.ch*
- WIRFÜREUCH, *https://wirfuereuch.ch*
- WIRMENSCHEN, 15'000, *https://wirmenschen.ch*
- Wir kämpfen für deine Rechte, *https://wkfdr.net*

b. Regionale Ausstrahlung

- Aktionsbündnis Zürich Aargau (ABAZ), *https://www.aargau-zuerich.ch*

- Aktionsbündnis Ostschweiz, *https://www.aktionsbuendnis-ostschweiz.ch* 6'000 Sympathisanten

- Freiheitsboten, *https://t.me/Freiheitsboten_Bern* (lokal)

- ITUS (Region Berner Seeland), *https://verein-itus.ch* (regional)

- Stilles Stehen (Kirchberg BE), *https://t.me/StillesStehenKirchbergBE* (regional)

- Urig, *https://www.urig-schwyz.ch/ortsgruppen*

c. Unbekannte Ausstrahlung

- Bürger fragen nach, *https://vbfn.ch*

- Reaktion, *https://reaktion.org*

- WirKlagenAn, nicht mehr aktiv (Klagen ohne Rechtserfolg)

d. Weltweite und deutschsprachige Ausstrahlung

- Corona Ausschuss, Berlin D, *https://corona-ausschuss.de*, Publiktionen auf Odysse, Dlive, und Getter

- Die Great Barrington Erklärung, Great Barrington USA *https://gbdeclaration.org/die-great-barrington-declaration/* 936'000 Unterzeichnungen (Stand 1.4.2023) *https://gbdeclaration.org/#sign*

- Mediziner und Wissenschaftler für Gesundheit, Freiheit und Demokratie, e.V. , Deutschland *https://www.mwgfd.org*

- Kontrafunk, "Ich habe mitgemacht" - Das Archiv für Corona-Unrecht, Cham *https://ich-habe-mitgemacht.ch*

- KRiStA – Netzwerk Kritische Richter und Staatsanwälte n.e.V. , Berlin D *https://netzwerkkrista.de*

- StopWorldcontrol, David Sörensen, Poncha Springs, CO USA *https://stopworldcontrol.com/de/director/*

3. Liste Bücher

Ich habe nur Bücher aufgeführt, die ich gelesen habe. Weitere Buchhinweise sind unter *causacorona.ch*[67] zu finden. Als Standardwerke empfehle ich: *Die Impf-Illusion, Das wahre Gesicht des Dr. Fauci, Das Milgram-Experiment, Permanent Records, Imperium USA: Die Skrupellose Weltmacht, Das Staatsverbrechen, Georg Soros' Krieg, Heilung Nebensache, Die unterschätzte Macht* und als positiven Ausblick *Im Grunde Gut*. Zur Angst-Prävention für die kommende "Seuche" erachte ich *Game Over, Angriff auf das Mikrobiom* essenziell. Von allen Büchern sind im vierten Band (freies PDF, Abrufbar unter fakepandemie.ch) die Texte des Buchrückens und der Umschlagklappen abgedruckt.

Von den rund 100 Büchern befassen sich um die Hälfte mit der Corona-Krise als solches. Die andere Hälfte befasst sich mit allgemeinen Fragen zu Machtmissbrauch, Machtkonzentration und der daraus folgenden Zensur in öffentlichen und privaten Institutionen.

a. Aufarbeitung Corona-Zeit

- Gunter Frank: (2023), DAS STAATSVERBRECHEN, Warum die Corona-Krise erst dann endet, wenn die Verantwortlichen vor Gericht stehen, 216 Seiten; Verlag Achgut Edition , Berlin D

- Prof. Dr. Med. Martin Haditsch: (2023), SPIKE, IMPFUNG ODER GENSPRITZE?, Biowaffe, Dauerschäden, Heilung, 240 Seiten; Verlag Amadeus

- Burkhard Müller-Ullrich (Hrsg.): (2024), ICH HABE MITGE-MACHT, Das Archiv des Corona-Unrechts, 550 Seiten; Verlag Kontrafunk, Steckborn

---

[67] https://causacorona.ch/06_Buecher.html#6.3

- Dr. Bodo Schiffmann: (2024), Die RKI-Files; DAS ENT-SCHWÄRZTE VERBRECHEN, Was die Menschen in der "Pandemie nicht wissen sollten, 200 Seiten; Eigenverlag, Arusha, Tanzania, Produktion BEST EFFECT, Nürnberg D

b. Corona-Krise

- Dr. Karina Reiss, Dr. Sucharit Bhakti: (2021), SCHRECKGE-SPENST INFEKTIONEN, Mythen, Wahn und Wirklichkeit, mit aktualisiertem Kapitel zu Corona, 236 Seiten; Goldegg Verlag, Berlin D

- Paul Schreyer: (2021), Chronik einer angekündigten Krise, Wie ein Virus die Welt verändern konnte, 176 Seiten; Westend Verlag, Frankfurt am Main D

- Prisca Würgler: (Hg, 2021), Unser Jahr unter Corona, Blick in 32 Tagebücher, edition Zeitpunkt, Solothurn, 103 Seiten; Verlag edition Zeitpunkt, Solothurn CH

- Walter van Rossum: (2021), MEINE PANDEMIE MIT PROFESSOR DROSTEN, Vom Tod der Aufklärung unter Laborbedingungen, 253 Seiten; Verlag Rubikon, Neuenkirchen D

- Monika Donner: (2021), CORONA-DIKTATUR, Wissen, Widerstand, Freiheit, 641 Seiten; Monitor Verlag, Wien A

- Floh Osrainik: (2021), DAS CORONA DOSSIER, Unter falscher Flagge gegen Freiheit, Menschenrechte und Demokratie, 499 Seiten; Rubikon Verlag, München D

- Konstantin Beck & Werner Widmer: (2021), CORONA IN DER SCHWEIZ, Plädoyer für eine evidenzbasierte Pandemie-Politik, Eigenverlag, *https://printshop.edubook.ch/default-product/ beck-corona-ch-2021-01*

- Ursula Stoll, Dr. Stefan Lanka: (2020, 2021 überarbeitet) CORONA, Weiter ins Chaos oder Chance für ALLE?, 211 Seiten; Verlag Praxis Neue Medizin, Schwäbisch Hall D

- Thomas Röper (2022): INSIDE CORONA, Die Pandemie, das Netzwerk & die Hintermänner, Die wahren Ziele hinter Covid-19, 335 Seiten; Verlag J.K. Fischer D

- Konstantin Beck/ Andreas Kley/ Peter Rohner/ Pietro Vernazza (Hg. 2022): Der Corona-Elefant, Vielfältige Perspektiven für einen konstruktiven Dialog, 302 Seiten; Verlag Versus, Zürich

- Daniel Stricker (2022): Das Buch der Schande, Psycho-Clowns der Lügenepidemie mit ihren eigenen Worten, 194 Seiten; Eigenverlag www.stricker.tv

- Robert Malone (2023): LÜGEN, DIE MIR MEINE REGIERUNG ERZÄHLTE, und der Weg in eine bessere Zukunft, 592 Seiten; Verlag Kopp, Rottenburg D

- Albert (Hrsg): (2023, Juni), Im Schatten der Pandemie, ...sowie des Krieges, der Energie- und Klimahysterie wird unser gedankliches Weltbild neu geformt..., 94 Seiten, Eigenverlag CH, ISBN 978-3-033-09956-2

- Milosz Matuschek: (2023), STROMAUFWÄRTS ZUR QUELLE, Freischwebende Gedanken zur Dauerkrisenzeit, 310 Seiten; Verlag Books on Demand, Norderstedt D

- Claudio Brentini: (2023), CORONA IN WORTEN, "...in meinen Worten", 210 Seiten, ISBN 978-3-033-09878-7, Eigenverlag

c. Finanzkapitalismus, Plutokratie

- Joseph Plummer: (2015), Betrügerisches Geld, Wie eine geheime Elite ein System der Finanzkontrolle erschaffen hat und wie Sie sich dagegen wehren können, 176 Seiten; Verlag Kopp, Rottenburg D

- Ernst Wolff: (2017), FINANZ TSUNAMI, Wie das globale Finanzsystem uns alle bedroht, 192 Seiten; edition e. wolff, D

- Matthias Weik & Marc Friedrich: (2017), KAPITAL FEHLER, Wie unser Wohlstand vernichtet wird und warum wir ein neues Wirtschaftsdenken brauchen, 363 Seiten; Bastei Lübbe Taschenbuch, Köln D

- Dirk Müller: (2018), Machtbeben, DIE WELT STEHT VOR DER GRÖSSTEN WIRTSCHAFTSKRISE ALLER ZEITEN, Hintergründe, Risiken, Chancen, 349 Seiten; Verlag Wilhelm Heyne, München D

- Norbert Häring: (2021), ENDSPIEL DES KAPITALISMUS, Wie die Konzerne die Macht übernahmen und wie wir sie zurückholen, 382 Seiten; Verlag Quadriga, Köln D

- Max Chafkin: (2021), PETER THIEL, Wie der Pate des Silicon Valley die Welt beherrscht, Verlag Finanzbuch, München D

- Wolfgang Effenberger: (2022), DIE UNTERSCHÄTZTE MACHT, Von Geo- bis Biopolitik - Plutokraten transformieren die Welt, 457 Seiten; Verlag zeitgeist, Höhr-Grenzhausen D

d. Geldsysteme, Bargeld

- Janne Jörg Kipp: (2014), BIZ Der Turmbau zu Basel, Geheimpläne für eine globale Weltwährung, 239 Seiten; Verlag Kopp Rottenburg D

- Christoph Pfluger: (2016), Geld verstehen!, Kurze Anleitung zur Überwindung des kollektiven Irrtums, 40 Seiten; edition Zeitpunkt, Solothurn

- Norbert Häring: (2016), Die Abschaffung des Bargelds und die Folgen, Der Weg in die Totale Kontrolle, 256 Seiten; Verlag Quadriga D

- Hansjörg Stützle: (2019), DAS BARGELD KOMPLOTT, Bargeld auf Raten, bezahlt mit unserer Freiheit; WVL-Verlag D

e. Kindsmissbrauch

- Ulla Fröhling (1996, 2015): VATER UNSER IN DER HÖLLE, Inzest und Missbrauch eines jungen Mädchens in den Fängen einer satanischen Sekte, 480 Seiten; Verlag mvg, München D

- Cathy O'Brien und Mark Phillips (2017): Die TranceFormation Amerikas, Die wahre Geschichte einer CIA-Sklavin unter Mind-Control

- Peter Mathys (2019): RICHTER AUF DUNKLEN ABWEGEN, Kriminalroman, 162 Seiten; Verlag Books on Demand, Norderstedt D

- Esther Wintsch, Urs Zeiser (2022): Kinderviews zur Coronazeit, 143 Seiten; Verlag Moolemoll, Basel

f. Korruption, Geheimdienste (-bünde)

- Stephen Kinzer: (2020), PROJECT MIND CONTROL, Sydney Gottlieb, die CIA und das LSD, wie der amerikanische Geheimdienst versuchte, das Bewusstsein zu kontrollieren; Verlag Riva, München D

- Seymour M. Hersh: (2019), REPORTER, Der Aufdecker der amerikanischen Nation, 432 Seiten; Verlag Ecowin, Redbull Media House GmbH, Wals bei Salzburg A

- Heiko Schöning: (2021), GAME OVER Band 1, Covid-19 Anthrax-01, 449 Seiten; Verlag Blue Tiger Media, Groningen NL

- Mirinda Devine: (2022), Hunter Bidens Laptop from Hell, Die Zensur der Internet-Giganten und die schmutzigen Geheimnisse des Joe Biden, 280 Seiten; Verlag Kopp, Rottenburg D, (Originaltitel: Laptop from Hell: Hunter Biden, Big Tech, and the

Dirty Secrets the president Tried to Hide; Post Hill Press, USA, 2021)

g. Kriege: Vorlauf und Manipulation

- Bruno Bandulet: (2014), Als Deutschland Grossmacht war, Ein Bericht über das Kaiserreich, seine Feinde und die Entfesselung des Ersten Weltkrieges, 303 Seiten; Verlag Kopp, Rottenburg D

- Gerry Docherty & Jim Macgregor: (2014), Verborgene Geschichte, Wie eine geheime Elite die Menschheit in den Ersten Weltkrieg stürzte, 494 Seiten; Verlag Kopp Rottenburg, D (Originaltitel: Hidden History, The Secret Origins of the First World War, Mainstream Publishing, 2013)

- Arthur Lipinsky: (2017), HORUS LOGE, Wie kam es zum zweiten Weltkrieg und wer finanzierte ihn?, 337 Seiten; Verlag Amadeus, Fichtenau D

- Gerd Schultze-Rhonhof: (2018), 1939, Der Krieg, der viele Väter hatte, Der lange Anlauf, 711 Seiten; Verlag Kopp, Rottenburg D

- Collin McMahon: (2023), Georg Soros' Krieg, Wie die Open Society Foundations die Welt an den Rand des dritten Weltkrieges gebracht haben, 367 Seiten; Verlag Kopp, Rottenburg D

- Jonas Tögel: (2023), KOGNITIVE KRIEGSFÜHRUNG, Neueste Manipulationstechniken als Waffengattung der NATO, 252 Seiten; Verlag Westend Frankfurt / Main D

h. Medienmanipulation und Meinungsfreiheit

- Walter Lippmann: (2021), DIE ILLUSION VON DER WAHRHEIT ODER DIE ERFINDUNG DER FAKE NEWS, 79 Seiten; edition buchkomplizen, Frankfurt am Main D, (Vorwort von drei Essays 1920 geschrieben, New York City USA, Originaltitel: Liberty and the news)

- F. William Engdahl: (2015, 2021), DIE DENKFABRIKEN, Wie eine unsichtbare Macht Politik und Mainstream-Medien manipuliert, 192 Seiten; Verlag Kopp, Rottenburg D

- Hannes Hofbauer: (2020), Zensur. Publikationsverbote im Spiegel der Geschichte, Vom kirchlichen Index zur YouTube-Löschung, 247 Seiten; Verlag Promedia, Wien A

- Michael Meyen: (2021), DIE PROPAGANDA MATRIX, Der Kampf für freie Medien entscheidet über unsere Zukunft, 214 Seiten; Verlag Rubikon, München D

- Milosz Matuschek: (2022), WENN'S KEINER SAGT, SAG ICH'S, Verengte Räume, Absurde Zeiten, 252 Seiten; Verlag fifty-fifty, Frankfurt/Main D

- Martin Hasler: (2022), IM HEXENKESSSEL DER BUNDES-HAUS-MEDIEN, Tagebuch eines Insiders, 343 Seiten; Eigenverlag, Bern

- Ralf Schuler: (2023), GENERATION GLEICHSCHRITT, Wie das Mitlaufen zum Volkssport wurde, 239 Seiten; Verlag Fontis, Basel

- Dr. C. E. Nyder: (2023, Juni), Die Twitter Files, Das ganze Ausmass der Manipulation, 223 Seiten; Verlag Kopp, Rottenburg D

- Michael Morris: (2023), KLIMATERROR, Die tödliche Agenda hinter der Klimapolitik, 237 Seiten; Amadeus Verlag, Fichtenau D

- Andreas Mäckler: (2023) SCHWARZBUCH, Wikipedia 2, Das verlogene System: Propaganda, Korruption, Ausbeutung, Vandalismus und Rechtsverletzungen in der Online-Enziklopädie, 264 Seiten; Verlag zeitgeist, Höhr-Grenzhausen D

i. Neue Medizin, Gesundheitsvorsorge

- Andreas Kalcker: (2020), GESUNDHEIT VERBOTEN, Unheilbar war gestern, 486 Seiten; Verlag Jim Humble

- Barry Long: (2001), SEXUELLE LIEBE, auf göttliche Weise, 142 Seiten; Verlag MB, Neue Erde Verlag, Saarbrücken D

- Clinton Callahan: (2009), DIE KRAFT DES BEWUSSTEN FÜHLENS, Ein Handbuch, um näher an Ihrer eigenen Wahrheit zu leben, Verlag Genius, Bremen D

- Elsi Reimann-Emmenegger: (2020), KLARTEXT, Die Wahrheit klärt und heilt, Eigenverlag, Bärau, *www.wachsende-kreise.ch*

- Leila Bust: (2012), Weiblichkeit leben, Die Hinwendung zum Femininen, 290 Seiten; Verlag Ellert & Richter, Hamburg D

- Diana und Michael Richardson: (2014), Zeit für Männlichkeit, Mehr Kompetenz in Sachen Sex und Liebe zwischen Mann und Frau, 217 Seiten, Verlag Innenwelt, Köln D

j. (Sozial-) Psychologie

- Gustav Le Bon: (2014), PSYCHOLOGIE DER MASSEN, 173 Seiten, Verlag Kopp, Reutlingen D, (ca. 1895 geschrieben, Lieblingslektüre von Joseph Goebbels, Propagandaminister im dritten Reich)

- Stanley Milgram: (2017), Das Milgram-Experiment, Zur Gehorsamsbereitschaft gegenüber Autorität, 256 Seiten; Rowohlt Taschenbuch Verlag, Hamburg 1982 D, (Vorwort 1973 geschrieben, Experiment aus dem Jahre 1960 an der Yale Privat-Universität, Connecticut USA

- Rainer Mausfeld: (2018), WARUM SCHWEIGEN DIE LÄMMER?, Wie die Elitedemokratie und Neoliberalismus unsere Gesellschaft und unsere Lebensgrundlagen zerstören, 304 Seiten; Verlag Westend, Frankfurt am Main D

- Rutger Bregman: (2020), IM GRUNDE GUT, Eine neue Geschichte der Menschheit, 479 Seiten; Verlag Rohwolt, Hamburg D

- Michael Nehls: (2023), Das indoktrinierte Gehirn, Wie wir den globalen Angriff auf unsere mentale Freiheit erfolgreich abwehren, 384 Seiten; Verlag Mental Enterprises, D

- Charles Einstein: (2023), EINE HAND VOLL STAUB UND KNOCHENSPLITTER, 59 Seiten; Verlag massel, München D

k. Pharma, Impfung und Virustheorie

- Dr. Suzanne Humphries, Roman Bystriannyk (2015): DIE IMPF-ILLUSION, Infektionskrankheiten, Impfungen und die unterdrückten Fakten, 495 Seiten; Verlag Kopp, Reutlingen D; Originaltitel (2013): Dissolving Illusions - Disease, Vaccines, and the Forgotten History

- Neil Z. Miller: (2015), MILLER'S REVIEW OF CRITICAL VACCINE STUDIES, 400 importent scientific Papers summarized for Parents and Researchers, 275 Seiten in Deutsch; Verlag New Atlantean Press, Santa Fee, New Mexico, USA

- Patrick Jetzer: (2020), CORONA Fakten Check, 189 Seiten; Verlag Libertarian, Buchs (SG)

- Torsten Engelbrecht, Claus Köhnlein, Samantha Bailey, Stefano Scoglio: (2021), Virus-Wahn, Corona/COVID-19, Masern, Schweinegrippe, Vogelgrippe, SARS, BSE, Hepatitis C, AIDS, Polio, Spanische Grippe. Wie die Medizinindustrie ständig Seuchen erfindet und auf Kosten der Allgemeinheit Milliardenprofite macht, 520 Seiten; Verlag Books on Demand, Norderstedt D

- Stefan Lanka (Hg, 2021): Corona Fakten, DIE ZEITZEUGEN, Band 1.0, 260 Seiten; Verlag Praxis Neue Medizin, Schwäbisch Hall D

- Stefan Lanka (Hg, 2022): Corona Fakten, DIE ZEITZEUGEN, Band 1.1, 297 Seiten; Verlag Praxis Neue Medizin, Schwäbisch Hall D

- Robert F. Kennedy Jr: (2022), DAS WAHRE GESICHT DES DR. FAUCI, Bill Gates, die Pharmaindustrie und der globale Krieg gegen die Demokratie und Gesundheit, 864 Seiten, Verlag Kopp, Rottenburg D (Originaltitel 2021: The Real Anthony Fauci, Skyhorse Publishing USA)

- Dr. Med. Gerd Reuther: (2021), HEILUNG NEBENSACHE, Eine kritische Geschichte der europäischen Medizin von Hippokrates bis Corona, 383 Seiten; Verlag riva, München D

- Brigitte Röhrig: (2023), DIE CORONA-VERSCHWÖRUNG, Wie Milliardäre Politiker und Staatsdiener wissentlich und willentlich Freiheit und Gesundheit ausradierten; 528 Seiten, Verlag Rubikon, Neuenkirchen D

I. Staatsphilosophie und Demokratie

- Moritz Leuenberger: (2007), LÜGE LIST UND LEIDENSCHAFT, Ein Plädoyer für die Politik, 223 Seiten; Verlag Limmat, Zürich

- Joseph Plummer: (2016), Geheime Machtstrukturen, Weshalb Rechtsstaatlichkeit, Freiheit und Demokratie nur eine Illusion sind, 221 Seiten; Verlag Kopp, Rottenburg D

- Ullrich Mies/Jens Wernicke (Hg): (2017), FASSADENDEMOKRATIE UND TIEFER STAAT, Auf dem Weg in ein autoritäres Zeitalter, 271 Seiten; Verlag Promedia, Wien A

- Hannah Arendt: (2018), Was heisst persönliche Verantwortung in einer Diktatur? 95 Seiten; Verlag Piper München, mit einem Essay von Marie Luise Knott (Originaltitel 2003: Personal Responsibility Under Dictatorship, Schocken books, New York USA, Manuskript aus dem Jahre 1964/1965)

- Markus Krall: (2020), DIE BÜRGERLICHE REVOLUTION, Wie wir unsere Freiheit und unsere Werte erhalten, 272 Seiten; Verlag, Stuttgart D

- David Dürr: (2022), STAATS-OPER SCHWEIZ, wenige Stars, viele Staatisten, 181 Seiten; Verlag Mobus Frick

- Sheldon S. Wolin: (2022, 2008), UMGEKEHRTER TOTALITARISMUS, Faktische Machtverhältnisse und ihre zerstörerischen Auswirkungen auf unsere Demokratie, 462; Verlag Westend Frankfurt am Main D (Originatitel 2008: Democracy Incorporated, Managed Democracy and the Spector of Inverted Totalitarianism, USA)

- Olivier Kessler, Peter Ruch (Hg): (2022), Wissenschaft und Politik, Zuverlässige oder unheilige Allianz? 260 Seiten; Edition Liberales Institut, Zürich

- Don Icon: (2023), Exhabitus, 198 Seiten; Selbstverlag, Sursee

- Michael Ballweg/Ralph Ludwig: (2023), Richtigstellung! Es war noch nie falsch, quer zu denken, 208 Seiten, Verlag Tiger Press, Hamburg D

m. Transhumanismus

- Dr. Joachim Sonntag: (2021, 2022), 2025 Der letzte Akt, Die digitale Transformation der Menschheit, Für Millionäre ist die Welt ein Spielplatz - für Milliardäre ein Labor, 348 Seiten; Verlag Books on Demand, Norderstedt D

- Stefan Magnet: (2022), Transhumanismus – Krieg gegen die Menschheit, Die Spritze war nur der Anfang..., 443 Seiten; Verlag Pionier, Brühl D

n. Überwachung, Künstliche Intelligenz

- Eva C. Schweitzer: (2015), AMERIKAS SCHATTENKRIEGER, Wie uns die USA seit Jahrzehnten ausspionieren und manipulieren, 400 Seiten; Verlag Piper, München/Berlin D

- Shoshana Zuboff: (2018), Das Zeitalter des Überwachungskapitalismus, 727 Seiten; Verlag Campus, Frankfurt am Main D, New York USA

- Edward Snowden: (2019), Permanent Record, Meine Geschichte, Aus dem Amerikanischen von Kay Greiners, 429 Seiten; Verlag S. Fischer, Frankfurt am Main D

- Barton Gellmann: (2020), DER DUNKLE SPIEGEL, Edward Snowden und die globale Überwachungsindustrie, 511 Seiten; Verlag S.Fischer, Frankfurt am Main D

- Ulrike und Tom Lausen: (2024), Die Untersuchung, Drei Jahre Ausnahmezustand: Ein wegweisendes Gespräch mit künstlicher Intelligenz, 240 Seiten; Verlag Achgut, Augsburg/Berlin

o. Verschwörungspraxis, Imperialismus

- Thomas Brändle: (2011), VATIKAN CITY, Das geheimnisvolle Manuskript, 269 Seiten; Roman Verlag Wolfbach, Zürich

- Carroll Quigley: (2016), Das anglo-Amerikanische Establishment, Die Geschichte einer geheimen Weltregierung, 416 Seiten; Verlag Kopp, Rottenburg D, (Vorwort 1949)

- Carroll Quigley: (2016), Tragödie und Hoffnung, Eine Geschichte der Welt in unserer Zeit, 1008 Seiten; Verlag Kopp, Rottenburg D, (Vorwort 1965, Washington USA)

- Zbigniew Brzeziński: (2015), Die einzige Weltmacht, Amerikas Strategie der Vorherrschaft, 269 Seiten; Verlag Kopp Rottenburg D (Vorwort 1997, Washington USA)

- Alexander Dugin: (2021), DAS GROSSE ERWACHEN GEGEN DEN GREAT RESET, 113 Seiten; Verlag Arktos, London GB

- Daniele Ganser: (2022), Imperium USA, Die Skrupellose Weltmacht, 400 Seiten; Verlag fifty-fifty, Frankfurt/Main D (Erstauflage: Orell Füssli, 2020)

- Mathias Bröckers: (2023), JFK Staatsstreich in Amerika, 295 Seiten; Aktualisierte Neuausgabe von 2013 und 2017, Verlag Westend, Neu-Isenburg D

p. Nächste Terrorattacke

- Heiko Schöning: (2023), GAME OVER II, Der Angriff aufs Mikrobiom 403 Seiten; Verlag Ethica Media, Swalmen NL

4. Liste Filme

Im vierten Band sind die Filme im letzten Kapitel ausführlich beschrieben. Teilweise habe ich im vierten Band (freies PDF) Zeitmarken erstellt und Kurzporträts der Protagonisten übersetzt. Den ultimativen Überblick bietet *The big reset* von W. Um einen Einblick in die fatalen Impfschäden zu kriegen ist der Film *Plötzlich und unerwartet* ein Muss. Die Arte-Doku *Überwacht*, ist von 2019: Aktueller denn je, wie Überwachung im Namen der Sicherheit überhand nehmen könnte. *Können 100 Ärzte lügen?"*zeigt u.a. die Repressionen, die Menschen, Ärzt/innen und Wissenschaftler/innen auch nach der "Pandemie" erleiden mussten. Über den Zustand des Rechtsstaates in der Schweiz berichtet die dreiteilige Serie *(Un-)Rechtsstaat Schweiz* mit 13 Interviews von Justizverfolgten, in Deutschland der Film

Von den mehr als 90 Filmen befassen sich um die 60 mit der Corona-Krise als solches und dienen somit der Aufarbeitung. Die Filme sind je Themenbereich chronologisch sortiert. Die restlichen 30 Filme und Interviews zeigen auf, dass bereits vor 2020 unser Planet Erde massgeblich durch den Machtmissbrauch des Geldadels beeinflusst wurde.

a. Aufarbeitung Corona-Zeit

- WHO-Symposium Zürich-Altstetten (2024, 15 Reden à ca. 20 Minuten und ein Politisches Diskussionspanel) *https://www.cwl-live.ch/who-symposium-zürich-altstetten-20-04-20*

- 1. CH-Symposium: Corona – Fakes und Fakten, Alt-Bundesrat Ueli Maurer, Wer hat die Schweiz regiert? (2024, 0:27) *https://hoch2.tv/sendung/240406-politik-maurer/*

- Linksbündig: Offene Debatten II #1 - Impfung und Medienberichterstattung, Pietro Vernazza im Gespräch mit Daniel Koch

(2024, 1:58)
https://vimeo.com/909773558

- Verein für Aufklärung: Wie souverän ist die Schweiz? (2023, 0:31)
  https://www.youtube.com/watch?si=6QmWY41O2TKgGUW-&v=BdYpbiszdUc&feature=youtu.be

- Epoch Times: Die verborgene Krise – Impfgeschichten, die Ihnen nie erzählt wurden (2023, 1:32)
  https://www.epochtimes.de/epoch-tv/dokumentation/die-verborgene-krise-impfgeschichten-die-ihnen-nie-erzaehlt-wurden-premiere-30-08-1900-uhr-anschliessend-diskussions-runde-mit-experten-a4388523.html

- Schutzfilm: UN-SICHTBAR - Der Film [Impfschäden] Teil 1 (2023, 1:19)
  https://www.youtube.com/watch?v=tdnaQllvz50
  Teil 2 (2023, 1:28)
  https://www.youtube.com/watch?v=-3fnDNM8DDk

- Schweizer Ärzte - Was bleibt von der therapeutischen Freiheit? (2023, 0:53)
  https://www.youtube.com/watch?v=KiB5-xBayHA

- Tichys Einblicke: Talk mit der Buchautorin Brigitte Röhrig, Die Corona-Verschwörung (2023, 0:42)
  https://www.youtube.com/watch?v=qyL8SNVNUoM

- Lisa Fitz: Amateure sind betroffen, Profis handeln (2023, 0:11)
  https://www.youtube.com/watch?v=Q4_muQYHaRE

- Hoch2: «(Un-)Rechtsstaat Schweiz» – 1. Teil – «Wo Recht zu Unrecht wird» (2023, 0:43)
  https://hoch2.tv/sendung/h2doku-unrecht1

- Hoch2: «(Un-)Rechtsstaat Schweiz» – 2. Teil – «Die Gedanken sind frei» (2024, 0:56)
  https://hoch2.tv/sendung/h2doku-unrecht2/

- Dr. Dave Martin: THE GREAT SETUP, Part 1 (2024, 0:34, en)
  https://rumble.com/v4770pu-dr.-david-martin-the-great-setup.html

- Daniel Künzi: Helvetischer Totalitarismus (2023, 1:14)
  https://danielkunzi.ch/film-covid-totalitarisme-helvetique

- AUF1: CORONA-HELDEN, Wir vergessen euch nicht, Gejagt. Gehetzt. Geächtet (2024, 0:59)
  https://auf1.tv/corona-helden-wir-vergessen-euch-nicht/ doku-corona-helden-gejagt-gehetzt-geaechtet-wir-vergessen-euch-nicht

b. Corona-Krise

- Pierre Barnérias: Hold-Up / Hold-Up + (2020, 2:54/ 2:30)
  https://holdup-derfilm.de

- Mikki Willis: PLANDEMIC II - Indoctornation (2020, 1:15, en)
  https://www.imdb.com/title/tt12927074
  https://rumble.com/v24zu54-plandemic-2-medical-indoctornation-documentary.-dr.-david-e.-martin-plandem.html
  https://www.kla.tv/17312

- Kai Stuht: EMPTY - Der weisse Schatten des schwarzen Schwans (2021, 1:37, 1:41, 1:27)
  https://www.empty-film.eu/ganzer-film-fjeneismke/teil-1-dnejehnt/

- OVALmedia: Corona.Film - Prologue, Krise oder Scheideweg (2021, 0:77)
  https://www.oval.media/corona-film-prolog/

- Kopp Verlag: Im Expertengespräch - Stefan Hockertz, Michael Hüter, Christian Schubert und Harald Walach (2021, 2:01) *https://www.youtube.com/watch?v=ogSsVz3iLhQ*

- Servus-TV: Corona - Auf der Suche nach der Wahrheit (Martin Haditisch, u.a. Facharzt für Hygiene und Mikrobiologie, Virologie und Infektions-Epidemiologie)

  Teil 1 (2021, 2:07): *https://www.servustv.com/aktuelles/v/aa-27juub3a91w11/*
  Teil 2 (2021, (1:38): *https://www.servustv.com/aktuelles/v/aa-28a3dbyxh1w11/*
  Teil 3 (2021, 2:07): *https://www.servustv.com/aktuelles/v/aa-28zh3u3dn2111/*
  Teil 4 (2022, 1:40): *https://www.servustv.com/aktuelles/v/aa8kuolfwtsnl2c9ovc1/*

- Marijn Poels: Pandemned - Der Film (2022, 2:10) *https://www.marijnpoels.com/pandamned-deutsch*

- W: The big Reset (2022, 2:10) *https://www.bitchute.com/video/4HGBxdR7Q3TN/* (längere Ladezeit beachten!)

- AUF 1: Tödliche Agenda: Der Plan ist durchschaut! (2022, 0:32) *https://auf1.tv/stefan-magnet-auf1/toedliche-agenda-der-plan-ist-durchschaut/*

- TKP: Unter die Haut (2022) *https://tkp.at/2022/07/09/unter-die-haut-der-verbotene-film-zur-hpv-impfung/ https://unterdiehaut.online*

- OVALmedia: NARRATIVE - Gewaltenschmelze (2022, 1:09) *https://www.oval.media/f3f53754-c9d6-444b-a524-a81a5fbc7fb9 (Philipp Kruse)*

- Martin Haditisch: 3-Jahres-Rückblick in drei Teilen (2022/23) *https://www.youtube.com/watch?app=desktop&v=nZf366Q-*

sp3g, Teil 1
https://www.youtube.com/watch?app=desktop&v=9TaPyp-NESDk, Teil 2
https://www.youtube.com/watch?app=desktop&v=mBoEVg-FyLz8, Teil 3

- OVALmedia: NARRATIVE - Im Auftrag des Volkes (2023, 1:24)
  https://rumble.com/v2ia1hq-narrative-ovalmedia-robert-cibi-justiz-vs-prsident-berset-and-vs-pfizer-inc.html

- Kai Stuht: Können 100 Ärzte lügen? - Der Film (2023, 0:43, 2:25) *https://www.100aerzte.com/kongress/d-f-der-film-short/https://www.100aerzte.com/kongress/d-f-der-film/*

- Kai Stuht: Projekt Fovea (2023, 1:59)
  https://www.project-fovea.com/danke-du-bist-dabei

- What's Opera Doc: Hauptsache GEIMPFT (2023, 0:32)
  https://www.youtube.com/watch?v=20a3xXdZYdI

- Caimi Report: Hart bestraft für null Vergehen (2023, 1:22)
  Quelle: *https://rumble.com/v3uioyv-aufgedeckt-hart-bestraft-fr-null-vergehen-.html*

- W: The blue dot (2024, x:xx)
  https://thebluedotmovie.com/ENG/Principal

c. Finanzkapitalismus

- ARD: Paradise Papers - Zocker, Trickser, Milliardäre (2017, 1:00)
  https://www.youtube.com/watch?v=qd6ByMgazpk

- ARTE: Black Rock – Die Unheimliche Macht eines Finanzkonzerns (2019, 1:52)
  https://www.youtube.com/watch?v=so1leQYXcvA

- STGR_F: Pandora Papers (2021, 1:32)
  https://www.youtube.com/watch?v=vD9xwgf-5xw

- Tim Gielen: Monopoly – Wer besitzt die Welt? Erkenne den Kopf des Oktopus! (2022, 1:04)
  https://www.kla.tv/22661

- Moconomy: Wirtschaft und Finanzen (Playlist mit 83 Dokus)
  https://m.youtube.com/@Moconomy-WirtschaftundFinanzen

d. Kindsmissbrauch

- KlaTV: 27 Opfer + 27 Zeugen der Blutsekte (2023, 0:51)
  https://www.kla.tv/index.php?
  a=showlanguage&lang=dgs&id=26485&category=ideologie&
  date=2023-07-08

- MWGFD: Institutionelle Übergriffe an unsere Kinder (2023, 0:20)
  https://www.youtube.com/watch?v=xrAmSo3FaS8

- EpochTimes: "Gender Transformation - Die unausgesprochene Realität" - ein Weckruf an die Eltern (2023, 1:23)
  https://www.epochtimes.de/epoch-tv/meinung-epochtv/re-
  spektiven/detransitioniererin-im-live-talk-ich-habe-es-bereut-
  mich-so-verstuemmeln-zu-lassen-a4466272.html

e. Korruption, Geheimdienste (-bünde), Rechtswillkür

- ARTE: Die Geschichte der CIA
  Teil 1 - Geheime Operationen (2003, 0:53)
  https://www.youtube.com/watch?v=Z3gNetMo-zQ
  Oder alternativer Titel von mir: Die CIA ausser Kontrolle des Staates, u.A. Operation Paperclip, damaliges Jahresbudget CIA und Personalstärke um das Jahr 2003: 28 Mrd, 100'000 Angestellte
  Teil 2 - 1977-1989 Das Ende der Illusionen (2003, 0:52)
  https://www.youtube.com/watch?v=hUadyroLJU8
  Teil 3 - 1990 - 2001 Ein Krieg nach dem Anderen (2003, 0:54)
  https://www.youtube.com/watch?v=a7f-uxn2LDo

- National Geographic: Die Geheimnisse der Geschichte II, Geheime CIA Experimente (2007, 0:50)
  https://www.youtube.com/watch?v=5w62-rFosdE
  MK Ultra, siehe auch das Buch von Stephan Kienzer, Projekt Mind Control, insbesondere Experimente mit LSD

- ARTE: Ronald Reagen - Ein massgeschneiderter Präsident (2015, 0:53)
  https://www.youtube.com/watch?v=Fq7w5bQFOOY

- ZDFInfo: Streng geheim! Cryptoleaks. Die große BND und CIA Spionage (2020, 0:59)
  https://www.youtube.com/watch?v=jagiJ9YAqto

- ARTE: Mafia und Banken (in 3 Teilen, Pionierzeit, Follow the Money, Grenzenloses Verbrechen) (2023, 0:58, 1:00, 1:00)
  https://www.youtube.com/watch?v=Ikqfr_BIMl4
  https://www.youtube.com/watch?v=yNI3D1q_35U
  https://www.youtube.com/watch?v=UA2rbpqxsYw

- ARTE: Triaden, Die Chinesische Mafia auf dem Vormarsch
  Teil 1: Eine Krake wird geboren (2023, 1:00)
  https://www.youtube.com/watch?v=6Db3w0404N8
  Teil 2: Ein chinesisches Eldorado (2023, 1:00)
  https://www.youtube.com/watch?v=XS60ij6V5Fk
  Teil 3: Im Dienst des roten Imperiums (2023, 1:00)
  https://www.youtube.com/watch?v=z9TzNTP3JLI

- Bezirksgericht Zürich: "Weil er geschwurbelt hat, ist es soweit gekommen..." Milan Krizanek kommentiert eine geheim aufgezeichnete Gerichtsberatung (Kündigungsstreit vor Zivilgericht)
  https://rumble.com/v4tbn2h-tonaufnahmen-einer-geheimen-gerichtsberatung.html

f. Kriege: offen und verdeckt

- ARTE: Gatekeeper (Führungskräfte des israelischen Inlandge-heimdiensts Shin Bet ziehen Bilanz: "Die Schlacht ist gewon-nen, der Krieg ist verloren") (2012, 1:35)
  https://www.youtube.com/watch?v=DmkhbyohkV8

- Welt: PANZERSCHOKOLADE: Crystal Meth - die wahre Wun-derwaffe der Wehrmacht (2016, 0:51)
  https://www.youtube.com/watch?v=1jmKjRjoCzg

- ARTE: The Bomb - die zerstörerischste Waffe, die je erfunden wurde (2015, 1:37)
  https://www.youtube.com/watch?v=nQ1vSS6-Jdg

- WIR: Wolfgang Effenberger: Die unterschätzte Macht – Warum die Welt keinen Frieden findet (2023, 2:00)
  https://www.youtube.com/watch?v=s5OOdNO4c1g

g. Medienmanipulation und Meinungsfreiheit

- AUF 1: Gekaufte Medien - Unser grösstes Übel (2021, 0:10)
  https://www.auf1.tv/elsa-auf1/gekaufte-medien-unser-groesstes-uebel

- AUF 1: Inside Mainstream - Was Ex-Mitarbeiter über die Medi-en berichten (2022, 1:53)
  https://www.auf1.tv/elsa-auf1/inside-mainstream-was-ex-mitarbeiter-ueber-die-medien-berichten/

- Verein für Aufklärung: Medien, Propaganda und Demokratie (2023, 0:35)
  https://www.bitchute.com/video/igKBzPgr4bKO/ (längere Ladezeit!)

- Stricker TV: Best of StrickerTV (2020-2022) Retroperspektive (2023, 0:38)
  https://youtu.be/aOYYNIkUdlA

- Stricker TV: Die Zerstörung der Schweizer Corona-Sekte (2023, 0:51)
  https://t.me/strickertv/6369

- Willi Kramer: DEEP TRUTH - Mein Jahr mit Künstlicher Intelligenz (2023, 0:08)
  https://youtu.be/nbehmYNQXuU

h. Pharma, Impfung und Virustheorie

- Michael Leitner: Wir impfen nicht! (2014, 1:39)
  https://www.youtube.com/watch?app=desktop&v=ZVh4Qa-DmXB8
  https://t.me/ImpfenDOKU/28

- VAXXED, Die schockierende Wahrheit!? (2017, 1:31)
  https://www.spielfilm.de/filme/3004540/vaxxed-die-schockierende-wahrheit
  https://t.me/impfschaede/13870

- VAXXED 2 - Das Ende des Schweigens (2019, 1:36)
  https://www.kino-zeit.de/filminfo/370614

- NuoViso: Wie sicher sind Impfstoffe wirklich? - Dr. med Klaus Hartmann (2019, 1:23)
  Quelle: *https://www.youtube.com/watch?v=S44J3vU_WYQ*

- Chnopfloch: Wer ist Bill Gates? (2020, 2:05, englisch)
  https://www.corbettreport.com/gates/

Deutsche Übersetzungen Corbettreport

- Wie Bill Gates die globale Gesundheit monopolisiert hat (2020, 0:24)
  https://www.youtube.com/watch?v=fI_3uiNONMs&list=PL2ThNUR_dJXDEmolpgyEWBbzcfaxV_axu&index=1

- Bill Gates Plan, die ganze Welt zu Impfen (2020, 0:28)
  https://chnopfloch.ch/bill-gates-plan-die-ganze-welt-zu-imp-fen-teil-2-4/

- Bill Gates und das Bevölkerungs-Kontrollnetz (2020, 0:37)
  https://chnopfloch.ch/bill-gates-und-das-bevoelkerungs-kon-trollnetz-teil-3-4/

- Treffen mit Bill Gates (2020, 0:39)
  https://www.youtube.com/watch?v=-ye7NnezQAg
  &list=PL2ThNUR_dJXDEmolpgyEWBbzcfaxV_axu&index=2

Johns Hopkins Bloomberg School of public health:
6 Originalaufzeichnungen Event 201 (4.11.2019 publiziert)

- *Event 201 Pandemic Exercise: Highlights Reel (2019, 0:11)*
  https://www.youtube.com/watch?v=AoLw-Q8X174

- *Event 201 Pandemic Exercise: Segment 1, Intro and Medical Countermeasures (MCM) Discussion (2019, 0:56)*
  https://www.youtube.com/watch?v=Vm1-DnxRiPM

- *Event 201 Pandemic Exercise: Segment 2, Trade and Travel Discussion (2019, 0:34)*
  https://www.youtube.com/watch?v=QkGNvWflCNM

- *Event 201 Pandemic Exercise: Segment 3, Finance Discussion (2019, 0:37)*
  https://www.youtube.com/watch?v=rWRmlumcN_s

- *Event 201 Pandemic Exercise: Segment 4, Communications Discussion and Epilogue Video (2019, 0:36)*
  https://www.youtube.com/watch?v=LBuP40H4Tko&t=3s

- *Event 201 Pandemic Exercise: Segment 5, Hotwash and Conclusion (2019, 0:41)*
  https://www.youtube.com/watch?v=o-_FAjNSd58

- ARTE: Genlabor Afrika – Die Geschäfte des Bill Gates (2022, 0:52)
  https://www.dailymotion.com/video/x8dtnyo

- ARTE: Impfen – Die ganze Geschichte (2022, 1:25)
  https://www.youtube.com/watch?v=wvTEHtJ7ZqM

- THE PLAN - Die WHO plant 10 Jahre Pandemien (2022, 0:31)
  https://t.me/CheckMateNews/40105

- NIUS: Nur ein Pieks: Die Corona-Impfschäden, die es gar nicht geben sollte (2023, 1:39)
  https://www.nius.de/episodes/e65ce54d-e6e5-4237-885b-2b5a77939ee2

- Radio München: Die Pfizer-Files: Was Pfizer und FDA 75 Jahre verheimlichen wollten (2023, 0:20, Tondokument)
  https://radiomuenchen.net/podcast-archiv/radiomuenchen-themen/gesundheit/2177-die-pfizer-fda-files-16-kritische-er-gebnisse.html

- ServusTV: Wissenschaft im Kreuzverhör (2023, 0:47) im Programm vom 22.4.2023 bis 21.4.2023
  https://www.youtube.com/watch?v=TWLVDhdsgMw (Teil 1)
  https://www.youtube.com/watch?v=EfytjXkHanE (Teil 2)
  https://www.youtube.com/watch?v=AIBDYrh-zVw (Teil 3)
  https://www.youtube.com/watch?v=BvFebcl4Khg (Teil 5)

- AUF1: Dr. David E. Martin: „Gen-Spritzen – einer der größten Völkermorde der Geschichte" (2023, 0:25)
  https://www.youtube.com/watch?v=nGuJB8Xk8jo

i. (Sozial-) Psychologie

- JK: Der neuropathologische Angriff auf das Gehirn - Dr. Michael Nehls (2023, 1:44)
  https://www.youtube.com/watch?v=r9gErLYYoWc

- ARTE Reupload: Forschung, Fake und faule Tricks (2020, 1:37)
  https://www.youtube.com/watch?app=desktop&v=-HvTrM-bCtM

j. Staatsphilosophie, Demokratie

- CWL-Live: Im Gespräch mit Dr. med. Thomas Binder, Kardiologe (2021, 1:53), 1'200 Abrufe (siehe auch *ServusTV: Wissenschaft im Kreuzverhör*)
  https://www.cwl-live.ch/mediathek?wix-vod-video-id=546a843e9dc04ae09448584c97d5852f&wix-vod-comp-id=comp-lmsrzil6

- Daniele Ganser: Wahlen (2022, 2:23)
  https://m.youtube.com/watch?v=-nduZ3g-eUM&pp=ygUVZGFuaWVsZSBnYW5zZXIgd2FobGVu

- Andreas Thiel: AZK, Recht und Gerechtigkeit – Gesetz und Moral (2022, 1:00)
  https://www.kla.tv/24512

- Verein für Aufklärung: Wie souverän ist die Schweiz? (2023, 0:31)
  https://www.youtube.com/watch?si=6QmWY41O2TKgGUW-&v=BdYpbiszdUc&feature=youtu.be

- Mikki Willis: Plandemic 3: Das grosse Erwachen (2023, 1:41)
  https://rumble.com/v2t8392-plandemic-3-das-grosse-erwachen-deutsch-1080p.html

- Nuoflix: Michael Ballweg [Querdenken] packt aus, (2023, 1:00)
  https://nuoflix.de/michael-ballweg-packt-aus

k. Überwachung, Kritik der künstlichen Intelligenz

- ARTE: George Orwell und Aldous Huxley (2017, 0:53)
  https://m.youtube.com/watch?v=97CZFHPtx8A&pp=ygUl-

QVJURTogR2VvcmdlIE9yd2VsbCB1bmQgQWxkb3VzIEh1eGxeQ==

- ARTE: Überwacht: Sieben Milliarden im Visier (2019, 1:30)
  https://www.youtube.com/watch?v=uW25LUGNiIQ

- Doku: Der Schlüsselmoment Teil 1 und 2 (2021, 0:23; 2022, 0:30)
  https://odysee.com/derschluesselmoment:6 (en)
  https://rumble.com/v1p8q7k-this-pivotal-moment-episode-2.html (de)

- Norbert Häring: Nackt in der Gesundheitscloud - Wie unsere Körper und Biodaten zum Rohstoff und zur Ware werden (2023, 0:41)
  https://www.youtube.com/watch?v=OoYBXXubOdA

- Tom Lausen: Propaganda-KIs als zukünftige Gesundheitsexperten? (2024, 0:33)
  https://www.youtube.com/watch?v=GHwhGHCfu-M

I. Verschwörungspraxis, Imperialismus

- ICIC (International Crimes Investigate Comitee): Oligarchen besitzen die UN (2022, 0:40)
  Reiner Fuellmich im Gespräch mit Călin Georgescu
  https://rumble.com/v27fp2e-geheimnisse-der-vereinten-na-tionen-was-jeder-wissen-solte.html

- Epoch Times: Der Schattenstaat, Auf den Spuren des ESG [Environmental, Social, Governance] (2023, 1:23)
  https://www.epochtimes.de/etplus/doku-der-schattenstaat-esg-wef-agenda-2030-sdgs-a4242263.html

- StopWordControl: Cry for Freedom, Submitting humanity to the rule of elite cyborgs (Update, englisch) (2023, 54:13)
  https://stopworldcontrol.com/cry-freedom

https://rumble.com/v1t40xo--cry-for-freedom-why-cyborgs-wont-save-the-world-updated.html

m. Nächste Terrorattacke

- Manova: Tom-Oliver im Gespräch mit Heiko Schöning "Erst Corona, jetzt Bakterien": (2023, 0:56, Tondokument)
https://open.spotify.com/episode/5TU199TQ2TJca4vw8f-D1Sm
In diesem Gespräch gibt Heiko Schöning Einiges von seiner Person und seinem beruflichen Hintergrund preis.

5. Dokumentationsstellen

a. Studienbibliothek zur COVID-19-Pandemie (A)

https://www.gesundheit-oesterreich.at/studienbibliothek/

Virus, Erkrankung, Maßnahmen, Impfung, Behandlung ... Hier finden Sie Studien und Fallberichte rund um SARS-CoV2, die es zum Teil nicht in die öffentliche Wahrnehmung geschafft haben. Die Studienbibliothek wird laufend erweitert und soll medizinischem Fachpersonal genauso wie RechtsanwältInnen und Betroffenen als Recherche-Grundlage dienen. Jede verlinkte Studie ist mit einem kurzen erklärenden Text versehen, damit Sie auf einen Blick erkennen, welche Ergebnisse besonders relevant sind.

b. Corona Ausschuss Berlin: Archiv (D)

Personenverzeichnis Interviewpartner/innen:
*https://corona-ausschuss.org/archiv/index.php?
title=Kategorie:Teilnehmer*

Dokumente nach Sachgebieten: Viren, PCR-Test, Negative Auswirkungen Massnahmen, Die Lage der Kinder, Die Lage in den Pflegeheimen, Datenschutz, Impfen als Ausweg?, Wirtschaft, Rechtsstaat, Die Rolle der Medien, Behandlungsoptionen, Harz4-Regime, Interessensverflechtungen
https://corona-ausschuss.de/dokumente/

c. Ärzte für Aufklärung: Masken (D)

https://www.aerzte-fuer-aufklaerung.de/masken/

...Der nachfolgende Aufsatz richtet seinen Fokus auf einen rechtlichen Aspekt, der bislang in der öffentlichen Diskussion kaum beachtet worden ist. Aufbauend auf einer sehr gründlichen Aufarbeitung der aktuellen Erkenntnisse zu den Folgen der

Maskenpflicht wird die Frage behandelt, wie deren Durchsetzung unter beamtenrechtlichen und strafrechtlichen Gesichtspunkten zu bewerten ist. Mit dem teilweisen Wegfall der Maskenpflicht ist das Problem nicht vom Tisch, denn die aufgeworfenen Fragen stellen sich auch und erst recht dann, wenn öffentliche Einrichtungen und Private den Zugang zu Dienst- oder sonstigen Leistungen von einer von ihnen konstituierten Maskenpflicht abhängig machen...

d. MWGFD: WHO Abkommen 2024 (D)

https://www.mwgfd.org/was-will-die-who/

Die WHO arbeitet gerade an der Neufassung der Internationalen Gesundheitsvorschriften (engl. International Health Regulations) sowie dem neuen „Pandemievertrag". Bis Mai 2024 soll über die beiden parallel laufenden Projekte (IHR und CA+) laufend verhandelt werden, bis das endgültige CA+-Agreement zur Abstimmung im Mai 2024 vorgelegt werden wird.

e. Kontrafunk: "Ich habe mitgemacht", Cham (CH)

Das Archiv für Corona-Unrecht
https://ich-habe-mitgemacht.ch

„Ich bin der Faschismus." Nein, er wird sagen: „Ich rette euch vor einem Virus. "

Die Webseite „ich-habe-mitgemacht" ist ein privates Dokumentationszentrum für Corona-Unrecht, betrieben von einem anonymen, aber grundsoliden Kreis besorgter Archivare. Da die Täter von heute ab morgen jegliche Beteiligung abstreiten werden, gilt es, Beweisstücke zu sammeln, um den einen oder anderen Zivilisationsbruch der Vergessenheit zu entreißen. Dies gilt für Vorkommnisse in Deutschland, Österreich und der Schweiz.

*Die kundige Öffentlichkeit ist deshalb aufgerufen, eklatante Bei-
spiele für Übergriffigkeiten, menschenverachtende Formulierungen und Drangsalierungen maßgeblicher Personen in Parla-
menten, Behörden, Universitäten, berufsständischen Organisationen, Medien, Krankenhausverwaltungen und anderen Institutionen zur Registrierung und Publizierung anzumelden [...]*
„ich-habe-mitgemacht.de",
„ich-habe-mitgemacht.at",
„ich-habe-mitgemacht.ch",
„ich-habe-mitgemacht.com",
„ich-habe-mitgemacht.org" sowie
„ich-habe-mitgemacht.net".
*Dieses zivilgesellschaftliche Medienprojekt unterhält keinerlei
Verbindungen zu irgendeiner politischen Partei oder bestehenden Gruppierung.*

f. Coronainfo Schweiz (CH)

Quelle: *https://coronainfoschweiz.com/links-und-empfehlun-
gen/*

*Hier finden Sie Links zu empfohlenen Nachrichtenportalen,
Websites anderer Aktivisten oder anderer Organisationen.*
Links sind derzeit auf Deutsch und Französisch verfügbar.
*Wir übernehmen keine Verantwortung für verlinkte Inhalte und
bitten Sie, die Informationen zu überprüfen, sofern Sie dies
noch nicht getan haben. Die Liste ist unvollständig und wird
von Zeit zu Zeit aktualisiert.*

g. RKI-Protokolle (D)

Quelle: *https://www.rki.de/DE/Content/InfAZ/C/COVID-19-
Pandemie/COVID-19-Krisenstabsprotokolle_Download.pdf?
___blob=publicationFile&utm_source=substack&utm_medium=e
mail*

RKI-Protokolle entschwärzt: „Das Hauptrisiko, an Covid-19 zu sterben, ist das Alter"[68]

Die nunmehr entschwärzten RKI-Protokolle zeigen: Es ging von Anfang an vor allem um die Impfung. Bill Gates und China durften sich freuen.

MILOSZ MATUSCHEK[69], 1. Juni 2024 [Abruf vom 4.6.2024]

"Betrug und Falschheit fürchten die Überprüfung. Wahrheit lädt sie ein." - *Samuel Johnson (brit. Autor, Essayist, 1709-1784)*

Nach längerem hin und her hat das RKI am 30.05. die weitgehend entschwärzten Protokolle des Krisenstabs („RKI-Protokolle") veröffentlicht. Das Magazin Multipolar hatte zuvor auf Herausgabe der Protokolle geklagt, aber nur stark geschwärzte Protokolle bekommen.

Die entschwärzten Protokolle bieten einen Einblick in den Sach- und Kenntnisstand der zentralen, dem Gesundheitsministerium unterstellten Bundesoberbehörde, deren Vertreter in Person von Lothar Wieler und Lars Schaade das politische Maßnahmengeschehen mitgestalteten, teils medial nach außen vertraten und daher als Hauptakteure der Corona-Zeit gelten dürfen. Auch wenn es hier nur um einen ersten Einblick gehen kann, zeigen diese Protokolle (die gerade keine Diskussions-, sondern Ergebnisprotokolle sind) vor allem eine sichtbare Kluft zwischen dem RKI und den medial sowie politisch verlautbarten Positionen. Hatten letztlich auch beim RKI die Covidioten recht?

---

[68] https://substack.com/app-link/post?publication_id=95541&post_id=145189054&utm_-source=post-email-title&utm_campaign=email-post-title&isFreemail=true&r=9b9pp&to-ken=eyJ1c2VyX2lkljoxNTY0MjM0OSwicG9zdF9pZCI6MTQ1MTg5MDU0LCJpYXQiOj-E3MTcyMzl2NDcsImV4cCI6MTcxOTgyNDY0NywiaXNzIjoicHViLTk1NTQxliwic3ViljoicG9z-dC1yZWFjdGlvbiJ9.UMIr0wrNLBEPdVwXpRH0AETcBvIVWV9DDcLRU0sA_6Y
[69] https://substack.com/redirect/0b9500e3-eaa0-4a43-8ebd-5c073c506d4d?j=eyJ1ljoiO-WI5cHAifQ.iVCkZlCiHC12f6x-P05bdlUCqaLD7NniKOpcmL9-j18

Das wirft eine weitere Frage auf: Wer war letztlich das besagte „Team Wissenschaft", wenn die Wissenschaftskommunikation des RKI der Politik nach dem Mund redete und die Politik sich umgekehrt um den Stand der Wissenschaft im RKI nicht scherte? [...]

f. Entscheide des Bundesrates (CH)

Quelle: *https://www.uvek.admin.ch/uvek/de/home/uvek/coronavirus/wichtige-entscheide.html*

- Wichtige Medienmitteilungen des Bundesrates (chronologisch, neuste zuoberst, vom 13. März 2020 bis 30. März 2022)

Quelle: *https://www.youtube.com/playlist?list=PLEnHzNShzOwY6kPEUQA2x42VCkxbJ-pOl*

- Alle Medienkonferenzen auf Video mit Beteiligung des Bundesamtes für Gesundheitswesen und/oder des Bundesrates (vom 25. Februar 2020 bis 30. März 2022).

Quelle: *https://www.newsd.admin.ch/newsd/message/attachments/72368.pdf* (Beilage Medienmitteilung vom 3. Okt. 2023)

- Nachrichtendienst des Bundes: Monothematischer Extremismus, Lagebericht 2022, Seite 51

Quellen: *https://www.newsd.admin.ch/newsd/message/attachments/82991.pdf*, *https://www.parlament.ch/centers/documents/de/Bericht der GPK-N (definitiv) vom 30-6-2023 De.pdf*

- Covid-19: Bundesstellen haben Covid-19-Massnahmen angemessen auf Verfassungsmässigkeit geprüft

Quelle: *https://www.newsd.admin.ch/newsd/message/attachments/84795.pdf*

- Faktenblatt [BAG] Revision Epidemiengesetz (Vernehmlassung des Bundesrates vom 29. Nov. 2023 bis 22. März 2024)